BESTSELLER

Cristina Morató (1961) nació en Barcelona. Estudió periodismo y fotografía y desde muy joven ha recorrido el mundo como reportera realizando un sinfín de artículos y reportajes. Tras pasar largas temporadas en países de América Latina y Asia, descubrió África con veintidós años. En 1983 viajó a Guinea Ecuatorial, donde permaneció tres meses en la ciudad de Evinayong, en el interior de Río Muni. En 1985 vivió nueve meses en la actual República Democrática del Congo (antiguo Zaire) trabajando para la Cooperación Sanitaria Española en Buta. En 1990 visitó Senegal y la región de la Casamance, al sur de Gambia. En 1993 recorrió Uganda, Kenia y Tanzania. Durante estos años alternó sus viajes con la dirección de programas de televisión. Ha colaborado en el libro *El peor viaje de nuestras vidas* y es autora de *Viajeras intrépidas y aventureras* y *Las reinas de África*. Es vicepresidenta y miembro fundador de la Sociedad Geográfica Española, y ha realizado un buen número de exposiciones fotográficas sobre las señas de identidad de los pueblos indígenas.

Biblioteca

CRISTINA MORATÓ

Las reinas de África

DeBOLS!LLO

Diseño de la portada: Departamento de diseño de Random
House Mondadori

Quinta edición en DeBols!llo: noviembre, 2006

Printed in Spain – Impreso en España

ISBN: 84-9793-160-2 (vol. 559/1)
Depósito legal: B. 47.532 - 2006

Fotocomposición: Comptex & Ass., S. L.

Impreso en Novoprint, S. A.
Energia, 53. Sant Andreu de la Barca (Barcelona)

P 831602

A José Diéguez, que me ayudó a recuperar
la voz de estas extraordinarias viajeras que partieron
en busca de un mundo donde aún era posible la aventura

Índice

Lo que yo experimento es la sensación de perder el sentido de la individualidad, olvidar cualquier recuerdo de la vida humana, con sus penas, sus preocupaciones y sus dudas, y pasar a formar parte de la atmósfera. Si hay un paraíso, el mío es ése; es más, creo firmemente que si me dejaran el tiempo suficiente ante una escena como ésa, o sobre la cubierta de un navío en una ensenada africana, contemplando cómo la chimenea y los mástiles oscilan ociosamente recortados sobre el cielo, me encontrarían muerta y sin alma.

MARY KINGSLEY en 1895,
luna llena en el río Ogoué, en Gabón

Rose se sentía vivir realmente por primera vez en toda su existencia. No se daba cuenta de ello de una manera consciente, pero todo su cuerpo se lo indicaba cuando ella se detenía a escuchar. Había pasado diez años en el África central, pero durante esos años no había vivido. La misión siempre fue un lugar triste. Rose no había leído los libros de aventuras que quizá le hubieran explicado qué lugar tan lleno de riesgos era la verdadera África tropical.

La Reina de África,
C. S. FORESTER, 1935

Las Reinas de África

África es como una enorme esponja, que finalmente acaba por absorberte. Contraes la malaria y la disentería, y hagas lo que hagas, si no lo haces sin parar, terminará por pisártelo la jungla. Negro o blanco, aquí tienes que luchar cada minuto del día.

KATHARINE HEPBURN,
El rodaje de La Reina de África (1987)

Aún noto en mi piel el calor húmedo de la selva africana, los aromas sensuales de las especias y la fetidez de los manglares. Oigo de noche, atrincherada en mi tienda de campaña, los rugidos cercanos de los leones y la risa de las hienas, y me siento muy pequeña en la inmensidad de la sabana salpicada de acacias. A lo lejos, en el horizonte, me parece distinguir a un grupo de esbeltos guerreros masais que avanzan hacia mí adornados con sus plumas de avestruz y sus melenas leoninas, portando orgullosos sus escudos de piel y afiladas lanzas. No es un sueño, durante largos meses he compartido mi vida con estas grandes viajeras que me han mostrado el continente africano con toda su crueldad y su belleza. Con ellas he regresado a escenarios que ya conocía, a las aguas turbulentas del Nilo Blanco infestadas de cocodrilos, a los bosques brumosos en busca de los gorilas y los extensos lagos salados poblados por miles de flamencos. De nuevo he sentido la llamada de África, un extraño desasosiego que sólo se cura —y lo sé muy bien— cuando regresas allí y te reencuentras con sus gentes generosas y una naturaleza imponente.

Las mujeres cuyas apasionantes vidas se narran en estas páginas se aventuraron en el gran continente cuando su interior aún era un misterio y recorrerlo significaba una muerte casi segura. Las impenetrables junglas y áridos desiertos, las enfermedades, las fieras salvajes, las tribus belicosas y sus reyes sanguinarios echaban para atrás al más curtido de los viajeros. Las leyendas evocaban monstruos terroríficos, salvajes amazonas y caníbales que se relamían de gusto mientras cocinaban a fuego lento a algún viajero entrometido. En un mundo de fanáticos misioneros y exploradores románticos que pretendían civilizar a los «salvajes», surgieron un puñado de audaces damas dispuestas a escuchar y a entender a los nativos. Solas y sin escolta, llevadas por la fe, la curiosidad o el ansia de aventura se adentraron en regiones inexploradas donde los nativos nunca habían visto a una mujer blanca. Recorrieron sus junglas y montañas a pie, a lomos de camello o en carretas tiradas por bueyes como auténticas pioneras del Lejano Oeste. En sus temerarias travesías tuvieron pocos problemas con los nativos porque para ellos nunca representaron un peligro. Por el contrario lo que más les llamaba la atención era su «extraño» aspecto, la piel tan pálida, los ojos de color claro, el cabello rubio y la manera en que vestían.

El peligro a ser «devorado» por un caníbal no preocupaba tanto a estas mujeres como el hecho de enfrentarse a bárbaras costumbres muy arraigadas en algunos pueblos africanos. En aquella África del siglo xix los sacrificios humanos estaban a la orden del día al igual que los castigos corporales y las amputaciones; cuando un jefe fallecía enterraban con él vivas a sus jóvenes esposas. Resulta imposible no estremecerse al leer las cartas de la misionera Mary Slessor a su familia, donde describe cómo eran brutalmente asesinados al nacer los niños gemelos en Calabar (Nigeria) por pura superstición o cómo se impartía justicia sometiendo a los supuestos culpables a perversos rituales en los que morían envenenados.

Florence von Sass, la joven esposa del explorador Samuel Baker, que vivió en su propia piel la humillación de ser vendida como esclava, en el viaje que realizaron juntos al Alto Nilo en 1861 tuvo que presenciar escenas dramáticas del comercio de esclavos. Hombres, mujeres y niños eran abandonados a su suerte en los ca-

minos o encadenados como animales a un árbol cuando enfermaban y no podían seguir el ritmo de las caravanas de negreros. En su
penoso viaje en busca de las fuentes del Nilo, los Baker atravesaron regiones de la actual Uganda gobernadas por reyes crueles y
déspotas que les secuestraron durante meses por pura diversión.
Florence, como otras viajeras de su época, pudo constatar en sus
expediciones que a las niñas, en países como Somalia, Sudán,
Egipto y Arabia, se las sometía a la brutal ablación con la que los
hombres pretendían garantizar su virginidad y castidad.

Las intrépidas viajeras victorianas recorrieron el continente
negro, al igual que los grandes exploradores, con todos sus prejuicios a cuestas. Eran, al fin y al cabo, las representantes del Imperio británico, donde se creía que los africanos eran inferiores en
todos los aspectos. En las más remotas selvas ellas mantenían sus
más arraigadas costumbres, se vestían formalmente para cenar,
tomaban el té de las cinco en sus tazas de porcelana, decoraban
sus casas africanas como lo hubieran hecho en Inglaterra y cuida-
ban con esmero el césped de su jardín. Pero estas damas también
sabían cabalgar, cazar con arco, disparar un fusil, organizar una
expedición de cientos de porteadores y construir un hogar en la
región más inhóspita que uno pueda imaginar. Algunas tuvieron
el valor de alzar su voz contra el racismo y el opresivo sistema colonial de la época. Mary Kingsley criticó la labor nefasta de los misioneros y funcionarios locales, al igual que la holandesa Alexine
Tinne y su madre, la baronesa Harriet van Capellen, que descri-
bieron en sus diarios de viaje las terribles imágenes de la esclavitud. Otra baronesa más conocida, la escritora danesa Karen
Blixen, mostró su admiración hacia la cultura nativa y su total
desprecio hacia el comportamiento de los colonos blancos en la
Kenia británica. No juzguemos a estas damas por sus maneras
algo cursis, su paternalismo hacia los africanos o sus excentricidades. A la hora de denunciar el horror, en sus más amplias face-
tas, no se quedaron atrás y tomaron partido a costa de represalias,
burlas y el rechazo de su propia familia.

Mientras reconstruía las vidas de estas grandes viajeras venían
a mi mente escenas inolvidables de la película de John Huston, *La*

Reina de África. En la novela de Cecil Scott Forester, Rose Mayer
—papel interpretado por Katharine Hepburn— era una puritana
solterona de treinta y tres años que había vivido en una remota
misión en las selvas del África central alemana junto a su hermano el pastor Samuel. A la muerte de éste la señorita Rose emprende un viaje al corazón de las tinieblas en un bote ruinoso llamado
La Reina de África. Aquella travesía a través de una naturaleza
hostil y salvaje junto a Charlie Alnutt —el actor Humphrey Bogart—, un hombre de rudos modales y aficionado al alcohol, le
cambiará la vida. Ella, que siempre había vivido bajo la voluntad
de su hermano, sin derecho a pronunciarse, iba por primera vez a
coger las riendas de su vida y las de aquella embarcación de pom-
poso nombre.

Cuentan que John Huston se empeñó en rodar la película en
África porque quería dedicarse en sus ratos libres a la caza mayor.
Se las ingenió para convencer a los productores de que los escenarios naturales de Uganda y el Congo belga eran los mejores deco-
rados para filmar su película. Y así fue como la enérgica Katharine
Hepburn, en compañía de Humphrey Bogart y su esposa, Lauren
Bacall, y las huestes de John Huston llegaron a orillas del río Rui-
ki, un afluente del majestuoso Congo. Allí, en medio de la selva,
instalaron su campamento rodeados de árboles enormes habitados por babuinos, helechos gigantes y retorcidas lianas. Las anécdotas del rodaje ya las escribió con buenas dosis de humor la propia Hepburn en su libro *El rodaje de* La reina de África *o cómo fui
a África con Bogart, Bacall y Huston y casi pierdo la razón*. Durante
las semanas de filmación, vestida como una misionera victoriana
con su corsé y amplios pololos, largas faldas, botines, sombrilla y
sombrero de ala ancha, la actriz experimentó en sus propias car-
nes la dura vida del trópico. Primero fueron las picaduras de avis-
pas negras, después las hormigas soldado, el calor y la humedad,
las moscas tse-tse, las lluvias torrenciales, las serpientes, el agua
contaminada, las diarreas y las nubes de mosquitos en la orilla de
los ríos. A pesar de todos los contratiempos Katharine —que perdió ocho kilos en el rodaje— disfrutó de su aventura africana,
aprendió algo de suajili, se aficionó a la caza mayor y acompañó a

John Huston en sus safaris demostrando un temple y una puntería que asombrarían al director.

Leyendo las aventuras de estas mujeres, esposas de ilustres exploradores, misioneras rebeldes, españolas de rompe y rasga, baronesas enamoradas de un África romántica, cazadoras de élite, apasionadas vividoras y estrellas de los primeros documentales, el lector descubrirá como siempre que la realidad supera a la ficción. Durante el rodaje de *La Reina de África* la actriz Katharine Hepburn nunca se metió en las aguas del río Congo por miedo a las enfermedades como la bilharziosis y otro tipo de infecciones. Las famosas escenas en las que ella y Humphrey Bogart arrastran con una soga el barco a través de los estrechos canales de juncos se rodaron en un estudio de Londres donde se construyó un enorme estanque. La inglesa Mary Kingsley, en su periplo por el África occidental en busca de peces extraños, pasó muchas horas en los pantanos con el agua hasta la cintura y el cuerpo cubierto de sanguijuelas. Cuando algún cocodrilo se cruzaba en su camino le atizaba con un remo y espantaba a los hipopótamos a golpe de sombrilla. Mary Kingsley era menos estricta que la estirada Rose y nunca se negó a un buen trago de brandy si el cuerpo se lo pedía. Aunque por su severa manera de vestir la confundieran con una misionera, la señorita Kingsley se declaraba atea y nunca se escandalizó como sus coetáneas ante la poligamia o el canibalismo.

Estas heroínas de carne y hueso fueron más modernas, audaces y aventureras que nuestras mejores actrices del cine de aventuras. Sus vidas tienen todos los ingredientes de las buenas películas que nos hacen soñar y estremecer: amor, peligro y exóticos escenarios. En su caso fueron ellas las que escribieron el guión de unas historias que nos hablan con humildad de la soledad, el miedo y la renuncia al amor, y que no siempre tuvieron un final feliz.

CAPÍTULO I

Misioneras en África: civilizar a los «salvajes»

«Y yo digo: ¿no se maravillará tu corazón si el Señor te hace madre de al menos un hijo que tenga la honra de ser misionero y ayude en la conversión de los herejes? Si yo fuera madre lo consideraría el máximo honor que podría tener en la vida.» Quien en 1818 escribía estas palabras llenas de fervor religioso era una joven llamada Mary Smith, que se casaría un año después en Ciudad del Cabo con el reverendo Robert Moffat, pionero en la evangelización de las tierras más australes del continente africano. Su sueño se vería cumplido con creces, de los diez hijos que tuvo la señora Moffat, dos mujeres se convirtieron en infatigables misioneras para orgullo de su fanático padre. La primogénita, Mary, se casaría con el famoso explorador David Livingstone y le seguiría en sus peligrosas travesías por el África más austral. Otra, llamada Bessie, unió su vida a la del misionero protestante Roger Price y juntos se establecieron en una inhóspita región de Botswana.

Las hermanas Mary Livingstone y Bessie Price crecieron entre los bechuanas en Sudáfrica y llevaron una vida llena de penalidades en aquellas tierras vírgenes habitadas por tribus hostiles. Sin embargo, la relación con los africanos de cada una de ellas fue muy distinta y representa la cara y cruz de las misioneras victorianas. La señora Livingstone era una enamorada de África, le gustaba viajar con sus hijos en una carreta tirada por bueyes como una nómada y sentarse en el desierto junto a un buen fuego a escuchar las leyendas nativas, aunque tuviera como música de fondo los estremecedores gruñidos de los leones. Se adaptó con aparente facilidad a vivir en una choza de barro y paja como los indígenas, lejos de la civilización y sin las más mínimas comodidades. Hasta su prematura muerte en el Zambeze con cuarenta y un años, se sintió una «africana blanca» y compartió con su esposo alguno de sus importantes descubrimientos geográficos.

Bessie Price era el prototipo de misionera decimonónica que sentía la absoluta necesidad de convertir a los «salvajes». Odiaba con todas sus fuerzas la cultura africana; el sonido de los tambores, las danzas, los cantos, los rituales más ancestrales le parecían cosa del demonio. Así que no se limitó a evangelizar a los paganos sino que les impuso las más rancias costumbres inglesas. Las nativas de la tribu bamanguato que iban casi desnudas, bajo su rígida influencia comenzaron a vestir trajes victorianos largos hasta los tobillos. Les enseñó, entre otras cosas, buenos modales, hábitos alimenticios, decoración de interiores, costura y música. También obligó a usar el sujetador a las jóvenes que participaban en las sensuales danzas de iniciación a la pubertad y cubrían su sexo con apenas un pedazo de tela.

Si tenemos muy pocos testimonios de cómo transcurrió la vida de Mary Livingstone en las misiones del Kalahari, su hermana Bessie Price nos da buena cuenta en sus cartas de los peligros a los que tuvo que enfrentarse en su primera misión de Botswana. Su vida diaria era todo menos romántica y aquí no encontró el paraíso terrenal que prometían los predicadores desde el púlpito para ganar adeptos. Los leones y las hienas solían rondar su casa y temía que pudieran atacar de noche a sus hijos. En una ocasión encontró una enorme serpiente en la habitación de los pequeños y en otra, mientras daba de mamar a su hijo notó, según sus propias palabras: «Un dolor ardiente y le pedí a mi esposo que me iluminara con una vela porque me había picado algo. Había un escorpión en la manga de mi camisón...». Al poco tiempo de casarse en 1862, el matrimonio Price se instaló en la nueva estación misionera de Shoshong a orillas del desierto del Kalahari y poco después escribía decepcionada a una amiga en Londres: «¡Qué cerrado, horrible y árido roquedal, me encuentro completamente encerrada entre la tribu de los bamanguato! ¿Podéis imaginaros queridos amigos ingleses llamarle casa a un agujero horroroso, pequeño y siniestro como éste lleno de cajas apiladas y polvo por todas partes?». Bessie tenía entonces veintitrés años y pronto sabría que acababa de llegar al mismísimo infierno. Sus dos primeros hijos enfermaron y murieron al poco de nacer y su marido con frecuencia tenía que guardar reposo debido a los virulentos ataques de malaria. Roger Price ya sabía lo que era sacrificar a toda su familia llevado por el celo evangelizador: su anterior esposa y sus dos únicos hijos habían muerto también en una remota misión de aquellas tierras desérticas.

Bessie tuvo catorce hijos a los que educó en la más estricta moralidad victoriana y sobrevivió a escorpiones, tarántulas, insolaciones y fiebres palúdicas. Murió con ochenta años en Serowe, actual capital de la tribu bamanguato en Botswana. Su huella sigue viva en esta región africana, donde aún uno tiene la sensación de estar en la Inglaterra rural del siglo XIX. Los domingos las mujeres asisten a las iglesias vestidas con largas faldas de muselina blanca, blusas de cuello alto y mangas hinchadas, y sombreros de ala ancha; entonan canciones inglesas y mantienen la costumbre de tomar el té de las cinco con las amigas. Los más ancianos lucen levitas desgastadas y sombreros de copa alta, y no dudan en descubrirse la cabeza cuando un blanco pasa a su lado.

Las historias de misioneros en lugares peligrosos y alejados de la civilización resultan estremecedoras y demuestran una resistencia y dureza extraordinarias. Arthur y Helen Saker representaban como los Price el matrimonio ejemplar de misioneros protestantes que gracias a su fervor espiritual consiguieron sobrevivir a todo tipo de calamidades. Llegaron a las misiones de Camerún en el año 1844, vivían en una choza nativa sin ventanas y con techo de palma que muy pronto desapareció a causa de un terrible tornado. Sufrieron continuos ataques de fiebre y una plaga de termitas devoró todas sus pertenencias, incluidos los objetos de madera y los vestidos. Durante más de un año tuvieron que llevar una dieta alimenticia de lo más estricta ya que carecían de mantequilla, harina y azúcar, y la única carne era la de los pájaros y las ardillas que pudieran matar a pedradas o con ayuda de un tirachinas. En medio del miedo y la angustia, sin un médico que pudiera atenderla, Helen fue pariendo un hijo tras otro.

La relación de los Saker con el rey local A'Kwa nunca fue buena. Este soberano, con fama de cruel y déspota, siempre les consideró sus enemigos. El día que murió A'Kwa, su tribu arrasó la misión protestante y se llevó hasta la cubertería y el ajuar de la abnegada Helen. Tuvieron que huir precipitadamente de allí para no perder la vida. Cuando a la misionera le pidieron que regresara a Camerún, tras un período de descanso en Inglaterra en 1861, aceptó resignada y se limitó a responder: «Creo realmente que Dios está ahí, y debemos ir en su búsqueda». Así que el matrimonio Saker volvió a su misión devastada de la selva y comenzó de nuevo a partir de cero. Helen sobrevivió seis años a su marido y fue enterrada junto a él en los frondosos bosques de Lewisham, en el Camerún más remoto y misterioso.

Las misioneras como Bessie Price o la misma Mary Moffat, en sintonía con la época que les tocó vivir, consideraban que pertenecían a una raza superior y su deber era civilizar a los paganos. Trataban a los nativos como si fueran niños grandes, les reñían, castigaban y empleaban todas sus energías para acabar con sus «bárbaras» costumbres. El propio David Livingstone, que luchó toda su vida por ayudar a sus amigos africanos, escribiría: «Somos miembros de una religión santa y dulce y podemos, por medio de una conducta consecuente y unos esfuerzos sabios y pacientes, convertirnos en los precursores de la paz para una raza todavía trastornada y aplastada».

Pero hubo otras misioneras «atípicas» que respetaron la cultura africana y sacrificaron por entero su vida para ayudar y enseñar a los más necesitados sin importarles el número de conversiones. Entre todas ellas destaca una por su personalidad y entereza, Mary Slessor, que vivió durante casi cuarenta años entre el temido pueblo Okoyong, al sur de Nigeria. Esta intrépida misionera presbiteriana fundó misiones en una región olvidada y remota donde los sacrificios humanos y los brutales asesinatos de niños gemelos estaban a la orden del día. Si se ganó la confianza de los jefes locales y se atrevió a denunciar sus costumbres —incluidos los castigos y mutilaciones a las mujeres— fue porque llegaron a admirar su coraje y fortaleza. La señorita Slessor renunció a todas las comodidades para vivir como una africana más en las húmedas junglas donde encontró su verdadero hogar.

El pastor Robert Moffat solía decir desde el púlpito: «Un misionero sin esposa es como una barca sin remos». En realidad sobre el terreno las esposas de aquellos predicadores se hicieron imprescindibles para llevar a cabo su tarea evangelizadora. Empujadas por una fe ciega fueron capaces de soportar situaciones límite y de sacrificar a sus propios hijos en aras de su destino. Todas ellas pagaron un alto precio por tanta entrega, la mayoría sufrían depresiones, se sentían solas y desamparadas, tenían frecuentes ataques de ansiedad y vivían con el miedo metido en el cuerpo. Aun así, para las mujeres de aquella época la vida en las misiones tenía un particular encanto ya que había áreas, como la educación, reservadas solamente a ellas y podían participar en los ritos religiosos de forma muy activa. La Iglesia sabía además que podían llegar a lugares prohibidos a los hombres y llevar el evangelio a los harenes, o zonas reservadas sólo a las mujeres en las casas musulmanas. A las tribus más hostiles la presencia de las misioneras también les resultaba menos agresiva aunque fueran vestidas con camisas de manga larga y cuello alzado, faldas oscuras hasta los tobillos y ridículos sombreros. En lugares donde nunca se había visto un hombre blanco es fácil imaginar la cara de sorpresa de los indígenas ante aquellas severas damas, la mayoría fanáticas religiosas, dispuestas a quitarles la bebida y luchar contra sus costumbres más arraigadas, como la poligamia, a golpe de Biblia. El explorador Livingstone escribió acerca de este tema con cierta ironía: «Seguimos teniendo muchas ocasiones de observar cuán espantoso debe ser, para los negros, el aspecto de los blancos. Cuando entramos en un poblado que todavía no ha visitado ningún europeo, el primer niño que ve a los hombres "cosidos dentro de sacos" pone pies en polvorosa, y huye con el mismo pavor que sentiría un chiquillo de Londres si viese salir una momia viva del museo».

A principios del siglo XIX, en una Inglaterra victoriana escandalizada por la esclavitud, estos misioneros son los elegidos para luchar contra el infame comercio de seres humanos y de paso convertir a los «infieles». África se presenta a sus ojos como un continente que espera su redención y el mito del «buen salvaje» empuja a la fraternidad humana. Son los héroes del momento, hombres y mujeres dispuestos a predicar en los lugares más remotos de la tierra. No les importa pasar privaciones, enfrentarse a enfermedades mortales, vivir como eremitas o acabar atravesados por la lanza de un caníbal. En las iglesias la gente se arremolina en torno a exaltados predicadores como Robert Moffat que animan a los parroquianos a fundar misiones en lugares donde él mismo ha visto «el humo de mil poblados en los que ningún misionero había estado». Muchas mujeres, la mayoría solteronas con más de treinta años, llevadas por este fervor espiritual se ofrecen voluntarias para trabajar en lugares aún por cartografiar, aunque para ello tengan que soportar meses de navegación o recorrer miles de kilómetros por desiertos en lentas carretas.

Los primeros misioneros fueron también exploradores y contribuyeron con sus viajes al conocimiento del continente negro. Todavía a mediados del xix se sabía muy poco del interior de África y fueron estos pioneros quienes, al tiempo que llevaban la civilización y la fe a los pueblos más atrasados, iban perfilando los mapas en blanco. Cuatro años después de que en 1840 David Livingstone llegara a Ciudad del Cabo, dos misioneros alemanes al servicio de la Iglesia anglicana desembarcaban en el puerto de Mombasa en la costa oriental africana. Ludwig Krapf y su compañero Johan Rebmann abrieron una misión a las afueras de la ciudad y exploraron el interior del país descubriendo los dos grandes volcanes, el monte Kenia y el Kilimanjaro, coronados de nieves perpetuas. Krapf no tuvo mucha suerte y al poco de instalarse su mujer y su hija recién nacida murieron víctimas de la malaria. Para aquellos evangelizadores la pérdida de los seres queridos era uno de los sacrificios a los que debían enfrentarse. El propio David Livingstone aceptó con resignación la muerte de su pequeña Elisabeth nacida en 1850 en Kolobeng, aunque hasta el final de sus días se sintiera culpable por haber llevado a su esposa, a punto de dar a luz, a un penoso viaje en carreta a través del tórrido desierto del Kalahari. En una carta a un amigo el célebre explorador confesaría: «Es aventurado llevar esposa e hijos a un país invadido por la fiebre africana. Pero ¿quién que crea en Jesús rehúsa aventurarse? Sólo un corazón de padre puede sentir lo que yo cuando miro a mis pequeños y me pregunto ¿volveré con éste, o este otro, vivo? Sin embargo, le pertenecemos a Él y que Él nos bendiga y nos proteja incluso en la muerte».

MARY LIVINGSTONE

Una africana blanca
(1821-1862)

Lloré sobre ella, que merecía muchas lágrimas. La amaba cuando me casé con ella y cuanto más viví con ella más la amé. Dios se apiade de los pobres niños que estaban tiernamente unidos a ella. Ya me ha dejado solo en este mundo la que yo sentía como una parte de mí mismo... ¡Oh, mi Mary, mi Mary! ¡Cuán a menudo deseamos una casa tranquila desde que tú y yo estuvimos en Kolobeng...!

DAVID LIVINGSTONE, 27 de abril de 1862,
a la muerte de su esposa

David Livingstone fue uno de los exploradores más admirados y queridos de su tiempo. Era un hombre de firmes convicciones, perseverante, independiente, austero, valiente y dotado de una gran resistencia física. No era el clásico explorador del siglo XIX altivo y ambicioso, tocado con casco colonial y fusil en mano, que trataba con mano dura a sus porteadores y sólo pensaba en realizar algún descubrimiento que le garantizara un lugar en la Historia. Livingstone, médico y misionero, disfrutaba de sus viajes, se preocupaba por el bienestar de los nativos, se sentía cómodo entre ellos y en el interior de África encontró su verdadero hogar. Tenía además un carisma especial —los árabes lo llamaban «baraka»— que cautivó a los propios africanos. Su lista de logros y hazañas resulta interminable desde que en 1840 desembarcara en El Cabo, Sudáfrica. Durante los treinta años que pasó recorriendo un continente en buena parte inexplorado, se enfrentó a fieras salvajes, nativos desconfiados y al asedio continuo de los bóers, blancos descendientes de los colonos holandeses que no veían con buenos ojos su labor misionera. Atravesó el desierto de Kalahari, en la actual Botswana, soportando todo tipo de penalidades, remontó el río Zambeze, dio nombre a las cataratas Victoria y fue además el primer europeo en cruzar África central de costa a costa. Y lo hizo con apenas un puñado de fieles nativos, sin utilizar la fuerza y sin derramar una gota de sangre. Al margen de sus hazañas como explorador y misionero, Livingstone criticó abiertamente en sus libros la esclavitud que consideraba «la mayor plaga de la humanidad». Sus estremecedoras descripciones de las caravanas de esclavos cautivos, encadenados de pies y manos, brutalmente azotados o asesinados conmovieron a la opinión publica británica.

En vida David Livingstone recibió los mayores honores y cuando regresó a Inglaterra en 1856, tras seis años de ausencia, fue recibido como un auténtico héroe nacional. La reina Victoria le concedió una audiencia, la Real Sociedad Geográfica de Londres y también la de París le otorgaron medallas de oro en reconocimiento a sus descubrimientos. Muy pocos sabían entonces de la existencia de su abnegada esposa, Mary Livingstone, que no sólo compartió con él algunos de sus más fatigosos viajes, sino que soportó las durísimas condiciones de la vida misionera. Aquel 13 de febrero de 1858, en el banquete de despedida que la Real Sociedad Geográfica de Londres ofrecía en honor a Livingstone antes de partir a su nueva «misión civilizadora» en África, fue el duque de Wellington quien en su discurso alabó a la esposa del explorador y pidió un brindis por ella. Mary, acostumbrada a vivir en un segundo plano, se limitó a inclinar la cabeza en señal de agradecimiento mientras un público entusiasta se ponía en pie para saludarla.

La señora Livingstone no tenía muchos motivos para sentirse feliz, había pasado los últimos cuatro años en Inglaterra sola, viviendo entre gente extraña y a cargo de sus cuatro hijos a los que en ocasiones no tenía ni con qué alimentar. Nadie podía imaginar lo que aquella mujer tímida, de rostro envejecido —a pesar de tener entonces treinta y siete años— vestida con un severo traje victoriano negro que contrastaba con los escotes y lentejuelas de las damas allí presentes, había sufrido al unir su vida a la de un hombre dispuesto a sacrificarlo todo por su fe. Había que tener gran fortaleza para aguantar como ella una vida nómada en el interior de África, carente de las más mínimas comodidades, pariendo hijos sin ayuda —algunos en medio del desierto a la sombra de los espinos— y aguantando con resignación las largas ausencias del marido. Si la esposa del más famoso explorador de todos los tiempos hubiera llevado un diario tan meticuloso como él, si hubiera escrito con la misma perseverancia sobre sus viajes épicos por el interior de África, estaríamos sin duda ante uno de los libros de aventuras más extraordinarios protagonizado por una mujer occidental. Mary Livingstone, tal como nos descubre la escritora Edna Healey en una de las escasas biografías que existen sobre este personaje, fue una verdadera pionera en la exploración del desierto del Kalahari, el río Orange y el Zambeze a principios del XIX cuando en aquella región del sur del continente se vivía como en el Lejano Oeste americano.

La hija del reverendo

Mary Livinsgtone vino al mundo el 12 de abril de 1821 en Gricqua Town, a ciento cincuenta kilómetros de la colonia de El Cabo, en la actual Sudáfrica. Su madre, Mary Moffat, otra mujer de extraordinario coraje nacida en Lancashire, Inglaterra, había pisado por primera vez suelo africano en 1819 para casarse con el pastor Robert Moffat. Tenía entonces veinticuatro años y el viaje en barco desde Liverpool hasta el Cabo de Buena Esperanza duró tres interminables meses. Toda una aventura para esta joven de familia acomodada y rígida educación religiosa que no había viajado más allá del sur de Manchester y que hacía tres años que no veía a su novio. Su luna de miel fue una dura travesía de siete semanas por caminos polvorientos en una carreta tirada por bueyes rumbo a la remota estación misionera de Lattakoo.

Desde el principio la señora Moffat supo lo que era la vida dura y solitaria de la compañera de un misionero «había que tener mucha fe para no perder la razón», recordaría en una de sus cartas. En realidad muy pocas mujeres pudieron aguantar los rigores de aquella vida espartana, viviendo aisladas en lejanas aldeas, rodeadas de nativos que no hablaban su lengua y amenazadas por las peligrosas tribus locales. La mayoría huían al poco de llegar, caían enfermas o morían al dar a luz. En las tierras al norte del río Orange donde se instalaron los Moffat estaba todo por hacer, había que empezar literalmente desde cero, construir las viviendas, la iglesia, la escuela, elaborar artesanalmente los productos más básicos, aprender la lengua de los nativos, sobrevivir a las enfermedades y a los chacales que merodeaban sus precarias viviendas. Con el tiempo, este infatigable matrimonio llegó a crear un auténtico oasis en el desierto del Kalahari, la famosa misión de Kuruman fundada en 1821 donde permanecieron durante cuarenta años entre los desconfiados bechuanas.

Mary Moffat tuvo diez hijos, de los cuales tres murieron, Robert al nacer y Elizabeth y James en su más corta infancia. De hecho cuando se quedó por primera vez embarazada estuvo tan enferma que su esposo creyó que la perdía. El día del parto no había ni un solo médico para atenderla, pero en contra de todos los pronósticos nació un bebé sano y con buen peso. Así vio la luz la futura señora de Livingstone, que con el tiempo se ganaría el respeto de los más temidos jefes nativos por su audacia y espíritu de sacrificio.

Cuando Mary Livingstone contaba apenas un año de edad la familia se trasladó a la misión de Lattakoo donde vivieron entre la tribu de los batapli en una choza a la manera tradicional. No tenían muebles, dormían en un colchón echado sobre el suelo de barro, se cubrían por la noche con pieles de cabra y vivían como auténticos salvajes. Para las mujeres nativas la hermosa señora Moffat, a la que llamaban Ma Mary —era tradición bautizar a las madres con el nombre de su primer hijo—, era toda una atracción. Seguramente no habían visto antes una mujer blanca como ella de tez clara, largos cabellos rubios y ojos azules y les atraía poderosamente la atención. Su hija Mary dio sus primeros pasos rodeada de un nutrido grupo de mujeres africanas —apenas cubiertas con abalorios y con el cuerpo untado con una espesa capa de grasa animal— que a diario se reunían frente a la puerta de su casa. Pronto se adaptó a esta vida espartana y a las incómodas y largas travesías en carreta de bueyes por desolados paisajes que en nada recordaban a la verde Inglaterra. La pequeña aprendió a hablar la lengua local y el difícil lenguaje de los bosquimanos. Su primera nana había sido una joven de esta tribu del Kalahari, que Mary Moffat había salvado de ser enterrada viva junto a su madre fallecida, como mandaba la tradición.

Es fácil imaginar la reacción de estas primeras misioneras ante algunas costumbres locales que les debieron parecer «obra del demonio». La señora Moffat observaba con horror la práctica de la poligamia entre los bechuanas y reconocía que era una costumbre tan arraigada entre ellos que iba a ser muy difícil cambiarla. Por otro lado, pronto se adaptó al hábito local de utilizar excremento de vaca mezclado con arcilla para cubrir las paredes y los suelos de su casa. En una carta enviada a su familia escribe con cierta ironía sobre estos asuntos domésticos: «Si me vierais esparciendo excremento de vaca una vez al mes por todas las habitaciones... la primera vez me aterroricé y ahora veo que quita el polvo mejor que ninguna otra cosa, mata los chinches que aquí son abundantes y es de un bonito color verde».

Los primeros años fueron muy duros para el matrimonio Moffat, no captaban ni un alma, los nativos se mostraban hostiles y desconfiados hacia ellos, pero no consiguieron desanimarlos. A las difíciles condiciones de vida había que añadir la inseguridad que se vivía entonces en aquella región. Muchas veces a Mary la despertaban en plena noche, la envolvían rápidamente en pieles y se la llevaban medio dormida al pueblo más cercano de Gricqua que era algo más seguro y civilizado. En aquel tiempo el ejército zulú, guiado por el poderoso y legendario rey Shaka, sembraba el terror entre los blancos y africanos. Sus tropas, de más de quince mil hombres bien entrenados, arrasaban aldeas, quemaban las cosechas y mataban brutalmente a sus habitantes que huían despavoridos. Los temidos zulúes estaban organizados en clanes que luchaban entre ellos por las mejores tierras de pastos y el ganado.

Cuando Mary tenía tres años la familia pudo por fin trasladarse a un asentamiento definitivo, la nueva misión de Kuruman situada cerca de un manantial y a mil trescientos kilómetros de la colonia de El Cabo. Robert Moffat que se unió a la Sociedad Misionera de Londres en 1816, fue un pionero en la evangelización de estas inhóspitas tierras y el jefe de las misiones protestantes en el África meridional. Con tesón y un sacrificio sin límites intentó reproducir en las dunas del Kalahari la confortable vida de la campiña inglesa. Al poco tiempo este pedazo de tierra seca se convirtió en un vergel gracias al sistema de canalización del agua ideado por el reverendo. Los viajeros que llegaban a Kuruman se quedaban atónitos al ver lo que allí habían levantado esta pareja de fervientes misioneros protestantes. Se construyeron casas de piedra protegidas por muros, se plantaron huertas y jardines con árboles frutales, amén de una iglesia con capacidad para mil personas. Cuando ya pudo descansar y la misión estaba en marcha, Robert Moffat se dedicó a la que sería su gran tarea, traducir la Biblia a la lengua bechuana.

Por primera vez Mary Moffat tenía un hogar de verdad, una casa confortable y segura, una cama donde dormir y una cocina con rudimentarios enseres. Ya no tendría que salir por las noches en camisón, rifle en mano, a enfrentarse a los leones que merodeaban su choza cuando se quedaba sola con sus hijos. Esta mujer de carácter indómito fue capaz, en medio se sequías, hambrunas, cruentas guerras tribales y las constantes presiones de los bóers, de construir un hogar, enseñar el evangelio, tener diez hijos y gobernar la estación misionera cuando su marido se ausentaba. Se adaptó sin rechistar —igual que haría su hija— a esta vida terrible, pero nunca olvidaría la angustia y el pánico de sus primeros años en tierras africanas lejos de su familia.

Con diez años, Mary Livinsgtone ingresó en la escuela misionera de Wesleyan, en el pueblo de Salem, un viaje agotador de cinco semanas en carreta desde Kuruman. Durante los seis años que allí estudió descubriría la tensión que se vivía en esta comunidad de emigrantes ante la constante amenaza de los belicosos zulúes, así como las hostilidades que existían hacia los misioneros y sus familias. A Mary la llamaban despectivamente la «africana blanca» y no era muy querida entre las familias de granjeros de talante racista e independiente, tal como cuenta su biógrafa Edna Healey.

En 1836 Mary se instaló en Ciudad del Cabo con la idea de

prepararse para ser profesora de niños en la misión de Kuruman. Tenía entonces quince años y le gustaba esta ciudad —ahora bajo dominio inglés— próspera y dinámica, con su bahía de la Mesa abarrotada de veleros que viajaban rumbo a la exótica India, y admiraba sus elegantes edificios de piedra rodeados de cuidados jardines. Tres años después se reencontraba con su padre Robert Moffat que llegaba a El Cabo con su valioso manuscrito bajo el brazo. Por fin había traducido el Nuevo Testamento al bechuana y ahora sólo pensaba en imprimirlo. Decidió llevarse a su esposa, sus seis hijos y sus dos sirvientes negros a Inglaterra para acabar allí su obra y de paso explicar a la opinión pública desde el púlpito sus éxitos misioneros.

La familia Moffat al completo partió rumbo a Liverpool en un barco que transportaba un contingente de tropas que regresaban a Inglaterra desde la India. Fue un viaje de pesadilla: hacinados en camarotes mal ventilados, de estrechas literas, soportando terribles tormentas y conviviendo con vacas y pollos que se llevaban vivos como provisiones, amén de los caballos de los soldados. La señora Moffat, que tenía entonces cuarenta y cuatro años, estaba de nuevo embarazada y pasó buena parte del viaje indispuesta y mareada. En medio de la azarosa travesía uno de sus hijos, James, de siete años de edad, cayó enfermo de rubéola y murió a los pocos días. Antes de llegar a Inglaterra, en mitad de la navegación, la esposa del reverendo dio a luz a su noveno hijo, una niña que bautizaron con el nombre de Elisabeth. No era un buen comienzo para lo que iba a ser su estancia de cuatro años en una Inglaterra demasiado fría para ellas, acomodados entre gente extraña.

Robert Moffat fue recibido como un ídolo misionero en Londres y sus conferencias se convertían en actos multitudinarios. Tenía un gran magnetismo y era capaz de embelesar al público con las descripciones de aquellas regiones remotas del África austral habitadas por «salvajes» que pedían la redención de sus almas. La puritana Inglaterra victoriana adoraba a hombres de fe tan sólida como Robert y muchos se ofrecían a seguirle al fin del mundo en su particular cruzada contra el paganismo.

A comienzos de 1839 Livingstone conoció al reverendo Moffat, su futuro suegro, y se quedó muy impresionado al escuchar cómo había transcurrido su labor evangelizadora entre los bechuanas. El elocuente y persuasivo pastor le animó a avanzar hacia el interior del continente y predicar en regiones desconocidas donde ningún misionero había llegado. No se sabe si Livingstone conoció en Londres a la hija mayor de los Moffat pero por el momento sus destinos se separaron ya que él estaba decidido a viajar a la misión de Kuruman y comenzar allí su labor como predicador.

En 1840 un entusiasta Livingstone de veintisiete años embarcaba rumbo a El Cabo para hacerse cargo de la misión de los Moffat hasta su regreso. Con el paso del tiempo y cansado de esperar —tardaron tres años en volver— el inquieto misionero se instaló en 1842 en el valle de Mabotsa junto al río Limpopo y a más de trescientos kilómetros de Kuruman. Allí vivió seis meses entre los bechuanas y se dedicó a predicar, atender a los enfermos y aprender su lengua. Consiguió además que uno de los jefes tribales, Sechelé, se convirtiera al cristianismo y fuera bautizado.

Durante su estancia en Mabotsa, Livingstone estuvo a punto de perder la vida cuando en una partida de caza con los nativos un león le atacó y le fracturó el brazo. La herida no acababa de curar, se sentía muy débil y decidió regresar a Kuruman para recuperarse. Para su sorpresa los Moffat ya habían regresado de Inglaterra y le acogieron en su misión con gran hospitalidad. La familia Moffat había tardado un año en llegar a Kuruman desde que partieran de Liverpool a bordo de un barco de nombre profético, *El Fortaleza*, donde consiguieron sobrevivir a las peores tormentas y huracanes refugiados en un angosto camarote. Cuando llegaron al fin a la bahía de la Mesa en El Cabo organizaron una caravana de varias carretas de bueyes para trasladar su voluminoso equipaje, que incluía un carruaje de caballos. En Inglaterra se habían quedado dos hermanos de Mary, Robert y Hellen, a los que tardaría más de diez años en volver a ver. Pero en la familia contaban con un nuevo miembro, la pequeña Jane nacida en Londres.

La esposa del explorador

La hija mayor de los Moffat se encontraba feliz de estar otra vez en Kuruman, poder dar clases en la escuela y cuidar del doctor Livingstone por el que sentía una oculta admiración. La atracción debió ser mutua ya que en julio de 1844, bajo uno de los almendros del jardín de Kuruman, Livingstone decidió declararse a Mary tal como le escribió a un amigo: «Tras casi cuatro años de vida en soledad en África, reuní todo mi coraje para formular una pregunta bajo uno de los árboles frutales, y el resultado fue que me uní en matrimonio a Mary, la hija mayor de los Moffat». Antes de contraer matrimonio Livingstone partió para Mabotsa donde construyó la que sería su primera vivienda. Se sentía pletórico como lo reflejan las cartas que escribía a su futura esposa: «El trabajo de la nueva casa es duro y casi lo bastante como para quitarme de la cabeza el amor que siento por ti, pero el amor que siento está en mi corazón y no saldrá de allí a no ser que tú lo quieras. Debes perdonarme que el papel de esta carta esté sucio, pero no consigo quitarme todo el barro después del trabajo...».

Se casaron en enero de 1845 en la iglesia que Robert Moffat había construido en Kuruman con sus propias manos y él mismo ofició la ceremonia. En realidad Livingstone y su suegro tenían mucho en común, ambos eran escoceses, enérgicos, duros, profundamente religiosos y tenían un agudo sentido del humor. El reverendo Moffat admiraba a su yerno y mantuvieron a lo largo de su vida una relación de gran complicidad. La señora Moffat estaba encantada de que por fin su hija primogénita contrajera matrimonio, aunque no veía a Livingstone con tan buenos ojos. Creía que el joven misionero era demasiado aventurero y sabía que con el tiempo acabaría abandonando su labor evangelizadora. Mary Moffat fue para el doctor una suegra dura y puntillosa que no dudaba en reñirle cuando consideraba que desatendía sus deberes de esposo y misionero.

La luna de miel les duró bien poco ya que desde el primer día que llegaron a Mabotsa, Mary se mantuvo ocupada en las agotadoras tareas domésticas que incluían moler el trigo para hacer harina, fabricar el jabón y las velas, hacer mantequilla, cuidar la huerta, lavar la ropa en el río y además dar clases a los niños en la escuela y ayudar a su marido en las tareas religiosas. Aquí no existía el confort que había en Kuruman, pero Mary estaba contenta de haberse independizado y alejado de una madre «quisquillosa y extremadamente posesiva». Harta de la vida nómada que había llevado desde que viniera al mundo, soñaba obsesivamente con tener un hogar fijo y una vida ordenada. Sin embargo, los planes de su esposo eran bien distintos. Livingstone quería seguir explorando aquellas tierras ignotas y abrir nuevas rutas para los misioneros. Además no se sentía del todo a gusto teniendo que compartir la misión de Mabotsa con su colega misionero Roger Edward y su «gruñona» esposa, que acabaron convirtiéndose en sus peores enemigos.

Livingstone decidió entonces partir más al norte y fundar una nueva Kuruman en un lugar llamado Chounuané, a setenta kilómetros de Mabotsa. Su esposa tuvo que quedarse sola mientras él construía una segunda vivienda y por entonces ya estaba embarazada de su primer hijo. Su hermana Ann llegó de Kuruman para quedarse un tiempo con ella y hacerle compañía, aunque para ello tuvo que viajar en carreta de bueyes más de trescientos kilómetros en la única compañía de una atemorizada doncella. Era una travesía muy peligrosa por colinas peladas donde los hambrientos leones atacaban sin piedad a los bueyes de las caravanas. En más de una ocasión la propia Mary tuvo que buscar refugio bajo su carreta y defenderse de los leones con la única ayuda de una antorcha.

El primer hijo de los Livingstone nació en Mabotsa en diciembre de 1845 y lo llamaron Robert. A partir de este momento su madre fue bautizada por las ancianas bechuanas como Ma Robert. La pareja, con su recién nacido en brazos, emprendió viaje a la nueva misión de Chounuané. El destino quiso que llegaran cuando una terrible sequía azotaba la región, los ríos se habían secado, las huertas no producían y las gentes abandonaban sus aldeas en busca de manantiales. Mary, a estas alturas, ya había puesto a prueba su espíritu indómito en más de una ocasión. No le resultaba fácil acostumbrarse a esta vida salvaje, a permanecer las noches en vela preocupada porque los leones no saltaran por las ventanas de su choza, apenas protegidas por una cortina, y atacaran a sus hijos. A encontrar entre la ropa de los bebés enormes tarántulas o escorpiones que buscaban el frescor en las habitaciones. Estas situaciones le causaban una enorme ansiedad, aunque frente a su marido se mostrara siempre imperturbable.

En septiembre de 1846, la señora Moffat llegó de Kuruman con refuerzos trayendo alimentos a su familia y deseosa de conocer a su nieto. Cuando tuvo que partir de nuevo lo hizo con gran dolor, sentía mucha pena por su hija al ver que aún tenían por delante una larga temporada de privaciones. Ignoraba si la joven sería capaz de aguantar semejante sacrificio y reprobaba a Livingstone que la dejara tanto tiempo sola. Seis meses más tarde Mary estaba embarazada de nuevo y decidieron regresar a la misión de los Moffat para que diera a luz en condiciones. Por entonces la pareja estaba agotada y muy desanimada, las cosas no habían salido como Livingstone imaginara. Sólo el nacimiento de su segunda hija, Agnes, les devolvió la alegría y les dio ánimos para continuar con su ardua misión evangelizadora.

Cuando volvieron a Chounuané sus amigos bechuanas, incluido el jefe Sechelé, habían huido de aquel lugar desértico y se instalaron a orillas del río Kolobeng. Livingstone decidió entonces seguir sus pasos y comenzó la construcción de una tercera casa en Kolobeng mientras dejaba de nuevo a Mary sola con sus dos hijos pequeños. En una carta de aquella época Livingstone escribe: «Mary se encuentra un poco asustada viviendo en medio de las ruinas y no me sorprende porque ayer me escribió diciendo que los leones están volviendo a tomar posesión del pueblo y que por la noche merodean la casa». Se comprende que Mary no aguantara más tiempo esta situación y se uniera a su esposo unos meses después para vivir temporalmente en una choza nativa.

Empezaron una nueva vida en Kolobeng, un lugar en apariencia menos terrible que los anteriores. Pero de nuevo la desgracia les golpeó, al cabo de unos meses comenzó una ola de calor que hacía insoportable la vida durante el día. En la rudimentaria choza en que habitaba la familia junto a los bechuanas las noches eran muy frías y apenas podían protegerse de las hienas y leones que de nuevo merodeaban su casa. Las nubes de moscas martirizaban a los niños y Mary, que desde el nacimiento de su hijo Robert no se encontraba muy bien de salud, veía cómo su sueño de estabilidad se esfumaba. Aun así se enfrentó con valor a las adversidades y encontró tiempo para abrir una pequeña escuela en casa, a la que acudían las jóvenes esposas del jefe Sechelé que se convirtieron en sus únicas amigas.

Al igual que su madre, la señora Livingstone era una perfecta ama de casa y generosa anfitriona. Los viajeros alababan sus excelentes dotes culinarias «no había nada como su delicioso pan casero», solían comentar los visitantes. Por su parte Livingstone se sentía orgulloso del horno que había construido a su mujer vaciando un termitero por dentro y añadiéndole una puerta. La realidad es que aquí la vida era igual de dura que en Mabotsa y las conversiones y bautismos muy escasos. «Las mujeres de los misioneros no tienen tiempo para hacer calceta, son auténticas esclavas del hogar», le escribiría Mary a una de sus hermanas.

En 1849 la situación en Kolobeng se hizo insostenible. Los manantiales se secaron, nada crecía en aquella tierra árida poblada de espinos y si no hubiera sido por la carne que les proporcionaba su amigo Sechelé y las provisiones que llegaban de Kuruman, habrían muerto todos de hambre. Mary se encontraba de nuevo enferma y se vio obligada a cerrar la escuela. Estaba esperando su tercer hijo y aunque se sentía muy débil y tuvo que guardar cama, el pequeño Thomas nació sano en apenas tres horas de parto. Mary parió como la habían educado, sin quejarse y sin chillar, aguantando el dolor aunque éste resultase insoportable.

La sequía no era el único problema que preocupaba a Livingstone, en los últimos tiempos los bóers les estaban haciendo la vida imposible. Para estos campesinos blancos fanáticos de origen holandés, que en 1815 pasaron a ser súbditos ingleses, los misioneros como él y Moffat que hablaban de la igualdad de razas eran su principales enemigos. Los bóers partidarios de la esclavitud, que se sentían dueños y señores de aquellas tierras, huían ahora hacia el norte arrasando aldeas y quemando las misiones que encontraban a su paso. Con el tiempo, y tras muchos enfrentamientos con el gobierno británico, conseguirían fundar una república independiente en el Transvaal que en 1860 se convertiría en la República Sudafricana.

Así estaban las cosas cuando llegaron a Kolobeng dos cazadores ingleses, Willen Oswell y Mungo Murray, que ansiaban obtener buenos trofeos. Propusieron a Livingstone que les acompañara a explorar una región del Kalahari donde según los nativos existía un gran lago. A pesar de que los bechuanas intentaron convencerle de que aquella expedición era una auténtica locura, él estaba dispuesto a partir. Mary y sus hijos decidieron esperarle en Kuruman para alegría de los Moffat, que pudieron disfrutar un tiempo de la compañía de sus pequeños nietos.

El viaje del misionero por el Kalahari fue una auténtica pesadilla y estuvieron a punto de morir todos de sed. Sólo las tribus nómadas que allí habitaban, como los bosquimanos y bakalahiris, eran capaces de sobrevivir y encontrar agua que conservaban guardada en huevos de avestruz enterrados en el suelo. Las picaduras de serpiente eran otra grave amenaza así como los leones y las manadas de elefantes. Sufrieron espejismos, se extraviaron y al cabo de dos meses llegaron al lago Ngami, en Botswana, en agosto de 1849. Era el primer europeo que observaba esta extensa mancha de agua en medio del desierto y la Real Sociedad Geográfica de Londres le premiaría con una medalla. Al no poder avanzar por falta de víveres y por la amenaza constante de los nativos, decidieron regresar.

Mientras tanto, Mary, harta de esperar en Kuruman con sus hijos partió hacia Kolobeng creyendo que Livingstone habría regresado. Hacía un año que se habían despedido y no tenía noticias de él. Se las arregló de nuevo sola durante dos interminables meses pero cayó enferma y envió un mensaje a su marido rogándole que regresara. David Livingstone se reunió con su familia pero sólo una idea rondaba en su cabeza, preparar una nueva expedición al norte y llegar a la región donde vivía el jefe de las tribus de makololos, Sebituané, que podría ayudarle a encontrar un lugar adecuado para fundar otra misión lejos de sus enemigos bóers y matabeles.

Mary se fue contagiando poco a poco del entusiasmo de su esposo, en realidad tenían poco futuro en Kolobeng azotada aún por la terrible sequía. Había oído hablar de los peligros del duro Kalahari, sabía que era una aventura atravesarlo con sus tres hijos pequeños y otro que venía en camino pero eso era mejor que morir sola de hambre. Durante un año prepararon juntos el viaje y en abril de 1850 Livingstone se ponía en marcha con su familia, los pequeños Robert, de cuatro años, Agnes de tres y Tom de apenas un año. Sabía que al viajar con ellos los nativos no le considerarían un enemigo y sería más fácil llegar a su destino.

Los primeros meses disfrutaron de esta vida de nómadas que a Mary le recordó su infancia. En medio de un mar interminable de arena avanzaban a tres kilómetros por hora en su vieja carreta de bueyes. Era «la tierra más triste que haya nunca visto», diría Livingstone, pero eran felices viviendo el presente y estaban por fin todos juntos. La felicidad duró bien poco porque al llegar al lago Ngami ella y los niños enfermaron de fiebres por las picaduras de las moscas tse-tse. Tuvieron que regresar precipitadamente a Kolobeng, y la señora Livingstone nunca se recuperó de aquel viaje agotador por ese desierto infernal donde tuvo que soportar durante el día temperaturas de más de cuarenta y cinco grados y en la noche un frío casi polar. A los pocos días nació su cuarto hijo «una niña pequeña, no más grande que la palma de la mano de Ma Mary», recordaría el misionero. Seis semanas después la pequeña Elisabeth murió sin que pudieran hacer nada por salvarla. Afligido, el explorador escribiría: «Fue la primera muerte en la familia, pero igualmente pudo ocurrir si hubiéramos permanecido en casa; y así tenemos ahora a uno de los nuestros en el cielo». De nuevo se veían obligados a buscar refugio en la misión de Kuruman donde permanecieron un año y Mary pudo recuperarse de las graves secuelas de aquella aventura, entre ellas una parálisis facial que le producía terribles dolores de cabeza.

Lejos de África

Cuando llegó la primavera Livingstone decidió cumplir su sueño de explorar el norte y llegar a la tierra donde habitaba Sebituané, el poderoso jefe de los makololos. La señora Moffat que se enteró de sus planes y sabía que su hija estaba de nuevo encinta, le envió en 1851 una carta donde criticaba abiertamente esta decisión calificándola de descabellada: «Oh, Livingstone, ¿qué pretendes? ¿No ha sido bastante la pérdida de un bebé maravilloso y haber salvado a tu familia por bien poco mientras tu esposa regresaba a casa con una parálisis en el rostro? ¿Vas a volver a exponer a tu mujer embarazada y a tus hijos a esas regiones llenas de enfermedades en una expedición de exploración? Todo el mundo condenaría la crueldad de esta acción por no hablar de la falta de decoro. Una mujer con tres niños pequeños andando por ahí en compañía de miembros del otro sexo a través de las zonas salvajes de África entre bestias y salvajes...». Livingstone reconocía que había expuesto demasiado a su familia pero su labor evangélica estaba por encima de todo. En realidad el misionero escocés se estaba convirtiendo en el explorador que pasaría a la Historia y por primera vez pensó en separarse de los suyos para no condenarlos a una vida llena de penalidades.

Pero por el momento el obstinado viajero, sin hacer caso a sus suegros, se puso de nuevo en camino con su familia para cruzar una vez más el extenso Kalahari. Mary le seguía resignada, no deseaba pasar otro año sola bajo la estricta disciplina de su madre en Kuruman ni tampoco quedarse en Kolobeng, que habían arrasado los bóers, matando a algunos miembros de la tribu y raptando a los niños para convertirlos en esclavos. Les acompañaba esta vez el cazador y amigo Oswell que al menos les proveía de alimento y les indicaba los puntos de agua. Pero ocurrió que un día perdieron la pista de su guía bosquimano y tampoco encontraron a Oswell. Tuvieron que esperar cuatro días en su carreta con pocas reservas de agua y los tres niños se morían literalmente de sed. En sus diarios recordaba aquella experiencia como una de las más duras de su vida: «Fue una noche de angustia y a la mañana siguiente cuando menos agua nos quedaba más sedientos estaban los pequeños. La idea de que murieran delante de nuestros ojos era terrible... pero su madre no dijo una palabra aunque sus ojos llorosos lo decían todo. Su agonía iba por dentro». En aquel momento Livingstone decidió enviar a Inglaterra a su esposa y a los pequeños mientras él seguía con sus exploraciones por el Zambeze. Habían pasado cerca de once años juntos en estas tierras viviendo entre los nativos y soportando unas condiciones de vida horribles.

Sebituané, el jefe de los makololos fue a su encuentro y les recibió a orillas del río Chobe con todos los honores. Se sentía halagado de conocer por fin a la hija del «gran Moffat», el hombre que se había convertido en consejero de su principal adversario Moselekatsé, el jefe de los matabeles. Sabía además que si Mary Livingstone se quedaba con ellos sus enemigos nunca les atacarían. Este encuentro fue histórico y la presencia de Mary posibilitó el primer paso hacia el sueño de su padre: unir a las dos grandes tribus en guerra y traer la paz a la región. Por desgracia los sueños se esfumaron cuando Sebituané murió a las dos semanas.

Mientras esperaban que el heredero del jefe de los makololos les diera permiso para asentarse en su territorio, exploraron la región del gran río Zambeze y oyeron hablar por primera vez de unas cataratas que los nativos llamaban «Mosewatunya», el «humo que truena». En su siguiente expedición Livingstone bautizaría estos espectaculares saltos de agua situados entre Zambia y Zimbabwe como las cataratas Victoria. Para Mary aquella estancia en tierra de los makololos resultó muy penosa, seguía estando sola la mayor parte del día en compañía de las mujeres nativas y además se encontraba fuera de cuentas. En el camino de regreso nació su cuarto hijo, a la sombra de unos espinos y junto al río Zouga. Livingstone pensó que éste era un buen nombre para el recién nacido pero por fortuna su esposa le convenció en bautizar al niño con el nombre de su buen amigo Oswell.

A mediados de marzo de 1852 el explorador, decidido a que su familia partiera a Inglaterra, llegaba a la casa misión de Ciudad del Cabo. Se quedaron seis semanas allí, el mar le sentó bien a Mary que ahora debía afrontar una experiencia tanto o más dura que la del desierto del Kalahari. Se embarcó sola el 23 de abril con sus cuatro niños y si pudo soportar la ardua travesía fue gracias a la ayuda de las esposas de los oficiales de la India que viajaban en el mismo barco. Esperaba reunirse con su marido en pocos meses, pero entonces ignoraba que serían cuatro largos y angustiosos años los que pasarían separados. Livingstone ya no buscaría un lugar saludable donde instalar su anhelada misión, ahora sólo quería encontrar un camino que uniera el Zambeze con la costa occidental para evitar a los temidos bóers.

Los primeros días el explorador y misionero, muy afectado por la separación de su familia, le escribe a Mary cartas llenas de ternura: «Mi querida Mary: ¡cómo os echo de menos a ti y a los niños! Mi corazón suspira continuamente por vosotros... Jamás mostré mis sentimientos, pero puedo decir sinceramente, querida mía, que te amaba cuando me casé contigo, y cuanto más tiempo viví contigo más te amé». Mientras, su esposa no estaba para muchos romanticismos, se había instalado con sus hijos en la casa de los padres de Livingstone en Hamilton, Escocia, y no acababa de adaptarse ni al clima húmedo y frío, ni a su nueva familia. Se sentía una extraña en aquella casona dominada por un puñado de tías solteronas y de nuevo la parálisis facial le provocaba agudos dolores. Su suegro, el abuelo Neil, hombre muy devoto y lector asiduo de la Biblia que fue diácono de la Iglesia Independiente de Hamilton, se mostraba huraño con ella y trataba severamente a los revoltosos niños.

La señora Livingstone tenía además graves problemas económicos. Ella no estaba habituada a manejar dinero y la ayuda de la Sociedad Misionera de Londres —treinta libras trimestrales— no le alcanzaba para mantener a sus vástagos. Acostumbrada a la hospitalidad africana y a vivir al día, le resultaba muy complicado llegar a fin de mes. Acabó peleándose con sus suegros y decidió marcharse en enero de 1853 a las afueras de Londres, al tranquilo pueblo de Hackney. Durante este tiempo Mary sigue manteniendo correspondencia con los directores de la Sociedad Misionera que hicieron oídos sordos a sus peticiones. Livingstone nunca les perdonaría que hubieran abandonado a su esposa en un país extraño y en el que apenas conocía a nadie. Cuando se trasladó de nuevo a una ciudad cercana a Manchester, Mary tuvo la suerte de conocer a una familia cuáquera, amigos de su madre, que los acogieron con cariño y les invitaron a quedarse con ellos. La familia Braithwaite, a los que Mary les estaría toda la vida agradecida, habían sido también misioneros en América y entendían por lo que ella estaba pasando. Los niños pudieron asistir a la escuela y ella empezó a vivir un poco más tranquila y sin la tensión de antes. Sin embargo Mary seguía delicada de salud, añoraba con todas sus fuerzas África y sufría por un esposo del que apenas tenía noticias. En 1854 cae gravemente enferma y debe guardar cama, su sueño de viajar a El Cabo debe aplazarse. A través de las cartas que le llegan con meses de retraso, se entera de que Livingstone sigue adelante con su proyecto de remontar el curso del gran río Zambeze y llegar al mar. No se encontrarían hasta el 11 de diciembre de 1856 en Inglaterra, para entonces el misionero escocés se había convertido en el primer europeo en atravesar el África central desde Luanda, en Angola, hasta Quelimane, Mozambique. Habían transcurrido cuatro años desde que partiera de El Cabo y ahora sólo pensaba disfrutar de su familia y dar a conocer sus descubrimientos geográficos.

David Livingstone pasó dos años en Inglaterra, donde fue tratado como una celebridad. Las sociedades geográficas le premiaban y organizaban homenajes, la alta sociedad victoriana le invitaba a sus fiestas y el pueblo admiraba sus hazañas africanas. En sus conferencias seguía denunciando con fervor el horror de la esclavitud: «La enfermedad más extraña que he visto en este país, realmente parece ser la del corazón destrozado, que ataca a los hombres libres que han sido apresados y convertidos en esclavos», diría en una ocasión. Cuando la Real Sociedad Geográfica de Londres le entregó la medalla Victoria, lord Shaftesbury, amigo de Livingstone, recordó la figura de su esposa con estas elocuentes palabras: «Cuando llegó a este país pasó muchos años con sus hijos en soledad y sufriendo atemorizada por el bienestar de su marido y aun así lo soportó con paciencia y resignación, e incluso alegría, porque Mary ha sacrificado sus intereses personales al avance de la civilización y al gran interés de la cristiandad».

David Livingstone, que se sentía siempre incómodo en Inglaterra, pensaba regresar con sus hijos a El Cabo en pocos meses, pero el famoso editor John Murray le convenció para que escribiera un libro sobre sus extraordinarios viajes. Por fin la familia pudo reunirse de nuevo y vivir juntos en una acogedora casa de Hadley Green, al norte de Londres. Cuando en noviembre de 1857 se publicó su libro *Missionary travels and Researches in South Africa* (Viajes misioneros e investigaciones en África del Sur) se convirtió en un auténtico éxito de ventas. Ahora ya podía mantener a su familia sin depender de la Sociedad Misionera y vivir de forma más holgada.

En marzo de 1858 el doctor Livingstone embarca de nuevo en Liverpool con destino al África austral. En esta ocasión ya no viaja como misionero sino como explorador y con el cargo de cónsul de Su Majestad en la costa oriental africana. Su objetivo es trazar los mapas de la región del Zambeze, abrir nuevas rutas comerciales, continuar con sus exploraciones y acabar con la esclavitud en aquella región. Le acompañan su esposa Mary y su hijo menor Oswell, además de su hermano Charles, el médico John Kirk y el pintor Thomas Baines. Durante la travesía en el vapor *La Perla* la esposa del explorador comenzó a encontrarse mal y a sufrir mareos; al llegar a Sierra Leona se dio cuenta de que estaba embarazada de su sexto hijo. Cuando llegaron a Ciudad del Cabo los esposos tuvieron que separarse una vez más, Mary se marchó a Kuruman con la firme idea de reunirse con él cuando hubiera nacido su hijo.

El 16 de noviembre de 1858 nacía en la misión de los Moffat una niña a la que bautizaron con el nombre de Anna Mary. Livingstone, que en su segunda expedición permanecería muchos meses aislado de la civilización, no recibiría la noticia del nacimiento de su hija hasta un año después. Mary en cuanto se recuperó sólo pensaba en partir en busca de su esposo, que había conseguido reunirse con sus amigos makololos en Teté, actual Mozambique y ahora trataba de remontar el río Zambeze hasta su desembocadura. Ella ignoraba que su expedición estaba resultando un rotundo fracaso. Livingstone era un hombre solitario que si bien se mostraba paternal y afectuoso con los africanos, le resultaba muy difícil compartir y organizar un viaje con otros europeos. Preocupada por las noticias que le llegaban y consciente de que no podría reunirse con el explorador, Mary decidió regresar a Escocia para ver a sus cuatro hijos repartidos en casas de amigos y familiares. Era su tercer viaje a Europa y al menos ahora no tendría que depender económicamente de la Sociedad Misionera de Londres ya que disponía de dinero.

Para Mary este nuevo viaje a Inglaterra sería el inicio de una serie de depresiones que la marcarían hasta su temprana muerte. Los años de angustia que había sufrido en las remotas misiones del Kalahari, le estaban pasando factura. Fue entonces cuando conoció al joven escocés, James Steward, devoto de la Iglesia Libre de Escocia y estudiante de medicina, que tras la lectura del libro de David Livingstone sólo soñaba con conocer al gran explorador y seguir su ejemplo. Era un muchacho alto y muy apuesto con un enorme parecido al célebre misionero en su juventud. Mary encontró en él a un hijo con quien poder compartir sus dudas y James veía a la señora Livingstone como una auténtica madre. Mary le propuso que la acompañara cuando ella regresara a Sudáfrica para reunirse con su esposo en el río Zambeze.

Muerte en el Zambeze

En julio de 1861, tras cuatro años de ausencia, Mary dejó a su hijo menor Oswell y a su niña recién nacida en manos de unos amigos y embarcó de nuevo al África austral. Esta vez le acompañaba el joven James Steward ansioso por encontrarse con el doctor Livingstone. El viaje, que ya se hacía en barcos de vapor, duró apenas cinco semanas hasta El Cabo. Mary se sentía otra vez muy sola, dejaba atrás a sus cinco hijos y en lo más profundo de su corazón tenía el presentimiento de que no les volvería a ver. A lo largo de la travesía las frecuentes visitas nocturnas que James hacía al camarote de la señora Livingstone dieron mucho de que hablar entre la tripulación. En realidad Steward confesaría con el tiempo

que lo único que hizo fue charlar con ella cuando estaba deprimida, llevarle láudano —un preparado a base de opio— para aplacar
sus constantes ataques de histeria y controlar que no bebiera más
de la cuenta. Los problemas de la señora Livingstone con la bebida habían comenzado mucho tiempo atrás, en su primera estancia en Inglaterra, cuando tuvo que mendigar entre familiares y conocidos para sobrevivir con sus hijos pequeños. Los temblores
que a menudo sufría y que ahora su acompañante calmaba con
opio rebajado en agua, no sólo eran debidos a la malaria sino a
la dependencia del alcohol. La misma señora Moffat, madre de
Mary, en una carta fechada en 1818, escribía a bordo del barco
que la llevaba a El Cabo por primera vez: «Os reiríais de verme
sentada en cubierta con mi vaso de brandy con agua antes de la
cena. Nada se·me quedaría quieto en el estomago si no fuera por
esta bebida».

En diciembre de 1861 llegaron a El Cabo y Mary se alegró de
pisar de nuevo tierras africanas y saludar a sus amigos de la ciudad. En los días siguientes se dedicó a enseñar a James, los Jardines Botánicos, el Fuerte portugués, el Observatorio y la bahía
donde siendo una adolescente veía llegar y partir a los barcos
rumbo a la India. Hacía tiempo que la señora Livingstone no se
sentía tan relajada y feliz, pero muy pronto empezaron las habladurías acerca de aquel joven apuesto que la acompañaba a todas
partes. El escándalo llegó a oídos del obispo de la ciudad, que en
un intento por acallar los rumores ofreció al religioso pagarle el
billete de regreso. Mary indignada insistió en que irían juntos al
Zambeze y partió con él el 23 de diciembre de 1861 a bordo de un
pequeño vapor que pudo adquirir con el dinero obtenido por las
ventas del primer libro de su esposo.

Tras sortear todo tipo de peligros, incluido un huracán, el 31
de enero de 1862 Mary se encuentra por fin con su marido. Han
pasado tres años y medio y Livingstone está al límite de sus fuerzas. A pesar de haber descubierto el lago Nyassa, no había conseguido su propósito de fundar misiones cristianas estables en el interior, tampoco había convencido a los traficantes de esclavos de
que abandonaran su abominable comercio y la expedición había

confirmado que el río Zambeze no era navegable. Las lluvias intensas dificultaron la ardua travesía y Livingstone enfermó gravemente en repetidas ocasiones; las llagas en los pies le tenían prácticamente inmovilizado. Agotado por la disentería, los repentinos ataques de malaria le obligaban a guardar cama. Era milagroso que estuviera vivo en esas condiciones. Sin embargo, aquellos meses «de vacaciones» que Mary pudo compartir con él navegando por los ríos caudalosos, saliendo a cazar juntos, cenando en cubierta bajo las estrellas, fueron los más felices de su tormentosa vida en común.

Pero el doctor Livingstone enseguida se dio cuenta de que su esposa había cambiado mucho desde la última vez que la vio. «Ha perdido la fe y se ha convertido en una alcohólica», llegaría a confesar a sus más allegados. Mary, por su parte, le reprochaba con amargura que hubiera abandonado a sus hijos y que ella no tuviera medios económicos para mantenerlos. Livingstone sabía que como padre y esposo había fracasado y siempre se sintió culpable de la muerte de su hijo Robert, que tras pasar media vida en diferentes internados de Inglaterra y Escocia había huido a América donde se enroló en el ejército yanqui bajo un nombre falso. El muchacho fue herido en una batalla en Virginia y moriría con apenas dieciocho años en un campo de prisioneros en Carolina del Norte.

A los pocos meses de llegar la señora Livingstone comenzó a encontrarse mal y el 26 de abril estaba tan enferma que la tuvieron que llevar a la casa misión de Shupanga. Su esposo creyó que se recuperaría como otras veces, Mary había demostrado a lo largo de su vida tener una salud de hierro, y el explorador solía decir de ella: «Es una heroína igual que su padre, una mujer de una sola pieza». Pero Mary nunca superaría aquellas terribles fiebres que contrajo en el delta del Zambeze y al día siguiente fallecía sin que el doctor Kirk ni el propio Livingstone pudieran hacer nada para evitarlo. Tenía cuarenta y un años, estaba casi sorda a causa de la quinina que había tomado para luchar contra la malaria y se encontraba esperando otro hijo.

A pesar de sus desavenencias, David Livingstone sintió profundamente su muerte y tardaría mucho tiempo en recuperarse de

este golpe. James Steward, testigo de excepción de aquel dramático episodio, escribiría en sus diarios: «Estaba sentado junto a una
tosca cama hecha con cajas pero cubierta con un mullido edredón,
sobre la que yacía su moribunda esposa. El hombre que había so-
portado tantas muertes y arrostrado tantos peligros, se encontraba
ahora sollozando como un niño...».

Mary Livingstone fue enterrada bajo un gran baobab a orillas
del río africano al que su marido dedicó buena parte de su vida.
David, en una carta a la señora Murchison, esposa del presidente
de la Real Sociedad Geográfica de Londres, escribiría muy afectado: «Mi fiel compañera de dieciocho años ha muerto... En Kolobeng consiguió organizar la casa con sirvientes nativos que ella
misma preparó, hacía pan, mantequilla y confeccionaba la ropa
de toda la familia. Enseñó a nuestros hijos a leer y a escribir con el
mayor esmero, se hizo cargo de la escuela para niños y fue muy
querida por ellos. Era muy agradable verla día tras día andar hasta el pueblo sin que le importara quemarse al sol para instruir a
los infieles bakwins. El nombre de Ma Robert es conocido en todo
aquel país y en más de tres mil kilómetros alrededor. Fue una mujer buena y valiente». La madre de Mary recibió la noticia con
gran tristeza y hasta el final de sus días culpó de todas las desgracias que golpearon a la familia a su inquieto yerno. La matriarca
de los Moffat, que había llegado a Sudáfrica en 1819, regresó finalmente a Inglaterra con su familia en 1870 y murió un año después en Brixton a la edad de setenta y seis años. Había pasado
más de media vida en tierras africanas.

El 10 de julio de 1864 un David Livingstone desanimado y envejecido regresa a Gran Bretaña. Una vez más los homenajes se
suceden, todos quieren conocer al explorador más famoso del momento y escuchar sus apasionadas conferencias. Fue en este viaje
cuando recibió la noticia de la muerte de su hijo Robert en Estados Unidos luchando en la guerra de Secesión. En los dos años
que pasó en Inglaterra aprovechó para estar más tiempo con unos
hijos a los que apenas conocía y que le reprochaban sus largas ausencias. Sólo con Agnes, su segunda hija nacida en Kuruman y
criada entre los bechuanas, mantenía una relación más estrecha.

De hecho en 1872 el explorador, poco antes de morir, escribiría a un amigo pidiéndole que buscara un acogedor apartamento en el Regent's Park de Londres para compartirlo con ella.

David Livingstone sobrevivió a su esposa once largos y penosos años en los que no dejó de recorrer el continente africano. El 3 de enero de 1866, tras despedirse una vez más de sus hijos y con cincuenta y dos años partió rumbo a Zanzíbar, en la costa oriental africana para su tercera expedición. La Real Sociedad Geográfica de Londres le financiaba un nuevo viaje para explorar las regiones lacustres del África central y resolver de una vez por todas el enigma del origen del Nilo Blanco. La leyenda del doctor Livingstone se fue acrecentando cuando se le dio por desaparecido a finales de 1866 y el periodista de *The New York Herald*, Henry Stanley, partió en su búsqueda. En 28 de octubre de 1871 se producía uno de los encuentros más famosos de la historia en Ujiji, a orillas del lago Tanganika. Aunque Stanley intentó por todos los medios convencer al explorador de que regresara con él a Inglaterra, Livingstone lo tenía muy claro: «Sería feliz, muy feliz, de volver a ver a mi familia. Las cartas de mis hijos me conmueven más de lo que puedo expresar. Pero no puedo marcharme, es necesario que termine mi trabajo». Estaba muy debilitado y enfermo, «era un mero saco de huesos» y llevaba seis años viajando pero seguía empeñado en encontrar las auténticas fuentes del Nilo. Eso sí, soñaba con que le enterraran en un bosque africano silencioso, a la sombra de un gran árbol como a su esposa.

Livingstone murió el 1 de mayo de 1873 en la aldea de Chitambo, en la actual Zambia y sus fieles servidores enterraron su corazón en aquellas tierras africanas en las que pasó la mayor parte de su vida. Cuando su cuerpo embalsamado por los nativos llegó a Inglaterra un año después recibió sepultura con todos los honores oficiales en la abadía de Westminster. Su hija Agnes, que se encontraba entre los asistentes, pensaba que en aquellas honras fúnebres faltaba un recuerdo a su madre, que lo sacrificó todo por compartir su vida con él y que siempre se sintió una auténtica africana.

MARY SLESSOR

La llamada de la selva
(1848-1915)

Esta mujer fuera de lo común llevaba dieciocho años en Calabar, los seis o siete últimos viviendo sola y alejada de los blancos en un claro del bosque, en la región de Okoyong. Su entereza moral, su fortaleza física y su carácter extraordinario le habían granjeado el respeto y el cariño de las tribus salvajes de la zona...

MARY KINGSLEY en 1895,
acerca de la misionera Mary Slessor

Cuando en 1873 la noticia de la muerte de David Livingstone llegaba a Inglaterra, la conmoción fue enorme y el país entero vivió días de luto. Al conocerse los detalles de cómo su cuerpo había llegado a Londres desde una remota aldea de Tanzania, se convirtió en una leyenda viva. Sus fieles servidores nativos, Susi y Chuma, habían extraído su corazón y vísceras, y secado el cuerpo al sol durante quince días. Después lo habían envuelto en una tela y colocado en el interior de una corteza de árbol, que habían cubierto con una lona y unido a un palo para que pudiera ser transportada por dos hombres. Así su cadáver momificado fue llevado hasta la isla tanzana de Zanzíbar, en una increíble travesía de mil quinientos kilómetros que duró once meses. Aquellos africanos le habían dispensado el mayor de los tributos al arriesgar su vida para que el cuerpo del que consideraban su «gran hermano blanco» descansara en el lugar que merecía.

Esta historia impresionó muy especialmente a una joven misionera escocesa llamada Mary Slessor, que soñaba con seguir los pasos del célebre explorador y ganarse el afecto de los africanos. Dos años después, en 1876, embarcaba rumbo a una de las regiones más insalubres y peligrosas de la costa occidental africana, la antigua Calabar, hoy Nigeria. Tenía veintisiete años, los mismos que Livingstone cuando pisó por primera vez El Cabo, en Sudáfrica, y al igual que él siempre le importó más el bienestar de los nativos que las anheladas conversiones.

Mary Slessor nunca fue la típica misionera victoriana vestida con una impoluta camisa blanca de cuello alto, corbata y pesados faldones, obsesionada con civilizar a los indígenas y salvarles de las llamas del infierno. Era una mujer de pequeña estatura, rasgos asiáticos, pelirroja de cabello muy corto que le daba un aire masculino y juvenil. Cuando se adentró en el interior de la selva para trabajar en Okoyong cambió sus encorsetados trajes misioneros por largas y amplias túnicas, nunca usaba sombrero y siempre iba descalza. Los europeos que la visitaban en las inaccesibles aldeas a orillas de los ríos Cross y Calabar, se quedaban atónitos al ver que no hervía el agua que bebía, no utilizaba mosquiteras, se alimentaba con comida nativa y caminaba por la selva sin botines y sin un arma al cinto. La señorita Slessor cautivó a los africanos porque vivió como ellos: abandonó el confort de las frescas y amplias casas misioneras para habitar en una choza de paja y adobe expuesta a todos los peligros. Aprendió a negociar con los jefes caníbales y a imponer justicia en uno de los lugares más primitivos, violentos y olvidados del gran continente. En realidad esta religiosa presbiteriana y magistrada, fue una hábil mujer de negocios, una pacifista convencida y pionera en el voluntariado en África. Extraña mezcla en una misionera victoriana soltera y educada en la rígida moralidad de su tiempo.

Tras los pasos de Livingstone

Mary Slessor nació en 1848 en Aberdeen, Escocia, y era hija de una estricta seguidora de la Iglesia Presbiteriana Unida y de un padre zapatero, irresponsable y bebedor. En su niñez Mary acompañaba a su madre a todas las conferencias que daban los misioneros recién llegados de remotos enclaves en la India, China, Japón o África. Las salas estaban abarrotadas de gentes ansiosas por conocer de primera mano el trabajo de estos intrépidos predicadores que se enfrentaban a toda clase de peligros en exóticos lugares. Para la madre de Mary, la iglesia escocesa era un oasis de paz al que huía cuando las borracheras de su esposo resultaban insoportables.

Así Mary creció entre el fervor religioso y la rígida disciplina que le inculcó su madre. A los once años comenzó a trabajar en una fábrica textil de Dundee. Era una vida muy dura y monótona. Allí pasaba doce horas diarias en una sala mal ventilada y en medio del ruido ensordecedor de las máquinas. El dinero que ganaba —menos de tres dólares semanales— hacía falta para alimentar y vestir a sus seis hermanos, todos delicados de salud. De hecho, en poco tiempo murieron tres y sólo le quedó el consuelo de los pequeños Susan, John y Janie.

La primera vez que Mary Slessor oyó el nombre de Calabar le resultó un lugar irresistible aunque a principios del siglo XIX pocos europeos se habían aventurado más allá de la costa de la actual Nigeria. En el interior se decía que existían reinos de nativos «salvajes» gobernados por la brujería y las fanáticas sociedades secretas que realizaban sacrificios humanos. La noticia de la muerte de Livingstone le dio el valor suficiente para decirle a su familia que quería partir a África para trabajar donde más la necesitaran. Su madre estaba encantada con la decisión ya que su hijo mayor Robert, que iba a ser misionero, había muerto recientemente y ahora el destino quería que Mary ocupara su puesto.

En 1876 la señorita Slessor partió desde Liverpool rumbo al África occidental en un viejo y oxidado barco, el *Ethiopia*, cargado de barriles de ginebra. Ignoraba entonces que la bebida que había causado tantas penas a su familia y que había arruinado y, finalmente, matado a su padre, era el principal medio de comercio en la llamada Costa de los Esclavos a la que ahora se dirigía. Con ironía diría: «Aquí me veis, una misionera sola sobre un montón de barriles de ginebra rumbo a lo desconocido».

El viaje a África fue una experiencia fascinante. Para ella que había crecido en los suburbios de la ciudad industrial de Dundee, donde apenas llegaban los rayos del sol, el luminoso cielo azul y la cálida brisa de los trópicos le resultaban un regalo divino. Desde cubierta divisaba las playas de arena blanca, los imponentes fuertes construidos por daneses y holandeses en la antigua Costa de Oro, la moderna Ghana, las aldeas ocultas tras los palmerales y los bulliciosos mercados. Pero cuando el barco dejó las soleadas aguas del Atlántico para entrar en el estuario de Calabar, el olor nauseabundo de las ciénagas la hizo volver a la realidad. La misión de Mary se desarrollaría en una región inexpugnable de selvas y manglares, en un laberinto de lagunas, arroyos y ríos abiertos al océano conocida como Oil Rivers, los «ríos de aceite». Aquí crecían en gran cantidad las palmeras de las que se extraía el preciado líquido con el que en Europa se fabricaban jabónes y lubricantes. Pero Mary, como demostraría a lo largo de su vida, no era de las que se dejara impresionar y cuando el barco finalmente ancló frente a los acantilados de Duke Town, el principal puerto de Calabar escribió: «No creo que se pudiera haber elegido un sitio peor para fundar un pueblo en todo el río. Por lo menos podían haber construido sus casas de adobe y techos de palma en lo alto de los acantilados. En vez de esto alguien les ha instalado en mitad de una ciénaga...». La humedad y el calor sofocante propios del clima ecuatorial, el moho pegado a la ropa como una segunda piel y el fétido olor a fango putrefacto ya no la abandonarían jamás.

Durante casi trescientos años Calabar fue un importante enclave en el comercio de esclavos. Miles de africanos fueron arrancados de sus aldeas para embarcar aquí en siniestros barcos negreros a cambio de licor y armas. Y sin embargo los europeos nunca se habían adentrado más allá de unos pocos kilómetros hacia el interior y vivían en sus barcos anclados a una prudente distancia de la mortífera costa. En 1830 los hermanos Richard y John Lander, de la expedición Clapperton, descendieron con enormes dificultades el río Níger en piragua desde los rápidos de Busa hasta el océano. Descubrieron así que el Níger desembocaba en el golfo de Guinea por los «ríos de aceite» que no eran más que ramificaciones de un inmenso delta. Los Lander fueron atacados por los ibo, mercaderes de esclavos, que les despojaron de todo pero salvaron la vida al ser entregados como rescate a un capitán de navío inglés que navegaba por la desembocadura. Esto ocurría sólo cuarenta años antes de la llegada de Mary Slessor, cuando el tráfico de esclavos se realizaba en toda la región. Aunque los británicos prohibieron la esclavitud en sus posesiones, los negreros se proveían de mercancía humana en los Oil Rivers, en cuyos ríos y afluentes podían echar el ancla sin temor a ser sorprendidos.

Mary acababa de desembarcar en uno de los lugares más insanos del mundo donde un blanco era considerado un veterano si sobrevivía nueve o diez años y por lo general tras ese período de tiempo regresaba a casa inválido para siempre. La malaria, la fiebre de las aguas negras, la disentería y la neumonía mataban a los europeos como moscas. En el país no había una autoridad colonial aunque Calabar se encontraba bajo la esfera de influencia británica. El comercio de esclavos estaba desapareciendo paulatinamente debido a la oposición de Inglaterra y ahora la economía se reorientaba hacia la producción del aceite de palma. A los ojos de los blancos Calabar seguía siendo un lugar misterioso y terrible donde los sacrificios humanos estaban a la orden del día. Para Mary este «infierno» se convertiría en su verdadero hogar durante casi cuarenta años.

Duke Town, el primer destino de Mary, era un pequeño y sucio asentamiento junto al estuario. En la colina se encontraban las casas encaladas y bien ventiladas de los misioneros, la iglesia y las escuelas rodeadas de cuidados jardines y árboles frutales. Aquí, en Mission Hill, se alojó con el matrimonio Anderson, una estricta pareja de calvinistas pioneros en la evangelización del golfo de Benín. En los días siguientes tuvo que adaptarse al clima sofocante de la costa, a las largas caminatas por la selva visitando las aldeas, a las tormentas que inundaban la ciudad y algún que otro tornado que obligaba a evacuar precipitadamente la misión. Mami Anderson fue la encargada de poner al día a Mary sobre lo que le aguardaba río arriba: «Querida, todavía no has visto nada. En el interior de la selva hay millones de esos negros, la mayor parte son esclavos. Se les puede vender, azotar o matar... las tribus son salvajes y crueles, se pasan la vida luchando, bailando y bebiendo. Muchos son caníbales. Cuando un jefe muere a sus mujeres y sus esclavos les cortan la cabeza y les entierran con él. Un esclavo no tiene más consideración que un cerdo, duermen en el suelo como animales y se les marca con un hierro al rojo vivo. A muchos les cortan las orejas y a las mujeres las engordan como animales y las venden como esclavas. Pero todavía peor es cómo tratan a los gemelos recién nacidos. La gente les teme más que a la muerte. No se les permite vivir, los matan, los encajan en un puchero y los tiran a la selva, a la madre la expulsan, nadie se acercará a ella y normalmente morirá en la selva o será devorada por los animales salvajes». Mary no se inmutó al escuchar la larga lista de atrocidades, estaba decidida a seguir adelante así que se limitó a contestar: «Yo lucharé contra esto, hay que detener tanta violencia. Nunca abandonaré».

Los misioneros protestantes no habían tenido mucha suerte en estas latitudes desde su llegada en 1848 y las conversiones se contaban con los dedos de la mano. Los nativos eran muy reacios a abandonar sus antiguas costumbres, incluidas la propiedad de esclavos domésticos y la poligamia; sin renunciar a estas prácticas no podían pertenecer a la Iglesia. Sólo se habían conseguido algunos progresos en las remotas ciudades del estuario como Creek Town, donde el hijo del rey Eyo Honesty tardó siete años en abrazar el cristianismo. Pero en el interior los sacrificios humanos, el asesinato de gemelos, la justicia decidida mediante ordalías de veneno o aceite hirviendo y las persecuciones y amenazas de la sociedad secreta Egbo tenían aterrorizada a la región.

Muy pronto Mary descubrió que Mami Anderson no había exagerado un ápice al contarle los horrores con los que iba a enfrentarse. Dentro de las chozas sucias que visitaba a diario solía encontrar pilas de calaveras, botellas vacías de ginebra y amuletos de magia. Era muy fácil conseguir alcohol a cambio de marfil, aceite de palma o un poco de polvo de oro. La bebida causaba estragos entre los nativos, no sólo los hombres permanecían buena parte del día ebrios, también las mujeres e incluso los niños.

La emprendedora misionera comenzó a aprender la lengua local, el efik, en la escuela de Mission Hill. Mientras, seguía con sus escapadas visitando las aldeas de Old Town y Creek Town para tomar un primer contacto con la realidad. Toda la tensión que le producían las estrictas normas de la misión la liberaba subiéndose a los árboles más altos que encontraba a su paso, ante la mirada atónita de sus guías. Fue en estas visitas cuando se dio cuenta de la terrible situación en la que vivían las mujeres, acostumbradas a siglos de servilismo. Por lo general se pasaban el día echadas en el suelo en actitud indolente y siempre bajo la amenaza de sus esposos o amos, que las sometían a brutales castigos. Las viudas eran encerradas en pequeñas chozas oscuras y sucias hasta que los interminables funerales de sus maridos finalizaban. Las madres que tenían niños gemelos corrían peor suerte, no sólo sus hijos eran cruelmente asesinados al nacer sino que a ellas se las desterraba del poblado y condenaba a una muerte casi segura. Mary Slessor sabía que para poder cambiar estas bárbaras costumbres tan arraigadas, tenía que hacerse amiga de las mujeres nativas y eso sólo lo conseguiría viviendo como ellas.

Desde que llegó a Calabar, la misionera se sentía preocupada por el bienestar de su familia, a la que había mantenido casi desde su niñez. De las sesenta libras que cobraba de la Iglesia presbiteriana una buena parte se la quedaban los Anderson en concepto de alojamiento. En 1879 cuando pudo regresar a Escocia y reunirse con su madre y hermanos decidió trasladarlos a un pueblo a las afueras de Dundee lejos del ambiente asfixiante de las fábricas textiles. Aprovechó su estancia para pedir al consejo misionero de la Iglesia que la enviaran a una estación propia. Al igual que Livingstone, la señorita Slessor era una persona emprendedora e independiente y no había ido a África a vivir como una europea sino a fundar misiones en las regiones más remotas.

En el corazón de las tinieblas

A su regreso a Calabar hacia 1880 recibió una buena noticia, podía hacerse cargo de la misión de Old Town, un lugar maldito para los misioneros protestantes pero que a Mary le pareció el mejor de los destinos. Los primeros días fueron agotadores, se instaló en su nueva casa, una choza miserable de adobe y hojas de palma con un camastro como único mobiliario. A golpe de machete se abría paso entre la enmarañada vegetación y los imponentes árboles de casi sesenta metros de altura que la rodeaban para llegar a las aldeas más perdidas. Empezó muy pronto a enseñar en la escuela, a cuidar a los enfermos y por supuesto a predicar. Ella, de naturaleza tímida, reconocía que se sentía bastante segura entre aquellos nativos de apariencia hostil que la observaban con curiosidad. Que una mujer blanca sola se hubiera atrevido a instalarse entre ellos y a vivir según sus costumbres les parecía asombroso. Muy pronto se convirtió en una formidable oradora y los domingos por la tarde la vieja iglesia de Old Town se llenaba de fieles para escuchar a esta mujer menuda que les tenía hechizados.

En poco tiempo la casa de Mary también se fue llenando de niños, algunos eran dejados allí por sus propios padres que creían que se educarían mejor junto a la mujer blanca; otros habían sido abandonados en la selva y rescatados de una muerte segura. La misionera comenzó a explorar aguas arriba el río Cross y un buen día decidió partir hacia James Town a la llamada del jefe Okon. El pueblo, antes llamado Ibaka, estaba situado unos cincuenta kilómetros más abajo en la orilla oriental del estuario y el rey Eyo Honesty, al enterarse de su traslado, le envió su propia canoa real. Mary intentó convencerle de que no necesitaba una embarcación tan lujosa pero el rey le respondió: «Nuestra Ma no puede ir como una viajera normal a esta tierra de gente salvaje, sino que debe llegar como una dama y como nuestra madre a quien respetamos y amamos de corazón. La canoa está a tu servicio el tiempo que necesites». Ante esta muestra de afecto no pudo negarse y embarcó como una auténtica reina rodeada de sus incontables niños adoptivos en una majestuosa canoa de seis metros de longitud adornada con brillantes penachos en la proa y en el centro un refugio con toldillo de hojas de palma para protegerse del sol y la lluvia. En su interior Mary pudo descansar sobre una desgastada alfombra de Bruselas y tumbarse a sus anchas en sendos almohadones junto a una estufa de parafina. La tripulación estaba compuesta por una treintena de remeros que no cesaban de cantar al unísono canciones dedicadas a la misionera. La aventura estuvo a punto de acabar en desgracia porque era época de lluvias y una fuerte tormenta tropical cayó sobre la embarcación empapando a todos los pasajeros; la marea era tan fuerte que tuvieron que refugiarse en una cueva durante dos horas para evitar que la canoa naufragara en medio del río. Las decenas de cocodrilos que les rodeaban no pudieron darse el festín soñado pero más de uno tuvo que defenderse de sus fauces a golpe de remo. Por fortuna, el rey Eyo le había regalado un buen número de provisiones para el viaje, entre ellas pan, latas de estofado y té, que la ayudaron a superar esta dura prueba.

Tras una navegación infernal, con los huesos calados y enferma llegó a James Town donde apenas tuvo tiempo para recuperarse. Mary Slessor ya era muy popular mediando en discusiones de comercio y evitando los terribles castigos que los jefes locales solían aplicar a los que cometían la menor fechoría. Día y noche, a cualquier hora, la reclamaban para que acudiera a una aldea y evitara la muerte o el castigo de alguna persona inocente. A los pocos días de instalarse en su nuevo destino se enteró de que el jefe Okon quería cortarle las orejas a dos de sus jóvenes esposas por haber abandonado el harén y visitado la zona de hombres. Fue rápidamente a entrevistarse con él y tras varias horas de negociación consiguió que les conmutara la pena por diez latigazos. Mary se había atrevido a decirle al temido jefe Okon que la costumbre de casar a muchachas con hombres ancianos era una auténtica tiranía y condenaba a las jóvenes a llevar una vida desgraciada.

Los meses siguientes fueron muy duros para la misionera, los frecuentes ataques de malaria la obligaban a guardar reposo y se sentía muy cansada. Las fuertes lluvias tropicales, el calor húmedo de la selva que la rodeaba empeoraban aún más su ya delicada salud. En 1883 decidió regresar a Escocia, estaba tan débil que tuvieron que subirla a bordo del vapor en una hamaca. Esta vez no iba sola, le acompañaba una niña africana de pocos meses de edad —a la que llamó Janie como su hermana menor— que había sido abandonada por su madre. Mary nunca olvidaría el día en que un comerciante local le trajo a la pequeña envuelta en una tela sucia, la había encontrado oculta entre la maleza. Averiguó que su madre era una joven esclava que había dado a luz gemelos, estaba muy enferma y antes de morir mató a uno de sus hijos para purgar su culpa. Janie consiguió sobrevivir y se recuperó en la misión; con el tiempo se convertiría en una verdadera hija para Mary Slessor.

En Escocia, donde a través de los misioneros la gente ya había oído hablar de los asesinatos de gemelos en Calabar, Janie acaparó todas las atenciones. El panorama familiar poco había cambiado y tanto la madre de Mary como sus dos hermanas se encontraban muy delicadas de salud. Esta vez decidió llevárselas a Devonshire, un lugar tranquilo con un clima bastante más agradable que el de Dundee. Al poco de llegar su hermana Susan murió y Mary se dio cuenta de que tenía que regresar a Calabar y seguir trabajando para mantener a una familia que la necesitaba más que nunca.

En febrero de 1886 recibió en Creek Town la noticia de la muerte de su madre que había cumplido setenta años. Tres meses después una carta le informaba de que la pequeña Janie había fallecido víctima de tuberculosis. Ya no tenía a quien cuidar y se sentía por primera vez muy sola. Sin embargo ahora, libre de ataduras familiares, podía dedicarse en cuerpo y alma a «sus» nativos e intentar abrir una misión en el interior, aunque su vida corriera un serio peligro. «Ya nadie me necesita y a nadie le preocupará si marcho hacia el interior, río arriba.»

El lugar elegido por Mary Slessor para continuar su labor evangelizadora era el distrito de Okoyong, una región aislada de selvas y ciénagas que se extendía entre los ríos Calabar y Cross. Sus habitantes, un pueblo de belicosos nativos de origen bantú, habían expulsado a los pueblos efik allí asentados y se dedicaban al comercio de esclavos a cambio de licor y armas. Habían tenido muy poco contacto con europeos y los misioneros no eran bien recibidos; años antes un reverendo inglés intentó instalarse en su distrito, lo raptaron y mantuvieron prisionero hasta que pagaron su rescate en barriles de ginebra.

Mary pasó dos años en Creek Town preparándose para su traslado a Okoyong, aunque sus compañeros intentaron por todos los medios retenerla. Las tres expediciones que realizó le confirmaron lo peor, era un lugar siniestro donde las más crueles leyes tribales se aplicaban sin el menor pudor. En su cuarta visita decidió ir sola para negociar con el jefe local Edem y convencerle de que le dejara construir una casa en la aldea de Ekenge. Mary seguía teniendo gran amistad con el rey Eyo y éste le ofreció de nuevo su impresionante canoa real para navegar aguas arriba el río Calabar. La recepción no pudo ser mejor, los nativos se agolpaban en las orillas del río para ver de cerca a la mujer blanca, a la que llamaban White Ma (Madre Blanca), que llegaba seguida de un cortejo de piraguas. Su idea de venir sola fue un acierto, el jefe quedó impresionado al ver su enorme coraje y accedió a dejarle un terreno para construir su casa y una escuela. Claro que la vivienda tendría que esperar aún un año y mientras debería vivir en el harén como una más de sus esposas.

El verano de 1888 Mary Slessor se despedía de sus amigos y partía definitivamente a la región de Okoyong en compañía de sus cinco hijos adoptivos, que tenían entre uno y once años de edad. «Me voy a una tribu desconocida en el interior, gente cruel y fiera, y todo el mundo dice que me matarán. Pero no tengo miedo a que me hagan daño. Tan sólo combatir sus costumbres salvajes requerirá mucho coraje y firmeza por mi parte», comentó antes del viaje. El señor Bishop, impresor de la misión, se prestó voluntario para acompañarla y ayudarla a establecerse. Durante toda la travesía llovió sin cesar y cuando llegaron a una playa cercana a Ekenge no encontraron porteadores que les pudieran ayudar. Consiguieron con muchas dificultades acceder a la aldea y para su sorpresa el lugar estaba absolutamente desierto, todo el pueblo había acudido a emborracharse a un funeral. La choza que le habían asignado a Mary se encontraba dentro del harén del jefe y fue una experiencia terrible para ella tener que vivir durante varias semanas en un lugar tan miserable. Como pudo ver con sus propios ojos las mujeres eran castigadas con horribles mutilaciones y los esclavos tratados peor que los animales. A los niños se les daba licor para que borrachos divirtieran a las visitas. En su propia habitación dormían tres pequeños detrás de unas cajas y otras dos niñas en el suelo, rodeados de cucarachas y ratas. Era difícil para la misionera poder estar tranquila, las peleas estaban a la orden del día y las esposas del jefe y los visitantes creían que tenían el deber de hacerle compañía y darle conversación. No podían entender que quisiera estar sola o que anhelara un poco de silencio. Desde el primer momento Mary hizo amistad con la hermana del rey Edem, Eme Ete, viuda de un importante jefe local que había fallecido recientemente. La muchacha había salvado la vida de milagro pues todas las esposas del jefe fueron acusadas de su muerte y sometidas al llamado juicio del «pollo blanco» que consistía en sacrificar un ave y según la dirección en que brotara la sangre la mujer era considerada culpable o inocente. Mary nunca olvidaría su primera noche en Ekenge: «Me acosté y mi cama estaba formada por unos cuantos palos cruzados cubiertos por hojas de maíz sucias. Todo estaba lleno de ratas e insectos y tres mujeres y un niño de pocas semanas junto a una docena de cabras, ovejas, vacas e incontables perros compartían los alrededores, te puedes imaginar que no dormí mucho. Pero dentro de mi corazón tuve una noche tranquila y confortable».

Sin embargo, lo que causaba más muertes en Okoyong era la forma de impartir justicia entre los nativos. Aquí se aplicaban las llamadas ordalías o «juicios de Dios» del veneno o el aceite hirviendo para averiguar la inocencia o culpabilidad de una persona. El acusado se veía obligado a comer judías envenenadas o a beber «agua de espíritus», cocción de una planta venenosa. Si moría, algo inevitable, significaba que era culpable, si lograba sobrevivir era inocente. Mary escribió: «Nunca pensé que tuviera que presenciar cosas tan terribles. Hay escenas de las que no puedo hablar con nadie ni tan siquiera escribir».

La «bruja» blanca

Durante los primeros días en Okoyong, Mary Slessor se enteró de que uno de los jefes de un poblado a orillas del río Cross se estaba muriendo. Entre los nativos había corrido la voz de que la mujer blanca tenía poderes como sanadora así que enviaron una comitiva en su busca. Tras escucharles la misionera decidió partir hacia la aldea, aunque el jefe Edem y su mujer Ma Eme se opusieron obstinadamente. Era época de lluvias, el caudal de los ríos estaba muy alto y había lugares habitados por fieros nativos de los que no se salía con vida. Como no consiguieron convencerla Edem pidió que una escolta armada la acompañara en su peligroso viaje de ocho horas a través de las frondosas selvas.

Acababa de tomar una de las decisiones más difíciles de su vida. Si no conseguía curar al jefe Krupka no sólo matarían a una veintena de inocentes mediante las terribles ordalías de veneno sino que podrían tomar represalias atacando la aldea de Ekenge donde ella se había instalado. Muy temprano un grupo de hombres se presentó en su choza para escoltarla y comenzó la penosa marcha. La lluvia les acompañó durante todo el camino y Mary, viendo que apenas podía avanzar vestida como iba por aquellos senderos resbaladizos de barro, se quitó las botas, luego las medias, dejó a un lado el paraguas —destrozado a estas alturas en su batalla contra la vegetación— y continuó andando vestida tan sólo con una camisa larga que utilizaba a manera de combinación. En tres horas de caminata llegaron a un mercado donde la gente se quedó perpleja al ver a aquella diminuta mujer blanca mojada y con barro hasta las rodillas. Mary creía que así vestida habría perdido todo el respeto del que gozaba, sin embargo fue al contrario, descubrió que su valor y abnegación habían cautivado el corazón de los africanos allí presentes. A partir de entonces decidió no volver a utilizar los incómodos vestidos misioneros e ir siempre descalza a pesar de que los caminos estaban llenos de serpientes y plantas venenosas.

Al llegar al pueblo del jefe Krupka sintió que la gente que le rodeaba estaba triste y aterrorizada. Sabían que en cualquier momento podían morir asesinados para vengar su muerte. Mary tuvo que hacer un gran esfuerzo y sobreponerse a la fiebre y el cansancio que la habían dejado muy debilitada. Ahora lo importante era salvar la vida de su paciente. Las medicinas que llevaba en su botiquín, sales, quinina y láudano, eran insuficientes para tratar la grave infección que sufría, así que tuvo que pedir ayuda a Ikorofiong, donde había una estación misionera. El paciente fue recuperándose poco a poco y sus esposas se convirtieron en diligentes enfermeras que hacían todo lo que Mary les ordenaba. Tras el éxito de la «curandera blanca» las gentes de la aldea le pidieron ir a Calabar a comerciar con los europeos y «aprender libro», es decir, a aprender a leer. De esta manera Mary Slessor se ganó una importante fama como sanadora y a su regreso el jefe Edem la autorizó, tras muchas reticencias, a construir su casa en Ekenge.

La bebida era otro problema que preocupaba seriamente a la predicadora. En este lugar apartado y olvidado por todos, la ginebra estaba al alcance de la mano y provocaba continuas peleas y ajustes de cuentas. Tenía que buscarles alguna ocupación a aquellos nativos que pasaban buena parte del día borrachos, sin hacer nada, así que organizó una expedición comercial con la ayuda de su amigo el rey Eyo Honesty. Les pidió a todos los jefes de Okoyong que acudieran a la invitación del rey en Calabar. La idea era animarles a que comerciaran entre ellos con aceite de palma en lugar de ginebra, pistolas y cadenas. No fue fácil convencerlos pero al final consiguió que embarcaran todos juntos, con la única condición de que no llevaran ni alcohol ni armas. Allí estaba Mary Slessor al frente de su expedición rodeada de los jefes nativos más temidos por los europeos y vestidos con sus mejores pieles y amuletos para la ocasión. Durante la travesía descubrió que habían ocultado armas entre la carga y ante la sorpresa de los jefes las tiró por la borda. El viaje fue un éxito y el rey Eyo, aunque consideraba a aquellos hombres del interior unos auténticos salvajes, los trató con cortesía, les llevó al palacio real, les mostró las casas de los misioneros y las escuelas, y cuando se acabó «el tour» les invitó a un banquete en el salón principal de su palacio. Los jefes de Okoyong se sentaron a un lado de la interminable mesa y frente a ellos se encontraba Mary con otros misioneros blancos. Presidía el ágape el rey Honesty VII vestido de gala con un brillante tocado negro adornado con plumas de loro y apoyado en un cetro de fina plata. Los deliciosos platos del menú asombraron a los nativos, que nunca habían probado tan suculentos productos.

El rey aprovechó la visita para explicar a sus huéspedes que los jefes de la costa habían aceptado la protección de los ingleses y que toda aquella tierra iba a convertirse muy pronto en el Protectorado de la Costa del Níger. De momento, les aclaró el monarca, los ingleses se conformaban con que no se interrumpiera el comercio de aceite de palma pero pronto enviarían a soldados armados al interior para acabar con las terribles costumbres antiguas como el asesinato de gemelos o los sacrificios humanos.

A su regreso a Ekenge, Mary debió recordar las palabras de David Livingstone cuando decía: «Una vez se consiga la amistad de un jefe, un misionero no debe pedir permiso para hacer algo, tan sólo debe ponerse a ello». Así comenzó a limpiar con sus propias manos el pedazo de terreno que le habían asignado para levantar su casa misionera. Como tenía la idea de construir una vivienda de dos plantas solicitó al comité misionero en Escocia que le enviaran un carpintero. Al poco tiempo llegaba a Okoyong Charles Ovens, un hábil carpintero escocés perteneciente a la Iglesia Libre y acostumbrado al trabajo duro. Mientras estaba en América alguien le comentó que una misionera necesitaba en el corazón de África a alguien que le hiciera unas buenas puertas y ventanas. Creyó que era una oportunidad para conocer aquellas remotas tierras y aceptó el encargo. Cuando llegó por fin a Ekenge se encontró a una mujer pequeña y delgada, vestida con camisón largo y descalza que no dudaba en abofetear a los hombres que no querían tomarse la medicina, ni tampoco en sentarse encima de los barriles de ginebra para evitar que los jefes borrachos se llevaran la codiciada mercancía. Desde el principio congeniaron, a Charles el espíritu espartano de Mary le gustaba y sólo discutían cuando al carpintero se le ocurría cantar canciones típicas escocesas mientras trabajaba. A Mary la volvían nostálgica y la hacían llorar así que le prohibió ese repertorio.

En poco tiempo se levantó en Okoyong una casa de adobe y paja, limpia y espaciosa, con sólidas puertas y ventanas de madera. Tras un año viviendo de forma miserable rodeada de animales por fin tenía un hogar decente. Poco a poco la gente comenzó a construir sus viviendas cerca de la de Mary como si la proximidad con la mujer blanca les diera suerte y una cierta protección.

A partir de este momento y hasta el final de sus días Mary no dejó de trabajar ni un instante; vivía de modo estresante porque a diario muchas personas estaban en peligro y sólo ella podía evitar los asesinatos si llegaba a tiempo. Sus días transcurrían cuidando a enfermos, negociando con los jefes castigos más suaves para las mujeres o yendo de una aldea a otra cuando alguien la llamaba para advertirle de que se iba a celebrar una ordalía de veneno. A veces las negociaciones duraban semanas y Mary tenía que estar mucho tiempo fuera de casa, viviendo en poblados perdidos e inaccesibles donde jamás un europeo había puesto el pie. Su mayor éxito como negociadora fue sin duda cuando convenció al jefe Edem para que no vengara con más asesinatos la muerte de su hijo mayor. No fue fácil, los brujos ya habían designado a una docena de hombres que debían tomar las judías venenosas, pero Mary le pidió a Edem que cambiara el castigo por un juramento sagrado. Al final todos se salvaron, era la primera vez que la muerte de un familiar del jefe local no era vengada.

Hacía ya cinco años que Mary Slessor vivía en Okoyong y los tres últimos años habían supuesto para ella un gran desgaste. El tratamiento contra la malaria la había debilitado mucho y por fortuna una misionera de Calabar, la señorita Dunlop, se ofreció a sustituirla para que se tomara un merecido descanso. En 1891 emprende viaje a Inglaterra aunque permanece unos días en Calabar visitando a los amigos. Fue entonces cuando ocurrió algo inesperado: el joven misionero escocés y maestro Charles Morrison, que la había visitado en repetidas ocasiones en Okoyong, le propuso en matrimonio. A Mary le pareció una buena idea, necesitaba ayuda en sus misiones y alguien que la cuidase cuando se encontraba enferma. Aceptó con la única condición de que él abandonara su trabajo en la escuela de Calabar y la siguiera a Okoyong. Mary Slessor tenía cuarenta y dos años y su prometido veinticinco. Desde que se conocieron se habían sentido muy atraídos, sobre todo en el plano intelectual; Mary encontró alguien con quien compartir sus gustos literarios y el joven, desde que había visto con sus propios ojos la labor de la misionera en aquella región alejada y peligrosa, se había convertido en su más fiel admirador.

La misionera, segura de que el consejo de la Iglesia aceptaría su solicitud, comenzó a lucir en la mano su anillo de prometida. Pero las cosas no iban a ser tan fáciles como ella imaginaba. Charles Morrison era un maestro demasiado valioso como para que abandonara Calabar y en Okoyong apenas había una rudimentaria escuela. Denegaron su petición y les ofrecieron a cambio la alternativa de trabajar juntos en Duke Town, pero Mary no podía aceptar semejante propuesta: «Está fuera de toda consideración abandonar un lugar como Okoyong, donde no hay nadie que les ayude, para ir a un lugar donde hay una docena de misioneros, si el destino quiere separarnos que cada uno continúe con su trabajo y yo haré el mío donde estoy destinada...». Había prometido a su gente que regresaría y era una mujer de palabra. No debió ser nada fácil para ella renunciar al matrimonio y seguir trabajando completamente sola en el interior de la selva. Sin embargo aceptó la decisión con dignidad y siguió manteniendo con Charles una amistosa relación. En realidad los dos soñaban con poder trabajar juntos algún día, pero Charles muy pronto tuvo que ser enviado a Inglaterra por problemas de salud y los médicos desaconsejaron su regreso a Calabar. Mary se enteró más tarde con tristeza de que su prometido había partido hacia Norteamérica y se había instalado en una cabaña donde vivía como un auténtico eremita entre los pinares de Carolina del Norte. Al parecer un incendio destruyó su vivienda y todo su trabajo literario, esta pérdida le afectó gravemente y murió poco tiempo después.

Toda una vida en la jungla

Mary regresó a Calabar en febrero de 1892 con su hija adoptiva Janie que ya tenía nueve años y hablaba por igual inglés con acento escocés y la lengua efik. En este tiempo la situación política en la Nigeria oriental había cambiado notablemente. En 1889 el gobierno británico acordó con los principales jefes de la región el establecimiento del Protectorado de la Costa del Níger. En 1891 sir Claude MacDonald fue nombrado cónsul general de Su Majestad. Este escocés presbiteriano, práctico y eficaz administrador y buen amigo de la misión de Calabar, se dio cuenta enseguida de que no iba a ser fácil imponer la autoridad británica en aquella región del delta del Níger tan aislada y atrasada, y mucho menos entre los indómitos okoyong. Decidió nombrar a Mary Slessor vicecónsul y magistrada del distrito porque sabía que era el único blanco que respetaban los nativos. Aunque en un principio Mary se negó, más tarde se dio cuenta de que su nuevo cargo le permitiría ayudar a los indígenas a entender y acatar las nuevas leyes que regirían sus vidas.

En el Foreing Office británico estaban indignados con la idea de que una mujer ocupara un puesto tan elevado. Pero MacDonald lo tenía muy claro y Mary aceptó con la condición de no percibir un salario, porque como ella decía: «He nacido y me he criado y soy en cada poro de mi piel una voluntaria». Quería que su labor misionera prevaleciera sobre su trabajo consular. Su admirado Livingstone había hecho justamente lo mismo cuando aceptó el cargo de cónsul de la costa oriental africana pues consideraba que la política nunca estaría enfrentada con los propósitos religiosos siempre y cuando estuviera en un segundo lugar.

Así Mary regresó a Ekenge convertida en magistrada de la corte de justicia local y asistía a todos los «parlamentos» que se celebraban en las remotas aldeas. Era fácil verla administrando justicia al aire libre, sentada en una mecedora con una pequeña mesa al lado donde registraba en un libro todas sus decisiones. Como en la selva se disponía de mucho tiempo las sesiones del tribunal solían ser interminables y Mary llevaba consigo su labor de punto o el cesto con ropa para remendar. Era algo cómico ver a esta mujer blanca vestida con camisón y un chal en la espalda, dándole a las agujas al lado de un jefe nativo vestido con pieles y bajo una gran sombrilla de color púrpura.

En 1895 Mary Slessor tuvo una visita inesperada. La exploradora y científica Mary Kingsley había llegado a Calabar en su segunda aventura africana con la idea de realizar estudios etnográficos en la región y tenía mucho interés en conocer a la misionera escocesa de la que en Londres le habían dicho: «Es la única europea que dejará huella en la historia del África occidental». Una tarde apareció de repente en la misión de Okoyong, en el instante en que la señorita Slessor trataba de impartir justicia en un conflicto ocasionado por el nacimiento de gemelos. Es más que probable que la madre y los niños hubieran muerto si no hubiera sido por la intervención de la misionera. La famosa viajera, poco devota de la labor de los misioneros en África más empeñados, según ella, en «vaciar las mentes de los indígenas para rellenarlas con su religión que en entender sus propias creencias», se quedó sorprendida al ver cómo la religiosa había conducido una situación tan delicada. En una ocasión recordaría aquel primer encuentro: «Llegué en la mitad de un grave conflicto en mi primera visita a la señorita Slessor, el clima estaba bastante tenso en Okoyong, aquella tarde había un niño metido en una caja con la cabeza destrozada, en otra una niña aún estaba viva y no tengo la menor duda de que hubiera muerto asesinada brutalmente si no hubiera sido por la intervención de Mary. La niña que sobrevivió todavía vive en su casa».

Estas dos mujeres de extraordinario valor, enamoradas de África, congeniaron de inmediato. En su famoso libro *Viajes por el África occidental*, Mary Kingsley le dedica elogiosas palabras a la valiente misionera presbiteriana: «Su conocimiento del mundo nativo es extraordinario y el bien que ha hecho resulta inestimable. Okoyong cuando ella llegó sola era un distrito temido por los nativos de Duke Town y Creek Town, y prácticamente desconocido para los europeos. Muchas de las bárbaras costumbres que aquí se practicaban las ha conseguido eliminar y ahora las gentes de Okoyong apenas causan problemas a las autoridades del Viejo Calabar y el comercio fluye libremente desde allí hasta los puertos de mar. Claro que el tipo al que pertenece la señorita Slessor es difícil de encontrar. Hay muy pocos que tengan la capacidad para resistir este clima de malaria y a la vez absorber la cultura nativa como ella lo ha hecho. Si se encuentra sola es porque es única».

Mary Kingsley describió esta visita como algunos de los días más placenteros de su vida. Durante los cinco meses que pasó en la antigua región de Oil Rivers recorrió el río Calabar recogiendo peces e insectos para el Museo Británico y le fue de gran utilidad para sus estudios sobre las costumbres indígenas el conocimiento que

Mary Slessor tenía en materia de fetichismo. La mayor parte del tiempo lo dedicó a chapotear en los ríos rodeada de cocodrilos y nubes de mosquitos, vestida con sus pesados trajes victorianos que contrastaban con el aspecto más descuidado de su anfitriona. Como no pudo explorar la cuenca del Níger debido a la inestabilidad de la región optó por centrar sus investigaciones en el Congo francés. La intrépida viajera partió sola hacia una región aún sin cartografiar donde se encontraría cara a cara con los temidos caníbales fang. Habían planeado hacer algo juntas en el futuro pero la trágica muerte de la exploradora cuatro años después en Ciudad del Cabo lo impidió. Nunca más volverían a encontrarse, aunque Mary Slessor en 1903 en una carta escrita a un amigo decía: «Me resulta imposible hacer una descripción de la señorita Kingsley y de su estancia aquí, es como si me pidiera que atrapara las nubes o el aroma de los jazmines salvajes de la selva. Tenía un encanto único tanto en sus formas como en su conversación ingeniosa y satírica... Solamente hubo una señorita Kingsley y no la puedo definir con palabras como no se puede atrapar la belleza...».

El resto del año 1895 no fue muy bueno para Mary, exhausta a causa de los frecuentes ataques de malaria y triste por la muerte de algunos de sus hijos adoptivos. Los okoyong se estaban desplazando hacia el oeste en busca de tierras más fértiles, así que tuvo que trasladarse con ellos y fundar una nueva misión en un lugar llamado Akpap, más arriba del río Cross. Su amigo el carpintero escocés Charles Ovens le ayudó a construir la nueva misión y se dio cuenta del estado deplorable en el que se encontraba la misionera.

Mary había cumplido cincuenta y seis años y por entonces creía que su trabajo en el país de los okoyong había finalizado. Tras quince años entre los nativos un sacerdote había bautizado a una docena de jóvenes y daba por primera vez la comunión. Cuando la misión de Akpap estuvo lista decidió dejar allí a tres de sus ayudantes y partió aún más lejos hacia el territorio de los primitivos ibos y fundó otra estación misionera en Ikaot Obong que se convertiría en su base. Por entonces Mary se desplaza por los senderos en bicicleta y comenta divertida a sus amigos: «Imaginaos a una vieja como yo en una bicicleta. La nueva carretera hace que sea fácil conducirla y voy de arriba abajo recorriendo las aldeas. Me ha venido estupendamente y pronto podré llegar a lugares más remotos».

En 1909 Mary Slessor sufrió una terrible enfermedad que le cubrió parte de la cara y el cuerpo con ampollas, el tratamiento era muy doloroso y comenzó a perder todo el cabello. Aun así sacó fuerzas para fundar un año más tarde otra misión en un lugar muy alejado de la civilización llamado Ikpe, a orillas del río Enyong. Como por entonces el reumatismo la había dejado casi inválida se trasladó a la aldea en una caja de madera con cuatro ruedas que le construyeron sus amigos africanos. Poco después le llegó una silla de ruedas de Europa que aunque no era muy práctica para recorrer los resbaladizos senderos de la selva le permitía algo de movilidad en la misión. A pesar de su delicado estado de salud estaba determinada a no morir en Escocia así que cuando alguien le preguntaba por qué no regresaba a su país ella respondía: «Mientras pueda cuidar de un niño huérfano o ayudar a mantener la paz en una casa o en una aldea o ser como una madre para mis propios hijos adoptivos yo me quedaré en mi puesto y nunca volveré la espalda por un poco de fiebre o por una cabeza calva como la mía». Mary, obstinada y perseverante, seguía recorriendo sola en canoa el río Cross cuando la necesitaban, a veces se encontraba tan mal que se echaba en el fondo de la embarcación, se cubría con una manta y unas gotas de láudano conseguían calmar su intenso dolor.

En 1912 un rico amigo escocés le ofreció unas vacaciones pagadas a las islas Canarias para recuperarse. Tenía por entonces sesenta y tres años y entre todos consiguieron convencerla para que aceptara. Las señoras europeas de Calabar le prepararon un elegante ajuar para su estancia en el hotel. Mary les aseguró que se pondría todos los vestidos durante sus vacaciones aunque no lo hizo, acostumbrada como estaba a las cómodas túnicas nativas. Al regreso, en el barco que la llevaba de nuevo a Calabar los pasajeros se quedaron sorprendidos al ver cómo cada noche cambiaba de vestido, y divertida comentó al capitán: «Yo siempre cumplo mis promesas, soy una mujer de palabra».

Un año después, en julio de 1913 la misionera vivió uno de los momentos más emotivos de su vida. Regresó a la aldea de Akpap para inaugurar una nueva iglesia y se llevó con ella a todos los niños gemelos que había rescatado de la muerte en los años pasados en Okoyong. Con este acto simbólico quería demostrar a los supersticiosos nativos que era una brutalidad considerar a los gemelos portadores de mala suerte. Durante varios días sentada en el porche de su casa recibió uno por uno a sus amigos africanos, que se desplazaron de las aldeas más remotas para verla quizá por última vez. Por entonces escribiría con el sentido del humor que la caracterizaba: «Estoy débil, senil y tonta. Las arrugas que tengo son increíbles, ni siquiera un acordeón está tan magníficamente lleno de pliegues. Soy una mujer diminuta pero de todas maneras aún me apaño».

Mary se encontraba de nuevo en Ikpe cuando recibió la noticia del estallido de la Primera Guerra Mundial. Ella, pacifista por naturaleza, se sintió sobrecogida y las noticias que le llegaban agravaron pronto su ya deteriorada salud. Recorrió por última vez en canoa el río Enyong tumbada en una camilla y en compañía de sus hijos adoptivos que, temiendo lo peor, la trasladaron a la ciudad de Use. El 13 de enero de 1915 murió en Akpap rodeada de los suyos pidiendo en lengua efik que la liberaran de aquel dolor insoportable. Su cuerpo fue trasladado en un barco del gobierno británico hasta Calabar y recibió sepultura con todos los honores oficiales en la colina de la misión. A ella seguramente le hubiera gustado que la enterrasen con menos boato en alguna de sus pequeñas iglesias de adobe y paja repartidas en Okoyong.

Muchos africanos se acercaron a rendir un último homenaje a la que apodaban «Madre de Todos los Pueblos». En el sur de Nigeria todavía hoy su nombre es respetado y algunos ancianos recuerdan haber oído hablar a sus padres de una mujer blanca de pelo rojo, algo excéntrica pero muy valiente, que se sentaba con los grandes jefes a impartir justicia y que renunció a todo por vivir como ellos en los bosques encantados de Okoyong.

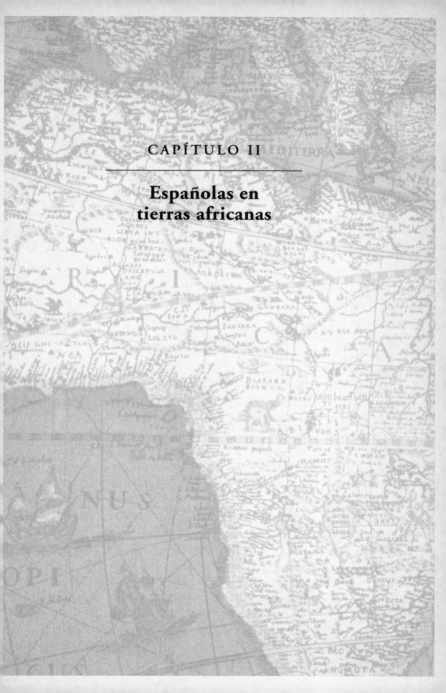

CAPÍTULO II

Españolas en tierras africanas

Eugenia de Montijo, esposa de Napoleón III y emperatriz de Francia conoció África por primera vez el día 17 de noviembre de 1869 cuando fue invitada de honor a la inauguración del canal de Suez. Para la insigne española, prima del artífice de esta gran obra de ingeniería Ferdinand de Lesseps, el viaje a Egipto fue una aventura que jamás olvidaría. A bordo del lujoso yate imperial *Aigle*, Eugenia y su séquito partieron rumbo a Alejandría donde el virrey egipcio Ismael acudió en persona a recibirla. Viajaron juntos en un tren especial hasta El Cairo donde la emperatriz se instaló en el palacio de Gesireh, a orillas del Nilo, decorado especialmente para ella con muebles y objetos traídos de París para que no se sintiera desplazada. La emperatriz asistió orgullosa junto a Lesseps a los solemnes actos de apertura del canal: cenas, banquetes, bailes de honor... y al esperado estreno de la ópera *Aida*, expresamente encargada a Verdi por el *jedive* Ismael para tan solemne ocasión. Pero la soberana, poco amante del protocolo, disfrutó aún más cabalgando por el desierto a lomos de camello, cenando en el harén del sultán, visitando las imponentes pirámides iluminadas de noche con luces de magnesio, comprando antigüedades en los bazares y navegando en *dahabié* por las aguas del Nilo. En aquellos días en los que vivió una auténtica fantasía de *Las mil y una noches*, se había sentido «sultana, faraona y exploradora intrépida», pero sobre todo había disfrutado de una libertad que su posición pocas veces le permitía. La emperatriz destronada regresaría de nuevo a África diez años más tarde en condiciones muy diferentes, esta vez como una madre desconsolada por la muerte de su único hijo, caído en el campo de batalla contra los zulúes en una de las tantas guerras que azotaron la actual República de Sudáfrica.

Eugenia de Montijo había seguido muy de cerca desde la corte de París los grandes viajes de exploración por el continente africano a través de la famosa revista francesa *Le Tour du Monde*. De hecho sentía gran admiración por lady Florence Baker, que había acompañado a su esposo en su difícil travesía en busca de las míticas fuentes del Nilo por regiones desconocidas del África central. Tal era la simpatía que sentía hacia ella que le envió a Jartum, en Sudán, un relicario con una cadena de oro. Según cuenta Florence en su diario de viaje durante la expedición que realizó al Alto Nilo en 1870 siempre llevó al cuello el regalo de la emperatriz de Francia y estaba deseosa de regresar a Londres para mostrárselo a las hijas de Sam.

Cuando Eugenia y su esposo Napoleón III tuvieron que exiliarse a Inglaterra en 1870, donde la reina Victoria les acogió bajo su protección, la célebre pareja solía asistir a las conferencias que organizaban las más importantes sociedades geográficas del momento. La presencia de la soberana española nunca pasaba desapercibida en estos actos, hasta el mismo Henry Stanley, cuando ya era una celebridad por haber encontrado al doctor Livingstone, llegó a decir en una ocasión de la emperatriz de Francia: «Siempre se ha aproximado a mi ideal de elegancia y belleza femenina».

El 27 de febrero de 1879, Eugenia de Montijo —que hacía seis años que había enviudado— despedía desconsolada en Southampton a su único hijo. El joven Luis Napoleón partía con un contingente de tropas rumbo a Sudáfrica. El príncipe, que sólo contaba veintitrés años, se había convertido en oficial del ejército británico y al estallar la guerra contra los zulúes decidió viajar con sus compañeros de promoción a luchar por su país de adopción. El destino quiso que cuatro meses después el muchacho muriera en el campo de batalla, atravesado por un puñado de lanzas zulúes. Su cuerpo fue enviado a Durban y desde allí llegó a Inglaterra, donde se celebró un solemne funeral que congregó a más de cuarenta mil personas.

Eugenia de Montijo, sumida en un gran dolor, se prometió a sí misma que en el primer aniversario de la muerte de su hijo viajaría a Sudáfrica para rezar en el lugar exacto donde había perdido la vida. Sus amigos más cercanos trataron de disuadirla, era un viaje muy cansado, imprudente y peligroso porque en Zululandia aún persistían las revueltas. La reina Victoria de Inglaterra accedió finalmente al deseo de su amiga y Eugenia, acompañada de un pequeño séquito, zarpó a bordo del *German* el 28 de marzo de 1880. Le esperaba una dura travesía por mar, kilómetros de viaje por polvorientos caminos llenos de baches y cincuenta días de vida espartana durmiendo en una tienda de campaña.

Si en los tiempos de Mary Livingstone el viaje desde Inglaterra al Cabo de Buena Esperanza solía demorar entre dos y tres meses, en los modernos barcos de vapor la travesía se acortaba a veintiocho días. Eugenia de Montijo llegó a la Ciudad del Cabo el 18 de abril tras una agitada navegación donde no faltaron las violentas tormentas tropicales y se alojó en el Palacio de Gobierno como un año antes hiciera el príncipe imperial. «Viajé a África con la idea de ver y recorrer las últimas etapas de la vida de mi adorado hijo, de encontrarme en los paisajes donde había puesto su última mirada, en la misma estación, pasar la noche del 1 de junio velando y rezando sobre este recuerdo... era una necesidad de mi alma y el objetivo de mi vida», escribiría a Franceschini Pietri, un antiguo amigo de su hijo. En los días siguientes Eugenia recorrió las escarpadas mesetas de Natal, cruzando el río Búfalo, haciendo las mismas etapas que su hijo. Mientras viajaba en un carruaje escoltada por una larga fila de jinetes armados, cumplió cincuenta y cuatro años; aún era una mujer atractiva y enérgica pero vivía obsesionada con la desaparición del príncipe. Al atardecer la comitiva se detenía y levantaban las tiendas en medio de desolados paisajes para que la soberana pudiera descansar unas horas. A estas alturas del viaje le costaba dormir, tenía fiebres intermitentes y apenas probaba alimento. Tras veinte días de marcha acamparon junto al lugar donde el último de los Bonaparte sufrió la terrible emboscada. Lo que ocurrió a continuación forma parte ya de la leyenda. Como no podía dormir Eugenia salió de noche de su tienda y se dirigió sola, llevada por el instinto, al lugar exacto donde un año antes había muerto su hijo de manera heroica. A la mañana siguiente mostró a sus acompañantes el campo donde se libró la sangrienta batalla y se dedicó a plantar semillas de sauce y geranios junto al túmulo de piedras erigido por sus compañeros. La noche del 1 de junio cubrió todo el emplazamiento con velas y se quedó rezando ante las miradas «curiosas pero nada hostiles de unos rostros africanos que observaban tras las altas hierbas, los mismos que seguramente mataron a mi hijo en aquel lugar». Los zulúes que participaron en la contienda devolvieron al mando británico el sable con el que el príncipe había intentado defenderse y que pertenecía a su abuelo Napoleón I, además confesaron que el joven había luchado «como un león» y que nunca lo hubieran matado si hubieran sabido que era hijo de un gran jefe blanco. Ahora Eugenia ya podía regresar a casa, conocía todos los detalles de la muerte de su hijo, incluso que su cuerpo no había sido profanado por el ritual zulú de extraer las vísceras del enemigo porque las dos medallas religiosas que colgaban de su cuello les parecieron seguramente peligrosos amuletos que era mejor no arrancar.

En la larga lista de españolas de rompe y rasga, a la que pertenece la granadina Eugenia de Montijo, habría que añadir otras compatriotas que pasearon orgullosas mantilla y peineta por remotas tierras africanas. Cincuenta años antes de que la Montijo llegara con el corazón destrozado a El Cabo, otra intrépida compatriota llamada Juana María de los Dolores León, natural de Badajoz, desembarcaba en el África más austral en compañía de su esposo, el veterano militar inglés sir Harry Smith. Esta desconocida extremeña que vivió una existencia más propia de una heroína de novela épica, en 1847 se convirtió en gobernadora de El Cabo y fue testigo durante cinco años de las guerras entre los bóers y el ejército inglés que dieron lugar al nacimiento de la actual República de Sudáfrica. Gracias a las memorias que escribió sir Harry Smith, donde recuerda su romántico encuentro con la muchacha española y dedica varias páginas a elogiar su valor y fuerte temperamento, hemos podido recuperar del olvido la figura de una mujer a la que el duque de Wellington llegó a comparar con otra famosa heroína, Agustina de Aragón.

Si en los campos de batalla lady Smith destacó por méritos

propios, en el mundo de la exploración geográfica los nombres de viajeras españolas son casi inexistentes. En el siglo XIX, el de las grandes expediciones al continente africano, la esposa y la cuñada del explorador vasco Manuel de Iradier le acompañaron al África ecuatorial, una región que ostentaba el récord de mortalidad entre los blancos. El ilustre viajero Richard Burton —más sensato que el joven alavés— cuando en 1861 fue destinado como cónsul británico a la isla de Fernando Poo se negó a que su inseparable esposa Isabel Arundell le acompañara al golfo de Guinea porque temía que no sobreviviera a su clima mortífero.

Manuel Iradier fue el único que se arriesgó a viajar a las costas africanas en compañía de su mujer, Isabel de Urquiola, y la hermana de ésta. Las dos muchachas apenas tenían dieciocho años cuando llegaron a la isla de Fernando Poo, en la actual Guinea Ecuatorial. De sus aventuras en la diminuta isla de Elobey Chico donde se instalaron en una cabaña y vivieron durante meses como auténticos robinsones, sólo sabemos lo que el explorador nos cuenta en su libro *África*. A diferencia de otros viajeros decimonónicos que fueron más generosos con sus compañeras, Iradier apenas nombra en sus páginas a las dos mujeres que le acompañaron. Isabel regresó del continente africano deprimida, envejecida y culpando a Manuel de la pérdida de su pequeña hija elobeyana. Seguir su pista en los años posteriores a este viaje resulta casi imposible. Debido a la relación distante que mantuvo con su esposo muy poco sabemos de ella, al parecer se refugió en su propio mundo y pasaba largas temporadas enferma a causa de las fiebres contraídas en África.

Isabel de Urquiola no tenía rostro en los libros de historia hasta que el bisnieto del célebre explorador, Álvaro Iradier, tuvo la amabilidad de enviarme una foto suya antigua —de las escasas que se conservan de ella— donde se ve a una muchacha de apenas catorce años de edad junto a su hermana pequeña. Tampoco se conoce el lugar exacto donde está enterrada y sólo nos queda imaginarla como una muchacha de provincias, recién casada y ansiosa por ver mundo, que en el verano de 1875 embarcó en el vapor *Loanda* rumbo a un remoto destino que cambiaría fatalmente su vida.

LADY SMITH

Una española entre zulúes
(1798-1872)

Desde el día que la conocí se convirtió en mi ángel guardián. Conmigo ha compartido los peligros y privaciones, las penalidades y las fatigas de una vida agitada en todos los rincones del mundo. Ni un murmullo ha pasado por sus labios. Privada de todos sus parientes, de todo vínculo con su país, unida a un hombre de religión diferente...

Sir HARRY SMITH en 1860, recordando
a su esposa Juana María de los Dolores de León

En 1828 llegaba a Ciudad del Cabo una española llamada Juana María de los Dolores de León acompañando a su esposo, el oficial inglés Harry Smith destinado en Sudáfrica. La joven extremeña vivió doce años en la región más austral del continente africano mientras su marido libraba batallas contra las tribus nativas en las nuevas fronteras de la colonia británica de El Cabo. Tras abandonar con tristeza tierras africanas en 1840 y vivir siete años en la India, Juana regresaría de nuevo a El Cabo en 1847 cuando su marido fue nombrado gobernador y comandante en jefe de la colonia. El destino quiso que su nombre quedara para siempre inmortalizado en la tumultuosa historia de la actual República de Sudáfrica, al bautizar su esposo una de sus ciudades más emblemáticas como Ladysmith, en la región de Natal. A esta española de rompe y rasga todavía se la recuerda en esta ciudad que se hizo tristemente célebre en el mundo entero cuando en 1899 los bóers, tuvieron sitiados a los ingleses durante cien días. En el museo de Ladysmith se conserva una foto suya, así como un par de pendientes y una peineta. En la imagen se ve a una mujer madura de hermoso rostro y penetrante mirada, peinada al estilo de la época con dos grandes bucles que caen sobre sus hombros descubiertos.

Tenía entonces cuarenta y nueve años y viste un ceñido traje oscuro de terciopelo que resalta su pronunciado escote y rollizo cuerpo, en sus brazos sostiene una mantilla española. Esta singular dama que vivió una vida llena de aventuras y peligros por todos los rincones del Imperio británico junto a su esposo, nunca renunció a sus orígenes y le gustaba en las recepciones oficiales vestir con mantilla, bailar fandangos e improvisar canciones populares. Fue una mujer valiente y poco convencional, que se movía con igual desenvoltura en los elegantes salones de baile franceses, vestida como una emperatriz o en el campo de batalla haciendo vida de soldado. En el sur de África no sólo dejó su nombre a una ciudad en Natal sino que en su honor se bautizó un melón dulce y de color anaranjado como «spanspek» (desayuno español) porque ella todos los días desayunaba esta deliciosa fruta. El duque de Wellington, al que siempre le gustó alabar el coraje de las mujeres, cuando conoció a Juana Smith y supo que había acompañado a su marido en todas las contiendas, la bautizó como «la pequeña heroína española». Y es que antes de llegar a Sudáfrica donde viviría «los años más plenos de mi vida» Juana Smith supo de los horrores de la guerra en distintos campos de batalla, aunque ella conociera el amor siendo una niña en uno de nuestros asedios más sangrientos de la guerra de la Independencia, el de Badajoz.

Amor en tiempos de guerra

En abril de 1812 las tropas del general Wellington conquistaron la ciudad de Badajoz tras un duro y sangriento combate contra las tropas napoleónicas. En medio de una ciudad arrasada y sembrada de cadáveres, dos muchachas jóvenes vestidas enteramente de negro y con el cabello cubierto por una mantilla se dirigieron al campamento de los oficiales británicos para pedirles su protección. Allí fueron recibidas por el teniente Harry Smith, que entonces contaba veinticinco años y que se conmovió ante la presencia de aquellas hermanas que lo habían perdido todo. La mayor de ellas le confesó que pertenecían a una familia española de alcurnia, su casa había sido destruida y saqueada y huían porque su vida corría peligro. A ella le preocupaba sobre todo la seguridad de su hermana pequeña que sólo tenía catorce años, acababa de salir del convento donde estudiaba y se llamaba Juana María de los Dolores de León. Harry Smith reconocía en sus memorias, publicadas en 1902, que lo suyo fue un amor a primera vista, se quedó prendado de la belleza de aquella muchacha de grandes ojos negros y cabello castaño que llegó a admirar por su coraje: «Estaba dotada de un sentido del honor que no superó jamás ningún caballero en los días más románticos de la caballería, un entendimiento superior a sus años, un espíritu masculino de tal vigor de carácter que ninguna consideración bastaba para desviarlo de su propio sentido de la rectitud, y todo ello alojado en la figura de un ángel que me inspiró un amor loco que de entonces para acá (ya ven, treinta y tres años) no ha perdido jamás su vehemencia ni aun en las circunstancias de mayor prueba», escribiría cuando ya era un curtido militar con más de cuarenta años de servicio a sus espaldas. Quizá Harry ignoraba entonces que Juana pertenecía a la noble familia de los Ponce de León de ilustre abolengo leonés. Juan Ponce de León, famoso conquistador español, partió hacia América en 1502 y tras fundar la ciudad de San Juan en Puerto Rico descubrió Florida en 1513. Así pues por las venas de la futura lady Smith corría sangre de aguerridos aventureros y conquistadores, lo que explica el valor del que hizo gala toda su vida.

Harry, por su parte, fue el oficial que más tiempo estuvo en activo en el ejército británico —cincuenta y cuatro años—, sobrevivió a más de cien batallas sin sufrir apenas un rasguño y la reina Victoria le otorgaría el título de caballero. Nacido en el pueblo de Whittlesey, en Cambridge, y el segundo de catorce hermanos, sus amigos lo definían como un hombre deportista, buen jinete, valiente, impetuoso y muy testarudo. Su padre era médico y un gran aficionado a los caballos, su madre, hija de un vicario, se enorgullecía de descender por línea directa de sir Tomás Moro. Desde que Harry ingresara con diecisiete años en el ejército británico participó en incontables batallas, asedios y escaramuzas en América, África, India y en Europa luchando contra Napoleón. Así Juana y Enrique, como ella siempre le llamó, parecían estar hechos el uno para el otro.

La diferencia de edad —once años— no supuso ningún problema para Harry Smith, que estaba decidido a casarse con aquella joven que el destino había puesto en su camino. Tampoco el idioma ya que el militar inglés había aprendido el español durante su estancia en Montevideo, Uruguay, donde cayó enfermo a causa de las fiebres y la disentería. Una familia española le salvó la vida y le alojó en su casa, durante su convalecencia el joven alférez aprendió algo de español, lo suficiente como para declararse a Juana. El duque de Wellington les dio su bendición y la pareja contrajo matrimonio en el mismo campamento al mes de haberse conocido. No hubo tiempo para una romántica luna de miel, a partir de este momento la vida de Juana vendría marcada por el sonido de la corneta, las órdenes militares y el futuro incierto de las batallas. La suya iba a ser una de las más románticas historias de amor en tiempos de guerra y conquista.

A mediados de junio de 1812 el ejército de Wellington inició su decisiva campaña cruzando el río Águeda en dirección a Salamanca. Juana Smith, que nunca se separaba de su marido, iba a ser testigo de las últimas y victoriosas guerras peninsulares de Wellington contra los franceses. En Ciudad Rodrigo pudieron descansar unos días y Harry aprovechó para enseñar a montar a caballo a su joven esposa que, tras unas lecciones prácticas, se convirtió en una excelente amazona. Juana se adaptó con rapidez a la vida espartana en el campamento, a las agotadoras marchas, la comida escasa y a dormir en las incómodas tiendas de lona. El olor «a pólvora y a sangre» la acompañarían toda su vida. En un mundo de hombres —el ejército de Wellington lo componían cuarenta y cinco mil soldados de infantería y cinco mil jinetes— esta chica atractiva y risueña, se convirtió en la favorita de su división. Harry Smith diría con orgullo en una ocasión: «Tan malvados como parecen estos soldados no habría ni uno que no estuviera dispuesto a dar la vida por ella».

Las victorias en Salamanca y en la batalla de Arapiles abrieron a Wellington las puertas de Madrid donde entró con todos los honores el 12 de agosto de 1812. Juana montada a lomos de su yegua Tiny se emocionó al ver el caluroso recibimiento de la gente en las calles de la capital. No pudieron disfrutar mucho las mieles del éxito, a los pocos días tuvieron que partir de nuevo esta vez rumbo a Valladolid, los ejércitos napoleónicos se replegaban pero aún eran una amenaza. En los meses siguientes, entre batalla y batalla, Juana a pesar de su juventud demuestra una entereza y un coraje que provocan la admiración de los oficiales de la compañía. Cabalga con ellos de noche bajo la lluvia o el frío intenso, por caminos llenos de barro, duerme a la intemperie en lechos de heno o entre las ruinas de las casas bombardeadas. Desde el primer día se desvive por los enfermos o moribundos y siempre que se lo permiten abandona la retaguardia para cabalgar junto a los soldados y animarles en los momentos más duros de la campaña.

En la batalla de Vitoria, Juana pudo presenciar el cruento combate desde una casa donde se refugió, tardaría meses en recuperarse del espectáculo de «sangre y fuego» que allí vio. Ella, que había perdido a toda su familia en el sitio de Badajoz y no tenía noticias de su hermana mayor, siempre tuvo miedo a que su marido muriera en el campo de batalla. Nunca se acostumbraría a estar separada de Harry que según sus palabras era: «Lo único sobre la tierra a lo cual se agarra y depende mi vida», por lo que siempre que se lo permitían prefería acompañarle. De Vitoria se llevó un imprevisto recuerdo, una paisana le regaló una perrita dogo enana a la que bautizó con el nombre de Vitty y que no se separaría de ella ni cuando embarcó años más tarde rumbo a Sudáfrica.

Cuando el ejército inglés abandona España y comienza la campaña en Francia, Harry Smith describe en sus memorias los días más duros de la contienda en pleno invierno: «La noche era lluviosa, con aguanieve y un frío excesivo y helado. Mi pobre mujer estaba agotada y enferma, apenas hablaba, hasta que al final pudimos instalarnos en una casita cómoda... era la muchacha la viva imagen de la desolación...». Juana, que ya ha cumplido los dieciséis años, tiene fiebre y está exhausta pero se niega a viajar en carreta y sigue cabalgando junto a la tropa por peligrosos caminos que se han convertido en auténticos lodazales. Cuando llegaron a Toulouse, en Francia, pudieron dormir por primera vez en muchos meses en una cama con sábanas limpias y cenar algo caliente «como auténticos príncipes».

En 1814, una vez finalizada la guerra, y tras la abdicación de Napoleón, los Smith abandonan Francia rumbo a Inglaterra. En Londres Juana se aloja en la casa de los padres de Harry y se dedica a aprender bien el inglés y renovar su desgastado vestuario. Enseguida hará buenas migas con su suegro al que le gustaba montar a caballo, las partidas de caza y la vida campestre. Mientras, su esposo viaja a Norteamérica, donde obtiene importantes éxitos militares en la batalla de Washington contra los colonos independentistas y es ascendido a comandante. Juana lleva siete meses separada de Harry y cuando éste regresa de Nueva Orleans nos describe a su joven esposa, que ya ha cumplido los dieciocho años, con estas efusivas palabras: «Era persona de muy distinguido aspecto aún más en su traje español; no bella, si la belleza depende de la regularidad de las facciones, pues tenía la tez oscura de la mayoría de sus compatriotas, pero de un color que tiraba al oliva claro, y le daba lustre a su rostro iluminado por un par de ojos negros que poseían todo el fuego de una aparición». El militar inglés, que se revela como un auténtico poeta, no escatima elogios hacia su esposa: «De figura hermosa, abundante cabello castaño oscuro, que baila maravillosamente bien y canta canciones melancólicas de su tierra, es animada, inteligente y su pronunciación del inglés en aquella época era fascinante...». A lo largo de su intensa vida en común que duró casi cincuenta años, Harry escribiría a su esposa apasionadas cartas de amor y en África utilizaría incluso un código de signos que sólo ellos entendían para ocultar las palabras más íntimas.

Para Juana Smith, esposa de un ambicioso militar, las guerras no acababan nunca. Napoleón había regresado al trono de Francia y Wellington pidió refuerzos a Londres. De nuevo Harry Smith fue elegido para estar en primera línea con su ejército. Esta vez, sin embargo, se les permitiría ir juntos a la batalla de Waterloo que derrotaría definitivamente al emperador.

Juana Smith se instaló en Bruselas el 15 de junio de 1815, allí tendría que esperar noticias del frente junto a las esposas de los otros oficiales. Fue uno de los momentos más difíciles de su vida, un grupo de fusileros le informó de que su marido había muerto en el campo de batalla de Waterloo. Nadie pudo impedir que la muchacha se subiera a su yegua y galopara, siempre con su pequeño dogo Vitty en el regazo, rumbo al escenario del combate, que ella describió conmocionada de esta manera: «La carretera desde Bruselas al campo de batalla estuvo a punto de enloquecerme, con tantos heridos, hombres y caballos, y cadáveres que llevaban a Bruselas a enterrar, siempre temiendo encontrarme ante el de mi marido...». Los que la vieron llegar recuerdan a una mujer joven y hermosa con los vestidos salpicados de barro, desencajada por el dolor, buscando entre los muertos a su marido. Juana pasó sesenta y dos horas sin dormir, cruzó el extenso campo de batalla «una auténtica carnicería de cuerpos destrozados» hasta descubrir que habían confundido a su esposo y que éste se encontraba a salvo de regreso con las tropas victoriosas.

El 7 de julio Wellington entraba en París y Napoleón era encarcelado en Santa Elena. Durante dos años Juana y Harry pudieron vivir con cierta tranquilidad y confort en los alrededores de París, allí frecuentó al duque de Wellington, entonces jefe de las fuerzas de ocupación de Francia y uno de los personajes más admirados por los británicos. Harry Smith fue nombrado alcalde de Cambrai, su cargo tenía un buen sueldo así que por primera vez desde que se casaron disfrutaron juntos de las partidas de caza, las fiestas hasta altas horas de la madrugada y los bailes de salón, tras años de vivir en los desolados campamentos de batalla. En 1818, el último año de la ocupación, el zar Alejandro I de Rusia fue el encargado de pasar revista a los ejércitos y el general Wellington aprovechó la ocasión para presentarle a la intrépida señora Smith. El emperador de Rusia le pidió a Juana, que entonces tenía veinte años, que cabalgara en su compañía y como ambos se entendían muy bien en francés charlaron animadamente.

Acabada la ocupación Harry Smith y su esposa regresan a Inglaterra cansados pero felices de poder estar juntos un tiempo le-

jos de las guerras. Sin embargo su situación económica no es muy
boyante, Harry, que ya no cobra el elevado salario de alcalde mayor, está lleno de deudas y la paga del ejército apenas cubre sus
necesidades. Así que cuando meses más tarde le ofrecen partir
para Jamaica como encargado militar y montar un puesto permanente que domine la región del Caribe acepta de buen grado. De
nuevo parte con su esposa Juana, esta vez rumbo al mar de las An-
tillas, a una isla de exuberante vegetación rodeada de aguas cristalinas que a ellos les parecerá un infierno. El clima tropical les
resulta asfixiante, trabajan en un lugar insalubre y muchos de sus
hombres mueren a causa del escorbuto. La señora Smith dedica
sus días a visitar a los enfermos y a consolar a las viudas de los soldados fallecidos.

La audaz española

Cuando aún se encontraban en Jamaica, Harry recibió la noticia
de un nuevo traslado, esta vez a Ciudad del Cabo para trabajar
como agregado militar del gobernador general de la colonia. Tales
eran las ganas de abandonar la isla que en apenas cuarenta y ocho
horas vendieron todos sus muebles, carruajes, caballos, y enviaron sus pertenencias en un transporte que se dirigía a Nassau.
Embarcaron un caluroso mes de julio 1828 y pasaron unos días
en casa del gobernador de las Bahamas hasta que encontraron pasaje en un barco que iba a Liverpool, siguiente etapa en su periplo
hacia el sur de África. El viaje debió de ser espantoso ya que Harry
escribió que la embarcación «navegaba como una bruja», y se vieron obligados a compartir su camarote con dos jóvenes y ruidosos
oficiales. Cuando llegaron al mar de Irlanda hacía tanto frío que a
los marineros se les helaban las manos y el mismo Harry sacrificó
un barril de buen ron para calentar a la tripulación. Desde Liverpool tomaron pasaje en la nave *Ontario* que se dirigía a Calcuta
haciendo escala en Ciudad del Cabo. En el mismo puerto de la
bahía de Mesa fueron recibidos por el gobernador sir Lowry Cole
y su esposa Frances a los que ya conocían de las guerras peninsu-

lares. Juana tenía treinta años y era la primera vez que pisaba tierras africanas, una experiencia que nunca olvidaría, sobre todo por su relación con las mujeres nativas a las que admiraría por «su belleza, fuerza interior y valor».

Eran aún tiempos de paz en la colonia británica y Harry se dedicaba a entrenar a sus tropas, cazar con los amigos, asistir a las carreras de caballos y los domingos ir a misa con la guarnición. Por entonces ganaba diecinueve chelines al día y forraje para tres caballos, se alojaban en una vivienda de primera clase, el castillo del antiguo gobernador. Para los Smith era su primera residencia fija en muchos años y Juana se dedicó con esmero a decorarla y a hacer nuevas amistades entre los residentes ingleses. Ella ignoraba que la paz duraría poco y que en los siguientes años sería testigo de las encarnizadas guerras surafricanas entre los nativos despojados de sus tierras y el ejército inglés, que sufriría contra los zulúes alguna de las derrotas más dramáticas de toda su historia.

En 1834 el Parlamento británico abolía la esclavitud y Harry Smith participaba en el acta de emancipación de los esclavos, lo que provocaría el malestar entre los bóers. Estos colonos pioneros llegados a El Cabo en 1652, abrazaban la doctrina calvinista, eran independientes, racistas y se creían un pueblo elegido por Dios y con derecho a la mano de obra de los esclavos. Con el tiempo se convertirían en los afrikaners padres del futuro *apartheid* que tantas víctimas se cobraría en Sudáfrica.

A principios del mismo año el gobernador de El Cabo es sustituido por sir Benjamin D'Urban, un hombre «agradable pero excesivamente lento en tomar decisiones», según palabras del propio Harry que lo apodaba «Sir Slow» (Sir Lento). Por aquel entonces el ejército británico combatía duramente en las nuevas fronteras contra las tribus xhosas, también llamadas cafres por los ingleses, a las que tan sólo lograron vencer tras nueve guerras, la primera hacia 1791 y la última en 1878. En diciembre llegaron noticias a Ciudad del Cabo de que los xhosas habían atravesado la frontera guiados por su temido jefe Macomo. Harry insistió al gobernador en desplazarse él mismo para detener la invasión de los nativos. Muy a su pesar abandonó a su esposa en la ciudad y par-

tió con sus soldados para participar en la sexta guerra cafre. Se
negó a ir en barco convencido de que llegaría mucho antes a caballo y cuando finalmente arribó a Grahamstown había recorrido
más de mil kilómetros en seis días a una media de veinte kilómetros por hora. En los siguientes meses Harry se dedica a organizar
la defensa de la ciudad y a entrenar a dos batallones de aborígenes
hotentotes a los que admira por ser magníficos soldados.

Estamos en 1835 y Harry Smith se convierte en el gobernador
de la nueva provincia de Adelaida, el territorio arrebatado a los
xhosas. Por primera vez se siente realmente satisfecho, tiene cuarenta y siete años, un cargo importante y un sueldo de dos mil libras al año y forraje para diez caballos. Le han regalado además
una finca fértil de hermosos bosques atravesada por el río Búfalo
y por un instante sueña despierto en poder vivir allí con Juana y
formar una familia: «Querida mía, es un hermoso lugar para
nuestros hijos aunque no sé si tú querrás vivir aquí para siempre».
Llevaban casados veintitrés años y aún no tenían hijos pero Harry
no había perdido las esperanzas de tener un heredero. El enamorado esposo sigue escribiendo a diario apasionadas cartas de
amor a Juana que se siente algo celosa cuando éste le habla de la
belleza de las voluminosas y sensuales mujeres hotentotes. Pero
Harry aunque se sintiera solo tranquilizó a Juana con estas palabras: «No estás en ningún peligro, alma mía, de ser suplantada.
Éste es el lugar más aburrido, estúpido y horroroso de la tierra y
es conocido porque aquí viven las mujeres más feas de la tierra».

Tras cuatro meses separados Juana Smith recibió una carta en
la que su marido le decía: «Ven hacia los brazos afectuosos de tu
fiel esposo». En pocos días hizo el equipaje, cerró la casa, vendió
sus caballos y carruajes, y partió en compañía de tres sirvientes
rumbo a Grahamstown. Era la primera vez que dejaba la ciudad y
se adentraba en una región «de áridos paisajes, pésimos caminos
y profundos ríos difíciles de atravesar», sin olvidar la constante
amenaza de las tribus locales. Viajaba en una carreta cubierta por
una lona con la que recorrió los más de mil kilómetros que la separaban de su marido. Cuando llegó a la ciudad estaba agotada y
el doctor Murray, amigo de Harry, insistió en que descansara unos

días antes de proseguir camino hasta Adelaida. Mientras, su esposo ansioso por verla le suplica con mucha ironía que se reúna con
el: «Acaso algo te detuvo después de la batalla de Waterloo... como
haya otro imprevisto, algún retraso más será el final para tu pobre
y viejo Enrique... querida mía hasta que nos encontremos aquí o
en el cielo...». Al recibir semejante nota Juana se apresuró a partir
desoyendo los consejos del doctor hacia King William's Town donde se encontraban los cuarteles del ejército inglés. Harry no llevaba muy bien las separaciones de su esposa, en uno de sus diarios
reconoce algunas de sus debilidades: «Cuando no está conmigo
Juana, abrazo y beso su ropa sin poder evitarlo».

Por fin los Smith pudieron abrazarse y de nuevo compartir un
tipo de vida que les recordaba aquellos días en España, durante la
guerra de la Independencia, cuando pasearon su amor por los
campos de batalla. Harry recordaría así aquellos días: «Seguimos
camino a la sede de mi gobierno, King William's Town, donde mi
querida mujer de campaña, se encontró otra vez haciendo vida de
tienda, rodeada de las circunstancias corrientes de la guerra». Al
poco tiempo pudieron alojarse en una modesta casa de adobe y techo de paja de un misionero presbiteriano. Juana se adaptó sin dificultad a esta vida nómada de pionero muy lejos del confort de su
elegante mansión en El Cabo. Pero a ella parecía no importarle
demasiado, en realidad se sentía más a gusto entre las mujeres
xhosas de las aldeas que tomando el té con las «severas y aburridas damas inglesas de la colonia muy dadas a pasar el día criti-
cando al prójimo». En un capítulo de sus memorias Harry Smith
anotaría: «Mi mujer, que prestaba igual atención que yo a la mejo-
ra de aquellos pobres bárbaros, estaba siempre rodeada de mujeres de los jefes negros y sus adictos, sobre todo de las reinas Suta y
Nonive. A muchas las enseñaba a coser y se pasaba las horas
muertas todos los días, explicándoles lo que estaba bien o mal, y
haciéndoles pequeños regalos, de modo que se hizo amiga de ellas
y acabaron respetándola».

Harry Smith en su nuevo cargo de gobernador de Adelaida y
para hacerse con el control total de la provincia organizó una
asamblea a la que llamó «Inkosi Inkuru» o Jefe Grande y se pro-

clamó su rey absoluto. Invitó a participar en ella a los jefes de las tribus cafres a los que hacía jurar lealtad en una ceremonia donde se entonaba con fervor el *God Save the Queen*. Nombró jueces y diputados a los jefes xhosas más preparados siendo el primer administrador europeo que se atrevía a tomar semejantes medidas. El gobernador D'Urban creía que Harry se había vuelto loco y pensó que era muy prematuro dar poder a aquellos «salvajes» con los que llevaban años de lucha. Asimismo Harry, liberal en política pero no en asuntos morales, tomaría otras drásticas medidas: «En el mundo no hay una raza negra más bella que estos cafres tanto hombres como mujeres, sus figuras y sus ojos tienen una belleza más allá de lo explicable y el porte de auténticos príncipes, pero ahora son súbditos británicos y es pecaminoso el ir desnudo». Prohibió a los africanos entrar en los campamentos a no ser que vistieran decentemente y se cubrieran al menos con un pedazo de tela sus partes más púdicas. Luchó contra la brujería y la costumbre de vengar la muerte de una persona «oliendo al culpable» y prohibió una ceremonia llamada «el festival de las vírgenes» que Harry describía con el título de «la violación de las sabinas», y que consistía, según sus propias palabras, «en una fiesta durante la cual las muchachas vírgenes de la tribu se dividían entre los jefes que las tenían que violar para que luego pudieran casarse. Cuando las autoridades locales no daban para más y aún quedaban muchas jóvenes por desvirgar las repartían como mercancía entre sus más allegados y familiares». Harry, sin embargo, no pudo acabar de un plumazo con algunas de las bárbaras costumbres que los jefes aplicaban a sus gentes como la tortura de las hormigas negras, condenando a la víctima a morir lentamente devorada por estos insectos atada encima de un hormiguero o los asesinatos por estrangulación.

Las diferencias entre el gobernador D'Urban y el impetuoso Harry Smith provocaron la destitución de éste en agosto de 1836. En una ceremonia de despedida que duró varios días los nativos mostraron su cariño a Harry y a Juana llorando y lamentándose varios días frente a la puerta de su casa. Las mujeres xhosas le pidieron a la señora Smith que no las abandonara y como recordaría años más tarde «fue uno de los momentos más tristes de mi vida porque habíamos llegado a ser buenas amigas». Llegó el momento de la partida, Harry montado a caballo junto a su esposa Juana que viajaba en una carreta, regresaban a la «civilización» seguidos de una larga comitiva de africanos que más parecía un cortejo fúnebre. Fue un viaje de regreso muy lento y emotivo, en cada fuerte militar o campamento británicos del camino les ofrecían un banquete de gratitud y una recepción. Cuando por fin llegaron a la ciudad fueron recibidos como unos auténticos héroes, durante varios días se sucedieron las fiestas y los homenajes en su honor.

En los meses siguientes ocurrieron varios hechos trascendentes, la reina Victoria accedía al trono de Inglaterra al cumplir sus dieciocho años, el gobernador sir Benjamin D'Urban fue retirado de su cargo y Harry Smith ascendido a coronel en mayo de 1837. Pero el incansable y tenaz militar ya no sentía a gusto en El Cabo, las guerras fronterizas habían minado su salud y ahora sólo soñaba con que le destinaran a la India como gobernador militar del ejército para poder ganar más dinero y así asegurar a su esposa una vejez confortable. Juana, sin embargo, hubiera preferido regresar a Inglaterra porque sabía que el clima de la India era muy duro y a las mujeres de los oficiales británicos se les obligaba a llevar una vida social acorde a la mentalidad victoriana «aburrida y poco excitante» a diferencia de la que podía vivir en África en la misma época.

En junio de 1840 el barco de pasajeros *David Scott* que hacía escala en El Cabo les trae buenas noticias. Su petición ha sido finalmente aceptada y Harry es destinado a la India en calidad de agregado militar general de las fuerzas del Imperio allí destacadas. En cinco días y sin esperar un nuevo barco, el matrimonio Smith de nuevo embala sus pertenencias y parte en el mismo vapor rumbo a su nuevo destino. Desde la cubierta Harry Smith, tan poético como siempre, se despedirá de las tierras africanas con estas palabras: «Oh, Cabo de Buena Esperanza, a pesar de tus terribles vientos, tu sol abrasador y tus desérticas tierras, yo y mi mujer siempre te recordaremos con un afecto tan sólo superado por el de "La tierra de nuestros señores" (Inglaterra)». Un año después de su partida, llegaría a este mismo puerto un joven misionero escocés, David Livingstone, para trabajar en uno de los más remotos puestos de la Sociedad Misionera de Londres, Kuruman, a mil kilómetros de El Cabo.

Lady Smith, gobernadora de El Cabo

El viaje de los Smith a la India fue toda una epopeya y a punto estuvieron de naufragar en el océano Índico a causa de un huracán que rompió de cuajo los mástiles de la embarcación y redujo las velas a harapos. Harry creyó más que nunca que fue la Divina Providencia la que los salvó primero en Waterloo y ahora en alta mar. Juana se pasó toda la travesía mareada y enferma en su diminuto camarote plagado de cucarachas y ratas del tamaño de un zapato. Cuando llegaron por fin a Calcuta pensaron que aquel viaje era un mal presagio de lo que les esperaba en «el pestilente Oriente». Tras doce días en Calcuta Juana y Harry viajan a Agra en plena canícula estival. Aquí, en una de las batallas del ejército británico contra los mahrattas independentistas, iba a tener lugar un episodio en el que la señora Smith de nuevo demostraría su temple y coraje. Los ingleses se dirigían con sus tropas para ocupar el pueblo de Maharajpore y las esposas de los oficiales seguían a sus maridos a lomos de elefante para ver de cerca la batalla. Buscaron una posición segura en la retaguardia pero el enemigo de improviso concentró sus disparos en aquel lugar y las damas se vieron al instante rodeadas por el fuego y el olor a pólvora. Aquellas elegantes jóvenes vestidas con sus encorsetados trajes blancos de muselina y sombreros de ala ancha como para tomar el té, contemplaron atónitas cómo las balas de cañón corrían entre las patas de sus elefantes. Juana habituada a estas situaciones se comportó como una auténtica comandante del grupo de amazonas y guió a sus aterrorizadas compañeras hasta un lugar seguro lejos del campo de batalla. Harry, que nunca dejaba pasar una oportunidad para alabar el valor de su esposa, declaró tras conocer el incidente: «Mi Juana es una heroína, he encargado para mí a un joyero una estrella de oro que conmemore el éxito de esta batalla y voy a pedirle que haga otra para ella». Lady Smith lucía con frecuencia en las recepciones esta estrella y le gustaba contar en tono divertido cómo había salvado a las señoras de «un picnic entre balas de cañón».

Pero sin duda fue el éxito de la batalla de Aliwal contra los sijs lo que convirtió a Harry Smith en uno de los generales más respetados del ejército británico. Aquel sangriento combate donde los miembros de esta belicosa secta perdieron a tres mil hombres y los ingleses apenas ciento cincuenta y tres soldados incrementó la leyenda de la superioridad británica seriamente dañada por sonoras derrotas anteriores. Cuando en 1847 los Smith regresan a Inglaterra tras siete años en la India, Harry es recibido como un héroe por sus éxitos militares. Era la primera vez que viajaban en un barco de vapor y la travesía fue mucho más rápida y confortable que en sus viajes anteriores. Hacía dieciocho años que no pisaban Londres y se sentían emocionados al reencontrarse con sus viejos amigos y disfrutar de tantos agasajos. La reina Victoria, que le había nombrado caballero en 1844 durante su estancia en la India, fue la primera en invitarles a cenar a Marlborough House. En los seis meses siguientes no pararon ni un instante, su agenda estaba repleta de eventos sociales e invitaciones de la alta sociedad y distinguidos clubes. En uno de aquellos actos le otorgaron a Harry Smith el título de doctor *honoris causa* en derecho por la Universidad de Cambridge en presencia de distinguidas personalidades, entre ellas la reina Victoria y el duque de Wellington que por entonces tenía setenta y siete años. Fue en esta ceremonia cuando Harry se enteró de que querían destinarlo de nuevo a Ciudad del Cabo pero esta vez con el ansiado cargo de gobernador. A Juana, un poco harta de tanta vida social y a punto de cumplir los cincuenta años, le pareció buena idea regresar a Sudáfrica, aunque esta vez su posición social le impediría compartir nuevas aventuras militares con su esposo.

A bordo del vapor *Vernon* los Smith llegaron a El Cabo el 24 de septiembre de 1847. Fueron recibidos con gran algarabía por la comunidad inglesa, la ciudad estaba engalanada, todas las actividades habían sido suspendidas y se dispararon los cañones en su honor. Un magnífico carruaje les llevó directamente al Palacio de Gobierno y durante varios días se sucedieron las recepciones. Juana se sintió conmovida al ver que en algunas casas junto a la bandera británica habían colocado dibujos y transparencias que recordaban los momentos más importantes en la vida de Harry Smith, incluido uno de su primer encuentro con Juana en el campamento de Badajoz.

No pudo disfrutar mucho tiempo Harry Smith de la compañía de su esposa ni de las agradables veladas nocturnas a la luz de los candelabros en los salones de su recién estrenada casa; a los diez días de llegar a la ciudad partió de nuevo a luchar a la séptima guerra fronteriza, que llevaba un año en marcha contra los cafres. Esta vez Juana no podría acompañarle y tuvo que quedarse atendiendo los compromisos propios de la esposa de un gobernador. Aquéllos no fueron los mejores años de su vida, estuvo mucho tiempo separada de Harry, recibiendo como antaño sus afectuosas cartas que relataban con detalle las sangrientas batallas y la dura vida en los improvisados campamentos. Algunas las escribía en español por miedo a que fueran interceptadas y Harry, siempre irónico decía: «Espero que el general de los hotentotes no sepa español...». Los que en un principio se acercaron a Juana para darle la bienvenida, con el paso del tiempo comenzaron a criticarla. En voz baja se hablaba de su oscuro pasado, del que nadie sabía lo más mínimo, y la oposición al gobierno de Harry llegó a tacharla de «mujer de mundo». Y todo porque Juana en aquella época vestía hermosos saris de seda india y llamativas joyas, y le gustaba asistir a los bailes del barrio malayo en lugar de a los aburridos actos públicos a los que la invitaban. A ella, acostumbrada a vivir en el campo de batalla rodeada de peligros, a montar a caballo miles de kilómetros huyendo del enemigo para reencontrarse con su amado, aquella vida típicamente británica le parecía anodina. El obispo de El Cabo, el reverendo Robert Gray, el mismo que catorce años después aplacara las habladurías sobre Mary Livingstone, salió en defensa de la dama española: «Es la señora Smith una dama muy agradable de maneras sencillas que sufre mucho por las ausencias de su valiente esposo siempre en el frente».

Fue en esta época cuando el gobernador Smith bautizó con el nombre de su esposa una ciudad del Natal. En realidad desde los tiempos de Alejandro Magno no se habían bautizado tantos lugares con el nombre de un militar en tan corto espacio de tiempo. Se fundaron varias ciudades con el nombre de Harry Smith y muchos asentamientos fueron bautizados con nombres de condados ingleses como York o Middlesex, amén de varios Aliwal como recuerdo de su famosa batalla en la India. Harry ignoraba que cincuenta años después, en 1901, aquella ciudad de Ladysmith ocuparía las portadas de todos los periódicos del mundo cuando el ejército bóer sitió a los ingleses durante cien interminables días.

En 1849 la popularidad de Harry Smith ha disminuido notablemente en la colonia de El Cabo, aunque es un buen militar en la política no se mueve con igual destreza. Son tiempos revueltos en los que los bóers, que han derrotado en sangrientas batallas a los ejércitos nativos, se instalan en las repúblicas del Transvaal y Orange, donde impondrán la «supremacía blanca». Harry tiene sesenta y cinco años y aunque toda su vida gozó de una salud de hierro y en tantas batallas que libró en primera línea de fuego sólo se torció un tobillo, ahora se siente fatigado y decepcionado por los malos resultados obtenidos en el frente. En 1852 el gobernador Smith es relevado de su cargo y tras dar la bienvenida a su sucesor, él y su esposa deciden regresar definitivamente a Inglaterra.

El 18 de junio de 1852 el duque de Wellington invitó al matrimonio Smith a un banquete en Londres para festejar el aniversario de Waterloo. Harry ya estaba muy enfermo pero no quiso perderse el acto, aquella batalla le traía gratos recuerdos aunque no fueran meramente militares. Recordaba a su joven esposa, entonces una niña, montada a caballo como una experta amazona buscando desesperada entre los cadáveres su cuerpo. Recordaba los días de la ocupación en Francia cuando Wellington le pidió a Juana en una fiesta en honor del príncipe y la princesa rusa Narinska que bailara una mazurca para romper el hielo y ella salió como siempre airosa entre los aplausos del público. Sería la última vez que la pareja viera con vida al héroe de Waterloo, Wellington moriría apaciblemente tres meses después en su castillo de Walmer.

Juana Smith no volvió a pisar España salvo unas horas en el verano de 1857, cuando ella y su marido fueron a Lisboa en el séquito del marqués de Bath para asistir a la boda del rey Pedro V con la princesa Estefanía de Hohenzollern. Nunca llegó a saber nada de su familia, ni siquiera de su hermana mayor que la salvó de la muerte en el sitio de Badajoz al dejarla en manos de un joven teniente inglés, que le brindó su protección.

El 12 de octubre de 1860 Harry murió en Londres a la edad de setenta y tres años víctima de un ataque al corazón. Fue enterrado en el cementerio de su localidad natal en Whittlesey (Cambridge) con todos los honores militares. No se cumplieron los deseos que expresó en su diario cuando conoció a la que se convertiría en su esposa: «Cuando yo te conocí eras joven, temperamental, un pequeño diablo... yo sólo le pedí a Dios Todopoderoso que esta mujer estuviera conmigo hasta que la muerte nos separara y cuando este desgraciado momento llegara nos concediera partir juntos en el mismo instante». Hasta el último momento pensó en Juana a la que aseguró una pensión de viudedad «conforme a mi grado pero muy especial por ser ella quien era».

Juana le sobrevivió doce años alejada de la vida social y recordando las excitantes aventuras que compartieron. Murió el 10 de octubre de 1872 y fue enterrada junto a su esposo en el cementerio de Whittlesey. En 1902 un descendiente del veterano militar, el escritor Moore Smith, decidió publicar las memorias que un día su célebre abuelo entregara a su ayudante de campo. Gracias a ellas Juana Smith dejó de ser una leyenda para convertirse en una española de carne y hueso que compartió con su esposo media vida de honores y batallas. Muy pocos saben aún que tras el nombre de una ciudad del Natal sudafricano se esconde la historia de amor de una intrépida dama española y un valiente soldado inglés.

ISABEL DE URQUIOLA

A la sombra de Iradier
(1854-1911)

Pero ligadas a mi destino venían dos compañeras infatigables a quienes ni las razones más poderosas, ni los consejos más prudentes pudieron hacer desistir de su empeño en acompañarme. Sobre mí caería la responsabilidad de todo aquello que les sucediese y, no teniendo más remedio que aceptarla, no podía menos de estar inquieto y pensativo.

MANUEL IRADIER,
en su libro *África*, 1887

Dos años después de haber encontrado a orillas del lago Tanganika al desaparecido más famoso de la historia, el doctor David Livingstone, Henry Stanley se hallaba en España cubriendo la última guerra carlista para *The New York Herald*. El destino quiso que el 3 de junio de 1873 el explorador galés viajara a Vitoria y recibiera en su hotel la inesperada visita de un joven estudiante llamado Manuel Iradier. Con sólo dieciocho años el intrépido vasco soñaba con cruzar el continente africano desde el Cabo de Buena Esperanza, en Sudáfrica, hasta Trípoli, en la costa de Libia, en una travesía de cerca de doce mil seiscientos kilómetros. Al enterarse de la presencia en su ciudad del célebre viajero no dudó en reunirse con él y consultarle su ambicioso proyecto. Stanley, más realista y menos romántico que Iradier, le aconsejó que si no disponía de grandes recursos económicos para atravesar el continente de punta a punta se limitara a explorar las antiguas posesiones españolas del golfo de Guinea. Un año después el explorador vitoriano, que siguió el consejo al pie de la letra, embarcaba rumbo a la isla de Fernando Poo (hoy isla de Bioko), en Guinea Ecuatorial. No lo hacía solo, le acompañaban su esposa Isabel de Urquiola de veinte años y su cuñada Juliana de dieciocho. De nada le sirvió a

Iradier enumerar con detalle la larga lista de peligros a los que deberían enfrentarse en aquella región insalubre. Ni el clima mortífero, ni las enfermedades tropicales que allí se podían contraer echaron para atrás a las decididas jóvenes que vivieron una larga temporada en un islote de la bahía de Corisco que distaba mucho de ser el paraíso soñado.

Manuel Iradier, nacido en Vitoria en 1854, fue uno de nuestros más entusiastas exploradores decimonónicos y pionero en el estudio de buena parte de la actual Guinea Ecuatorial. Aunque el hecho de que viajara en compañía de dos mujeres resultara un tanto inédito —y ridículo a los ojos de algunos misóginos hombres de ciencia— en aquellos tiempos, no fue el primero en viajar en familia al «tenebroso» continente africano. Anteriormente, en 1860 una rica y audaz holandesa, Alexine Tinne, partió en busca de las fuentes del Nilo Blanco en compañía de su madre y su tía Addy, que no había ido más allá de los balnearios europeos. Iradier se opuso obstinadamente a que las muchachas le acompañaran pero al parecer su enamorada Isabel, con la que acababa de casarse, no tenía la menor intención de dejarle partir solo. Entre junio de 1875 y enero de 1876 Manuel Iradier se dedicaría a explorar el desconocido país del Muni; su aventura quedó reflejada en un extraordinario libro de viajes, *África*, publicado en dos volúmenes en 1887 donde apenas menciona a sus fieles compañeras. Isabel y Juliana no se limitaron a acompañar al explorador vitoriano y cuidarle durante sus largas convalecencias, le ayudaron también en sus investigaciones realizando a diario observaciones meteorológicas en el islote de Elobey Chico. En este pedazo de tierra de apenas novecientos metros de largo y doscientos de ancho anclado frente a la desembocadura del río Muni, alejadas de la civilización, sin agua potable y con un clima tropical malsano, pasaron buena parte del tiempo solas, viviendo con desesperación las largas ausencias del inquieto explorador totalmente entregado a sus estudios.

Isabel de Urquiola a su regreso a España en 1886 no se recuperaría jamás de su viaje por tierras africanas donde perdió a su hija Isabela nacida en Elobey. Su salud quedó muy debilitada y el resto de su vida pasó largas temporadas enferma y refugiada en sus tristes recuerdos. Al igual que Mary Livingstone siempre culpó en silencio a su esposo de la muerte de la pequeña y de haber «arruinado» el porvenir de la familia con sus fantasiosos sueños de explorador.

En la «tumba del hombre blanco»

Isabel de Urquiola había nacido en Vitoria el 8 de julio de 1854, dos días después que Manuel Iradier, y era hija del panadero Domingo de Urquiola y de Sebastiana de Urtala. Uno de sus hermanos, Enrique, era socio de La Joven Exploradora, una asociación viajera fundada a finales de 1868 por el entusiasta estudiante Iradier, que bajo el lema «Conocer lo desconocido» heredaba el espíritu filantrópico de las grandes sociedades geográficas del XIX. Los miembros de La Exploradora, en su mayoría compañeros de instituto de Iradier que rondaban los dieciséis años, se contentaban de momento con participar en excursiones científicas por tierras alavesas sin perder de vista el horizonte del misterioso continente africano.

En aquellos tiempos Manuel Iradier, que no conoció a sus padres y vivía bajo la tutela de unos tíos, devoraba en el desván de su casa todos los libros de viaje y novelas de aventuras que caían en sus manos y soñaba con recorrer algún día los espacios en blanco que aparecían en los viejos mapas de la época. Aunque le hubiera gustado estudiar la carrera de Ingeniero de Minas se contentó con Filosofía y Letras ya que tenía pocos recursos económicos. En junio de 1852 la noticia de que Henry Stanley había encontrado a Livingstone causó gran sensación entre los jóvenes de La Exploradora que se animaron a seguir con su ambicioso plan de cruzar el continente desde el Cabo de Buena Esperanza a Trípoli. Por entonces Manuel conoció a su futura esposa y compañera de viaje, Isabel de Urquiola. Esta adolescente emprendedora y de fuerte carácter, que trabajaba en la panadería de sus padres, cautivó al impetuoso Iradier. En ocasiones Isabel acudía con su hermano Enrique a las reuniones de La Exploradora que se celebraban en un local del instituto y escuchaba embelesada cómo Manuel hablaba de remotos y exóticos países que en los mapas figuraban adornados con extrañas y feroces criaturas.

En febrero de 1873 se proclamó la Primera República en Vitoria y los miembros de La Exploradora, de talante liberal, apoyaron con entusiasmo al nuevo régimen. Sin embargo, los carlistas harían de nuevo su aparición y comenzaría una cruenta guerra civil que sorprendería a Iradier en plena adolescencia. Fue entonces cuando Stanley llegó a Vitoria como corresponsal de su periódico para cubrir estos acontecimientos y aunque pasó una sola noche en la fonda Pallarés de la ciudad, Iradier tuvo tiempo de reunirse con él. Aquella visita marcaría al audaz explorador de por vida, y le animaría a emprender un viaje más realista hacia las posesiones españolas del golfo de Guinea que incluían Fernando Poo, Annobón y una serie de islotes en la bahía de Corisco frente a la desembocadura del río Muni. A diferencia de Stanley, que contó con ocho mil dólares de la época para encontrar a Livingstone, Manuel Iradier no tenía ni financiación ni apoyo gubernamental para llevar a cabo su anhelado proyecto.

En los meses siguientes, y en plena guerra civil, Manuel Iradier vivía obsesionado con su viaje al África ecuatorial. Para ganar dinero daba clases particulares de geografía y conferencias a las que asistía su novia Isabel sorprendida por las energías de Manuel tras su entrevista con Stanley. En una de las últimas reuniones de La Exploradora fechada el 14 de octubre de 1874 se decidió que Iradier viajaría al golfo de Guinea en un plazo de dos meses pagando de su bolsillo todos los gastos. Fue en este instante cuando Isabel de Urquiola, que hasta el momento se había mantenido en un discreto segundo plano, sorprendió a todos al decidir de forma imprevista que acompañaría a Manuel en su viaje de exploración. No estaba dispuesta a quedarse en Vitoria aguardando sus noticias, iría con él aunque su destino se encontrara a más de un mes de navegación en las temidas costas del África occidental.

El 16 de noviembre de 1874, la pareja se casó en Vitoria en el templo de San Pedro entre la alegría de sus compañeros y la preocupación de los padres de Isabel que no veían con buenos ojos las inquietudes viajeras de aquel testarudo muchacho. Pero no acabaron aquí las sorpresas para la familia Urquiola, la hermana pequeña de Isabel, llamada Juliana, también se empeñó en acompañarles. Así fue como Manuel Iradier se vio de repente al frente de una original expedición formada por su esposa y su cuñada —que no habían salido más allá de los límites de Álava— rumbo a una región desconocida e inexplorada donde les esperaba, según los más optimistas, una muerte segura.

Un mes después de su boda Isabel de Urquiola y su esposo abandonaban Vitoria rumbo a Cádiz para embarcar en el vapor *África* anclado en la bahía. Iradier llevaba consigo diez mil pesetas de entonces que había conseguido reunir con mucho esfuerzo y un liviano equipaje que incluía algunos útiles imprescindibles para sus mediciones, así como mapas, anzuelos, dos fusiles, municiones, objetos para regalar a los nativos y muchos libros de consulta. La primera etapa de su largo periplo africano fue las islas Canarias donde permanecieron unos meses adaptándose al clima africano y probando los instrumentos que llevaban para sus investigaciones científicas. Por fin el 25 de abril de 1875 los tres jóvenes embarcaron en el vapor *Loanda* que les llevaría a Guinea Ecuatorial. A los pocos días divisaron la costa africana y fue entonces cuando Iradier, siempre preocupado por el bienestar de sus acompañantes, escribiría en su diario: «El destino me llevaba a otros países. Allá, en el horizonte del sur, muy lejos, existían comarcas medio desconocidas en las que las enfermedades y las fieras reinaban libremente constituyendo un eminente peligro para el viajero, que a la vez tendría que luchar con feroces hordas de negros salvajes». Así imaginaba un soñador Iradier de veinte años el país del Muni que se abría ante sus ojos y adonde llegaba dispuesto a emular a Stanley.

Los barcos de vapor que entonces recorrían esta ruta de la costa africana no estaban acondicionados para llevar pasajeros, tan sólo cargamento, y hacían escala en más de veinte puertos. Las embarcaciones no tenían baño y las tormentas y huracanes que les sorprendían en alta mar inundaban literalmente sus precarias instalaciones. Isabel y Juliana sufrieron lo suyo a bordo del *Loanda*, en su diminuto camarote de cuatro literas donde «dormíamos trescientos o cuatrocientos seres vivientes», las cucarachas y las ratas paseaban a sus anchas y no les permitían conciliar el sueño. Pero durante el día la visión de las frondosas costas de Senegal y Gambia les hacía olvidar todas las incomodidades. A lo lejos divisaban las columnas de humo de las aldeas ocultas tras las palmeras y los encalados edificios e iglesias de las misiones construidos en lo más alto de las colinas. Cuando el barco se aproximaba a la orilla los nativos se acercaban con sus canoas para venderles frutas, cotorras, pescado y otros productos exóticos. De vez en cuando aprovechaban alguna escala para estirar las piernas en el muelle y perderse en los coloristas y bulliciosos mercados donde se vendían aromáticas especias y frutas tropicales. Cuando el 14 de mayo llegaron a la altura del delta del Níger, Iradier describió en su diario la tenebrosa región adonde hacía más de un año había llegado la intrépida misionera Mary Slessor: «No pude por menos que mirar con horror aquel país de desolación. Allí se extiende una selva inmensa que cubre extensas sábanas de aguas cenagosas procedentes de ríos sin cauce... una humedad perniciosa brota por todas partes a impulsos de un calor sofocante y produce, entre las copas del triste y oscuro manglar, la niebla funesta que se conoce con el nombre de "mortaja de los europeos"». En algo se equivocaba el joven Iradier cuando decía que ningún ser humano se había atrevido a cruzar estas regiones llamadas por los africanos «el país de los espíritus malditos». Mary Slessor ya llevaba entonces un año afincada en Calabar y «ni las enormes serpientes ni los repugnantes cocodrilos amén de una atmósfera saturada de miasmas» que describía Iradier, pudieron con ella.

Tras veintiún días de navegación, el vapor correo *Loanda* entró en la bahía de Santa Isabel y los tres jóvenes pisaron al fin Fernando Poo. Era una isla volcánica de naturaleza exuberante y salvaje dominada por el imponente pico Basilé envuelto en brumas. Su ciudad más importante, Clarence, fundada en 1827 por los británicos y llamada por los españoles Santa Isabel, era la población «más anodina y ruinosa de la costa atlántica» a decir de los viajeros. Aquí Iradier se entrevistó con el gobernador español Diego Santiesteban y le explicó con detalle el motivo de su viaje. Es de imaginar la sorpresa de las autoridades españolas ante la presencia de Manuel y sus dos acompañantes femeninas. A mediados del siglo XIX eran aún muy pocas las europeas que viajaban por aquellas regiones, con excepción de las misioneras y las esposas de algún agente colonial que vivían en las ciudades costeras lejos del «infecto y peligroso» interior del continente.

Tras una larga conversación le animaron a desistir contándole la lamentable situación de descuido que sufría Fernando Poo y las islas colindantes. Un oficial que había estado con su destacamento en Elobey, adonde querían dirigirse, le hizo volver a la realidad describiéndole el islote con las siguientes palabras: «Aquello es un desierto, es, más que un desierto, un cementerio corrompido; la vida es imposible por falta de salud, por falta de víveres y de agua y por la ausencia de todo género de entretenimiento y distracción. Créame usted, si yo fuera su padre le impediría establecerse en Elobey».

Una vida de robinsones

Los viajeros llegaron el 18 de mayo de 1875 a la isla de Elobey Chico navegando el majestuoso río Camarones a bordo del vapor *Loanda*. En sus orillas Iradier divisó las factorías europeas en las que ondeaban las banderas francesas y alemanas. Éste era el lugar que había elegido como base de operaciones para sus exploraciones en el país del Muni. El islote que se recorría a pie en treinta minutos, se encontraba a cinco kilómetros y medio del continente y en aquella época era un importante centro comercial. La pequeña colonia de europeos vivía en amplios y confortables edificios construidos por las compañías frente a las playas de arena blanca, rodeados de cuidados jardines y buenos caminos que se abrían paso en medio de la tupida vegetación tropical. Por su enclave geográfico, en la desembocadura del estuario del Muni, Elobey era un lugar estratégico para el comercio y el control de los buques que navegaban estas costas.

A Isabel y Juliana, la diminuta isla rodeada de cristalinas aguas les pareció a primera vista un lugar muy agradable para vivir. Sabían que aquí no iban a disponer de las comodidades que les ofrecía Fernando Poo, entre ellas el agua potable, pero estaban junto al mar en un lugar verdaderamente paradisíaco. Se sentían emocionadas al descubrir un mundo nuevo y primitivo que nada tenía que ver con la vida gris y monótona que llevaban en la modesta panadería de sus padres en Vitoria. Así que cuando Manuel Iradier les mostró la llamada «casa del gobierno español» en la que iban a alojarse en los próximos meses, y que no era más que una choza de madera en bastante mal estado, les pareció el lugar más encantador del mundo. La vivienda, según la descripción del explorador, consistía en una casa tradicional elevada del suelo por unos postes y no gozaba de las más mínimas comodidades pues los insectos pululaban a sus anchas: «Imaginad una de esas arcas de Noé sostenida por varios postes o columnas; ponedle una galería corrida por uno de sus frentes y tendréis fiel idea de lo que es la casa de gobierno, palacio del rey de Corisco y cuartel que fue del destacamento español». Su interior no era mejor aunque la cama, como reconocería Iradier con ironía, fuera imponente: «El lecho real, basto camastro capaz de contener todo un serrallo y que tenía por colchones, dos esteras de palma muy usadas, ocupaba la mitad del cuarto; una mesa, tres sillas viejas y una azagaya enmohecida completaban los muebles y, por último, varias arañas del tamaño de una nuez adornaban las paredes».

En los siguientes días se dedicaron a acondicionar su nueva vivienda, repararon puertas y ventanas, taparon goteras y expulsaron a todos los insectos y reptiles. Arreglado el jardín y ya instalados más cómodamente, con la despensa llena de víveres, un ingenuo y eufórico Iradier escribiría: «Quedé tranquilo respecto al porvenir de mis compañeras que sonreían de gozo y de contento encantadas de la nueva vida de robinsón que tendrían que hacer y que para ellas estaba llena de atractivos». Muy pronto la realidad se impondría a los sueños y la vida de Isabel y Juliana no sería tan idílica como entonces imaginaba el explorador. Es cierto que los atardeceres de la bahía de Corisco que contemplaban sentadas en la galería de su casa eran excepcionalmente hermosos, pero el clima de la costa no era tan «primaveral y benigno» como Iradier pensaba. A los pocos meses de llegar escribiría en su diario: «Este clima come a los europeos y los va volviendo africanos. Si no se esfuerza a diario, el europeo llega a olvidar su país, sus costumbres y sus hábitos y cuando se mira en el espejo se extraña él mismo de ver una cara blanca».

Durante su estancia en el golfo de Guinea Iradier, siempre en un tono paternalista, sigue preocupado por el bienestar de sus acompañantes pues no cree que puedan resistir una vida tan dura y sus prolongadas ausencias: «sentirán el sufrimiento por mi ausencia, y en grado tan alto que, si las razones poderosas que yo les expuse no hubiesen sido suficientemente convincentes, hubieran abandonado su casa y su jardín, y con ellos una vida tranquila con la que el islote de Elobey les convidaba, por seguirme en peligrosas excursiones a través de tribus salvajes y países poblados de fieras». Seguramente las dos muchachas hubieran preferido acompañar a Iradier en sus aventuras a permanecer en aquella isla rodeadas de comerciantes extranjeros, sin conocer la lengua nativa y bajo la constante amenaza de huracanes y tornados.

A los pocos días de llegar Manuel Iradier adquirió una vieja embarcación que bautizó *La Esperanza* y comenzó los preparativos de sus excursiones por la región. Antes de partir dejó a su esposa y a su cuñada al frente de un pequeño observatorio meteorológico que él mismo instaló en la isla. Tres veces al día Isabel y Juliana verificaban la temperatura y anotaban «los datos de la columna termométrica, la aguja del higrómetro, las oscilaciones de la plomada, el rumbo de los vientos, las nubes y el desarrollo de las tempestades». Este trabajo las salvó en más de una ocasión de «volverse locas» esperando noticias de su compañero porque a diferencia de otras viajeras, las dos jóvenes no se movieron de la isla. Iradier les había permitido que le acompañaran en su viaje pero no estaba dispuesto a que perdieran la vida recorriendo aquellos ríos llenos de cocodrilos, o las hediondas ciénagas y las selvas pobladas de fieras salvajes. Así pues la vida de las muchachas en la isla era bastante monótona y tranquila, se ocupaban de mantener limpia la casa, cuidar el jardín, proveerse de víveres y relacionarse con las esposas de los comerciantes europeos allí afincados. De vez en cuando las visitaba por sorpresa un pintoresco personaje, Combenyamango, rey de Corisco y representante de la autoridad española en los islotes Elobey, que les había ayudado en sus primeros días a instalarse en la casa a su cargo. Este hombre cincuentón, fornido y campechano, vestido de lo más extravagante según Iradier «con un sombrero igual al que usan los campesinos de Castilla, un par de pendientes y un delantal de colores», obsequiaba racimos de bananas, cestos de yuca y pescado a las muchachas cuando el explorador se encontraba ausente.

Manuel supo desde su primera salida a bordo de *La Esperanza* lo que era la vida de un explorador inexperto en el corazón de la selva africana enfrentado a todo tipo de peligros. En los siguientes días se dedicó a navegar las aguas de la bahía de Corisco y a descubrir «la furia del oleaje en aquella costa desabrigada». En compañía de su fiel criado Elombuangani recorrió las accidentadas costas del cabo San Juan y se adentró en el interior del río Muni, donde visitó varias aldeas a orillas del río Ñaño habitadas por nativos que huían despavoridos ante su presencia. En las impenetrables selvas Iradier, armado con su fusil, se dedicó a cazar panteras, búfalos, elefantes y jabalíes que allí había en abundancia. Se alojaba en las chozas «sucias y llenas de humo» que encontraba a su paso, comía lo que cazaba, amén de bananas, yuca, aceite de palma y huevos cuando los había. En el país del Muni también se enfrentó a los temidos caníbales fangs con los que unos años después la intrépida viajera Mary Kingsley aprendería a cazar elefantes y tomaría el té vestida con sus largas enaguas y su inseparable sombrilla.

Tras su primera exploración del litoral regresó a Elobey donde le esperaba ansiosa su esposa. Durante su ausencia el único aliciente de las muchachas era la visita a las familias europeas afincadas en el islote. Aquellas veladas les permitían enterarse de los chismes y estar al día de lo que ocurría en el continente. Isabel de Urquiola estaba por entonces embarazada aunque de momento sólo lo sabía su hermana Juliana. Ahora la esposa de Iradier, tras el entusiasmo inicial y esperando un hijo, se sentía preocupada por Manuel que se había contagiado de la «fiebre de África». Sabía que en sus difíciles exploraciones viajaba solo, se alimentaba mal y bebía agua contaminada. Temía que la fatiga y las frecuentes mojaduras acabaran con su salud. El mismo Iradier confesaría en sus diarios lo difícil que era abrirse camino a través de la jungla y los pantanos en época de lluvias: «Desde que comencé las excursiones por las costas del África había sufrido continuas mojaduras; puedo asegurar que mis pies siempre han estado húmedos y muchas veces el ardiente sol de los trópicos había evaporado el agua de que estaba empapada mi ropa». Isabel, más pragmática y realista que su esposo, creía que Manuel cansado de explorar se dedicaría al comercio de la goma o de maderas preciosas muy abundantes en aquellos bosques tropicales y que así podrían regresar ricos a Vitoria. Pero Iradier, que tenía un absoluto desapego al dinero y a la vanidad, seguía absorto en sus exploraciones geográficas a pesar de contar con precarios medios científicos y muy poco dinero. Como ya entonces presentía Isabel, aquella vida aventurera sólo le traería problemas económicos y desengaños que acabarían por distanciar a la pareja.

Sin embargo, lo peor aún estaba por llegar. En su siguiente viaje, que emprendió a principios de julio para explorar la costa norte, más allá del río Muni, Manuel cayó gravemente enfermo en la aldea de Satome y durante tres meses sus compañeras no tuvieron noticias de él. En ese tiempo Isabel se vio obligada a guardar cama debido a su embarazo y Juliana, angustiada por la falta de noticias, pasaba los días preguntando a los comerciantes y agentes de las factorías, que ignoraban dónde podría estar el explorador. Para Iradier aquélla fue su peor experiencia y no sólo porque a punto estuvo de perder la vida, sino porque al recobrar el conocimiento descubrió que había sido envenenado por los nativos. En sus diarios reconoce que por primera vez vio la muerte de cerca: «Yo sentía que se me escapaba la vida, un frío cadavérico inundó mi cuerpo y un malestar inexplicable, como nunca lo he tenido, acrecentó en mí la idea de que aquella noche moriría. Tuve miedo, verdadero miedo...». Regresó a Elobey muy debilitado y envejecido, «ya no era un hombre vivo, era el esqueleto de un cadáver», aunque aún tuvo fuerzas para partir a la isla vecina de Elobey Grande en busca de agua potable: «Mi esposa estaba sin agua y hubo necesidad de salir aquella misma noche para Elobey Grande a traer el indispensable líquido de las charcas que existen en ese islote».

En los meses siguientes Iradier continúa con sus exploraciones por Corisco y la región del Muni aunque cae enfermo con frecuencia. En sus ataques febriles a causa de la malaria no deja de pensar en su esposa: «Veo a mi esposa en Elobey, víctima de los más crueles presentimientos, cerrar con tímida mano la ventana del pabellón por cuyos resquicios silba el huracán del tornado y, en medio de los truenos más espantosos y del mugido de las olas, elevar al cielo plegarias pidiendo por su marido, viajero errante en aquellos momentos entre tribus desconocidas, en comarcas insalubres, solo, solo, sin medios y sin esperanza de auxilio».

Si resulta asombroso que Isabel y Juliana aguantaran tanto tiempo en Elobey y no huyeran a Fernando Poo en alguno de los barcos que recalaban en la isla, también resulta milagroso que Manuel no perdiera la vida durante los nueve meses que duró su aventura en la costa. En sus temerarias excursiones recorría a pie las selvas vírgenes y las tierras pantanosas con el agua hasta la cintura, acampaba al aire libre expuesto al ataque de las fieras, pasaba hambre, sed y fatigas en medio de un clima devastador. Durante su estancia en el país del Muni sufrió ciento ochenta accesos de fiebre a causa de la malaria, que le mantuvieron postrado en la cama. Sin embargo se olvidó de todas sus penalidades el día que nació en Elobey su pequeña hija a la que bautizaron con el nombre de Isabela. Fue entonces el 18 de enero de 1876 cuando Iradier recibió una misiva del gobernador de Fernando Poo invitándole a regresar a la isla con su familia. Allí podrían vivir con más seguridad y comodidad. En sus últimos días en Elobey, Iradier se dedicó a poner en orden sus notas, pagar a sus criados y despedirse de los nativos con «el alma transida de dolor». Cuatro días después la familia abandonaba el islote a bordo de un vapor inglés rumbo a Fernando Poo. Isabel, con su pequeña en brazos, se sentía feliz de poder al fin abandonar aquella «cárcel» donde habían vivido momentos de extrema dureza.

Los primeros días en la ciudad de Santa Isabel (actual Malabo) fueron dichosos para la pareja tal como lo relata el propio viajero: «Tras meses de penalidades estaba en una población civilizada; vivía entre españoles; dormía en buena cama; comía pan, bebía vino, en una palabra, salía de la región del salvajismo y entraba en la civilización».

El precio de la aventura

Pero Santa Isabel tenía un clima más devastador que Elobey. Cuando el explorador Richard Burton fue destinado cónsul británico en esta ciudad confesó que se sentía «desacostumbradamente suicida». Llegó en plena estación de lluvias, el clima era «apestoso» y el hedor nauseabundo de sus calles resultaba insufrible al delicado olfato de los europeos. Muy pronto Iradier descubrió al igual que Burton la cara más amarga de este paraíso tropical y se dio cuenta de que no habían acabado sus sufrimientos en África. Su estado de ánimo queda bien reflejado en estas líneas que escribió en su libro *África*: «Sesenta y seis ataques de fiebre sufrí en Santa Isabel, treinta y siete mi esposa, dieciséis mi cuñada y quince mi hija nacida en Elobey. Mi casa fue un hospital. Muchas veces nos encontrábamos todos postrados en cama en un mismo día». El 28 de noviembre de 1876 fue una fecha que quedaría grabada para siempre en la memoria de Isabel de Urquiola. Ese día su pequeña hija elobeyana de nacimiento, de apenas quince meses de edad, murió a causa de las fiebres. Para Iradier fue un golpe tremendo del que tardaría en recuperarse: «Pero todos los sufrimientos que pasé eran poco aún y me quedaba por sufrir el tormento más cruel a que puede someterse un padre». Isabela, una de las primeras niñas nacida de madre española en el continente negro, fue enterrada en Fernando Poo bajo un caobo en una tumba cavada por el propio Iradíer. Los tres jóvenes vitorianos, ya debilitados por las enfermedades, cayeron en el pesimismo y la más absoluta tristeza.

Isabel de Urquiola a la muerte de su hija sólo pensaba en abandonar aquel país que consideraba «maldito» y en regresar con los suyos. Aquella desgracia familiar había sido definitiva para ella, la muchacha emprendedora y risueña que se enfrentó a sus propios padres para escapar con su esposo a la desconocida África ecuatorial, era ahora una mujer de veintitrés años envejecida, huraña y callada. Iradier, que en 1876 aceptó el cargo de maestro en la escuela de Santa Isabel donde enseñaba español, lectura y aritmética a los nativos de Fernando Poo, animó a su esposa a trabajar con las niñas en el mismo centro. Isabel durante unos meses ejerció como maestra interina enseñando a leer y a escribir a las niñas guineanas y olvidando por un tiempo su profundo dolor. Mientras Manuel, aunque poco motivado, comenzó a explorar todos los rincones de la isla; pero como confesaría en sus diarios el recuerdo de su hija Isabela le perseguía a todas partes: «Después de su muerte no supe caminar sino en una misma dirección; no supe descansar sino en un mismo punto. La tumba de mi Isabela situada al pie de un gigantesco cabo me atraía con irresistible acción. El recuerdo de ella me absorbía todo el día». Para evitar más desgracias familiares, el explorador decidió mandar a su esposa, que se encontraba de nuevo embarazada, y a su cuñada a las islas Canarias donde se reuniría con ellas finalizada su expedición.

Iradier aún permanecería quince meses en Fernando Poo sufriendo continuos ataques de fiebres, sin su familia y obsesionado con el fallecimiento de la pequeña. En 1877 partió hacia Tenerife para encontrarse con su esposa, que por entonces ya había dado a luz a su hija Amalia en la ciudad de Santa Cruz. Tras un merecido descanso en tierras canarias, embarcaron juntos a bordo del vapor *América* rumbo a Cádiz. Para su decepción nadie les esperaba en el puerto andaluz, ni siquiera la prensa se hizo eco de su paso por la ciudad. Iradier, que tenía entonces veintitrés años, regresaba psíquicamente hundido, arruinado y con una familia que alimentar. Su primer viaje a África había durado ochocientos días en los que afirmaba haber recorrido cerca de 1.870 kilómetros y en total se había gastado unas diez mil pesetas. Tuvo que pedir en Madrid a un amigo «quince pesetas» para poder proseguir su viaje en tren a Vitoria.

Los tres jóvenes regresaron finalmente a su ciudad natal en diciembre de 1877 en el más completo anonimato, nadie acudió a recibirles y las autoridades no dieron la mayor importancia a su aventura africana. En su penosa travesía por las islas de la desembocadura del río Muni y la isla de Fernando Poo había conseguido importantes datos etnológicos y antropológicos sobre tribus desconocidas, amén de un sinfín de observaciones geográficas y zoológicas. Quizá la falta de vanidad de Iradier, lo extraño de su expedición formada por su esposa y su cuñada, y la poca publicidad que él mismo había dado a su viaje contribuyeron a que éste cayera en el olvido. Mientras él solo y sin financiación sobrevivía a todas las adversidades en las selvas del Muni, su admirado Henry Stanley había llevado a cabo con éxito su viaje más ambicioso y audaz cruzando África de costa a costa, desde la isla de Zanzíbar en el Índico hasta Boma, en la desembocadura del río Congo.

Manuel Iradier pasaba los días en Vitoria triste y deprimido, tras su experiencia africana sólo pensaba en encontrar apoyos para una segunda expedición al golfo de Guinea. Esta vez soñaba con un plan más ambicioso: explorar los espacios en blanco que aún quedaban en la región del África central partiendo de la bahía de Corisco, en total una travesía de tres mil quinientas millas (más de cinco mil kilómetros). Isabel por su parte se sentía preocupada por el incierto porvenir que les aguardaba, habían transcurrido tres años desde que partieran ilusionados a África y ahora no tenían dinero ni trabajo. Además de estos problemas, la familia Urquiola recibió al viajero con gran frialdad negándole incluso un dinero que le debían. Los Iradier tuvieron que alojarse en un pequeño cuarto en la casa de su suegro al que no podían ni pagarle el alquiler. Poco a poco sus amigos de juventud se empeñaron en sacarle de aquella situación tan desesperada, le animaron a escribir un libro con los recuerdos de su viaje, le invitaron a participar en las tertulias literarias y a salir de excursión como en los viejos tiempos. Se ganaba la vida dando clases particulares y sustituyendo a algún profesor del instituto, finalmente recobró el buen humor al recibir la noticia de que su primer manuscrito sobre sus viajes de exploración en la zona de Corisco sería publicado en el *Boletín de la Sociedad Geográfica de Madrid*. Si bien en este libro apenas nombra a sus compañeras de viaje, en un discurso pronunciado el 25 de mayo finalizó su intervención diciendo: «Estas observaciones no las he hecho yo. El mérito que tienen pertenece a una compañera a quien ni las razones más poderosas, ni los consejos más prudentes, ni las súplicas más tiernas la pudieron hacer desistir de su empeño en no separarse de mi lado. Esa compañera fue mi esposa». La comunidad científica que hasta ahora le había dado la espalda, empieza a valorar la magnitud de sus exploraciones.

A Isabel, todos aquellos reconocimientos le llegaban demasiado tarde. Su experiencia africana la había marcado negativamente de por vida, se volvió arisca y se mostraba distante con Iradier, al que consideraba un fracasado. Las penurias económicas la obligaban a vivir con su hija en un cuartucho y a depender de su padre Domingo de Urquiola. Hacía dos años que habían regresado de África y las cosas no mejoraban. Manuel seguía pensando en regresar al país del Muni pero era consciente de la delicada situación familiar que atravesaban: «He podido arrastrar una vida llena de miserias y calamidades, amarga como pocas y que no puede comprenderse sin haber pasado por ella. Isabel tuvo dos pulmonías que la pusieron a las puertas del sepulcro. Amalia ha estado enferma varias veces, yo he tenido pulmonía...».

Manuel Iradier fue recobrando lentamente el ánimo y la seguridad en sí mismo. En octubre de 1879 resucitó La Exploradora y expuso un nuevo plan de viaje al centro de África totalmente inviable por falta de presupuesto y ayudas. Finalmente regresaría a su anhelada África en 1884 apoyado por la Sociedad Española de Africanistas y Colonialistas con la idea de adquirir en el golfo de Guinea territorios para la Sociedad y seguir con sus exploraciones de índole científica. En aquella ocasión sólo permanecería en el país del Muni cerca de cinco meses, las terribles fiebres y su ya delicada salud le obligaron a regresar sin finalizar sus estudios de campo, que continuó su compañero Osorio.

El 9 de enero de 1885 la familia Iradier regresó a Vitoria y por primera vez el explorador fue recibido por las autoridades y se sucedieron los homenajes en las sociedades geográficas. Dos años después se publicó al fin su gran libro *África* que resumía las andanzas de sus dos viajes al golfo de Guinea realizados en 1875 y 1884. Al igual que la exploradora Mary Kingsley, Iradier siempre mostró en sus escritos un gran respeto y comprensión hacia la cultura y las formas de vida africanas, algo inusual entre los viajeros de aquel tiempo.

Isabel de Urquiola, mientras su esposo paladeaba las mieles de un éxito efímero, veía cómo la familia seguía en la más absoluta ruina económica. Los libros y artículos que publicaba el explorador le dieron fama y notoriedad pero no dinero, al contrario, supusieron más gastos extras. Envejecida prematuramente, obligada a guardar cama con frecuencia a causa de graves pulmonías y ataques de fiebres, apenas tenía relación con su esposo. Los que la frecuentaban decían que Isabel, que entonces contaba sólo treinta y seis años, vivía obsesionada con el pasado y al cuidado de su única hija, Amalia, que también padecía mala salud.

En los siguientes años Iradier desempeña distintos oficios para sacar a flote a su familia: en el campo de la minería, los ferrocarriles y los negocios madereros. También se dedica con esmero a los inventos aunque con poca fortuna. Viven de forma errante viajando por todo el país y el 12 de septiembre de 1888, nace en Vitoria su último hijo, llamado Manuel. Al igual que su hermana Amalia, el pequeño tenía una salud delicada y padeció en su infancia bastantes enfermedades. Iradier, siempre absorto en negocios originales pero poco lucrativos, y tratando de evitar los reproches de su esposa, pasaba muy poco tiempo con su familia.

Las confesiones íntimas, que aparecen en el diario escrito por el hijo de Iradier, dan algunos detalles de la vida privada de la pareja y de cómo transcurrieron sus últimos años. Manuel Iradier Urquiola reconoce al hablar de la relación entre sus padres: «Siempre me parecieron divorciados por una fría indiferencia». En 1896 cuenta que comenzaron a dormir separados cuando ya tenían cuarenta y dos años y que su padre se trasladó a su cuarto. «Recuerdo que a mi madre, ya para entonces envejecida, le daban achaques nerviosos pero no puedo saber si había en ello causa moral o solamente eran consecuencia de su débil constitución.»

Pero una nueva desgracia les iba a distanciar aún más. El 21 de abril de 1899, su hija Amalia falleció al arrojarse desde el balcón de un segundo piso de la casa familiar el día anterior a su boda. Tenía veintiún años y al parecer fue un suicidio provocado por las insufribles fiebres que padecía. El matrimonio Iradier se trasladó entonces a otra vivienda para huir de los dolorosos recuerdos. Isabel, más abatida que nunca, se aisló en su propio mundo y apenas salía de casa. En su diario, el hijo reconoce que en aquella época su padre tenía una amante, Petra, que llegó a la casa como ama de cría del pequeño Manuel en 1888. Esta joven navarra, viuda y madre de dos hijos, se convirtió con el paso del tiempo en la fiel compañera de Iradier y le devolvió la alegría de vivir. Petra acabó trabajando codo con codo junto a él primero en su taller de tipografía y más tarde en el laboratorio donde fabricaban papel fotográfico. Iradier mantuvo esta relación íntima de manera muy discreta de cara a la familia, pero Isabel siempre estuvo al tanto de sus amoríos. Unos meses antes de morir reconoció a su hijo lo que había sufrido al enterarse de que su esposo le era infiel.

Tras el accidente de Amalia, Iradier comenzó a preocuparse más por su hijo varón y en contra de la opinión de su esposa decidió educarlo personalmente. En este tiempo, y siempre acuciado por los problemas económicos, la familia —Petra incluida— viajó a Bilbao, Sevilla y Madrid donde Iradier desempeñó distintos cargos burocráticos. Isabel de Urquiola disfrutó especialmente de su estancia en tierras andaluzas donde pudo pasar más tiempo con su hijo, pasear con él por el parque de María Luisa y por las orillas del Guadalquivir y dejar atrás en su Vitoria natal los tristes recuerdos de su vida.

En 1911 la salud de Iradier empeoró notablemente y, como necesitaba reposo, decidieron partir a la casa de un amigo en la localidad de Balsaín (Segovia). Allí falleció en el mes de agosto y aunque le hubiera gustado ser enterrado en África junto a su hija

Isabela, sus restos recibieron sepultura en el cementerio de La Granja. Isabel murió pocas semanas después a la edad de cincuenta y siete años, olvidada por todos. La compañera de uno de nuestros más célebres exploradores del siglo XIX vivió hasta el final de sus días atormentada por los recuerdos de su estancia en el golfo de Guinea y los dramas familiares.

Manuel Iradier transmitió a su único hijo el espíritu aventurero y científico que le había guiado toda su vida. Quiso el destino que el rey Alfonso XIII concediera a los descendientes directos del explorador mil hectáreas de bosque en Guinea Ecuatorial en agradecimiento a los servicios prestados. Fue así como Manuel Iradier Urquiola se decidió a viajar al África ecuatorial en 1942 en compañía de su mujer, Francisca Ibarrondo —doña Paca— y sus dos hijos acompañados de sus respectivas esposas. La historia se repetía y de nuevo tres valientes mujeres llegaban a las selvas de Cogo, antiguo Puerto Iradier, dispuestas a sacar adelante una explotación forestal.

La familia de robinsones vascos construyó con sus propias manos una casa junto al río, un aserradero y un embarcadero. Doña Paca, una robusta campesina de caserío que se movía con gran desenvoltura en los bosques tropicales, se adaptó rápidamente a su nueva existencia. Lo mismo se la veía cazar leopardos con métodos nativos que espantar a golpe de machete a los mandriles de dientes afilados que pretendían comerse el maíz de su huerta. Pero aunque la esposa del hijo de Iradier disfrutara de aquella vida salvaje, muy pronto se dio cuenta de que Manuel más que dedicarse al negocio de la madera se pasaba los días recluido en una torreta, levantada por él, escrutando el cielo en busca de estrellas. Al parecer el hombre vivía de noche entregado a la astronomía y dormía de día. Sus hijos le subían los alimentos por una cuerda ya que ni siquiera bajaba para comer con los suyos.

Así las cosas y viendo que ninguna de las aventuras comerciales allí emprendidas daba su fruto, Francisca Ibarrondo decidió hacer las maletas y todos regresaron a España en 1948 dejando atrás su sueño africano. Los más ancianos del país del Muni todavía hoy recuerdan con cariño a «la familia española» que vivió entre ellos y sobre todo a la matriarca del clan Iradier, doña Paca, a la que veían navegar en cayuco por los ríos y visitar las aldeas de la bahía adonde llegó Isabel de Urquiola setenta años antes dispuesta a vivir la gran aventura de su vida.

CAPÍTULO III

Las grandes damas del Continente Negro

A mediados del siglo XIX el continente africano no era territorio exclusivo de los grandes exploradores británicos como Stanley, Burton o Livingstone. Entre la interminable lista de nombres masculinos destacan un puñado de valientes mujeres que demostraron, como Mary Kingsley, que hasta una solterona ama de casa con espíritu aventurero podía convertirse en una extraordinaria etnógrafa y viajar sola a la mortífera costa occidental africana. La Kingsley que reconoció haber cogido el hábito «de pensar en negro», vivió apenas ocho años en África pero abrió las puertas a las mujeres que un siglo más tarde se lanzaron a realizar estudios de campo entre las tribus más primitivas.

Aunque era muy raro que las mujeres europeas acompañaran a sus maridos en sus destinos africanos, también hubo sus excepciones. Cien años antes de que la viajera inglesa Mary Kingsley hiciera escala en Sierra Leona, la señora Anna Maria Falconbridge ya había vivido en aquella región del África occidental. En 1790 viajó con su esposo, médico y un ardiente abolicionista, para colaborar en el asentamiento de una colonia británica compuesta por esclavos liberados llegados de Nueva Escocia en Estados Unidos. El doctor Falconbridge se quedó perplejo cuando su delicada esposa, nacida en una acomodada familia de Bristol, le dijo que le acompañaba a la costa atlántica. Al poco tiempo de instalarse la pareja en su nuevo hogar africano, el marido, que trabajaba como agente comercial, murió repentinamente a causa del exceso de bebida. Su viuda sintió que en realidad se había liberado de un hombre «irritable, desagradable y una auténtica carga para ella» y apenas un mes después contrajo matrimonio con un apuesto comerciante europeo. Anna Maria fue testigo de excepción de la fundación de Freetown y en el libro que escribió titulado *Two Voyages to Sierra Leone* (Dos viajes a Sierra Leona), a esta observadora nata e irónica no se le escapa detalle, ni la presencia de prostitutas obligadas a viajar a la colonia desde Inglaterra para atender a los nuevos pobladores del asentamiento ni cómo los altruistas europeos eran «obsequiados» con su propia amante africana como regalo. Tras cuatro años en este lugar que algunos consideraban maldito por su insalubridad, Anna Maria regresó a Inglaterra no sin antes recorrer el río Gambia, Cabo Verde, las Azores y Jamaica. Ya en la civilización se sentía orgullosa de haber sobrevivido a los colonos que llegaron con ella a la costa: «Tengo que decir que el 75 por ciento de los europeos que viajaron a Sierra Leona en 1792 habían muerto al poco de llegar y yo reconozco que aunque nunca me había encontrado en medio de tanta enfermedad y muerte me sentía mucho mejor que en Inglaterra».

Cuando a la misionera Mary Slessor destinada en Calabar, actual Nigeria, le preguntaban si no le daba miedo trabajar sola en la selva rodeada de nativos y fieras salvajes respondía: «Una mujer sola entre salvajes puede parecer que esté en desventaja respecto a un hombre pero no es así. Extrañamente esta misma indefensión a menudo resulta proverbial entre los nativos que no nos consideran un peligro y nos permiten penetrar en tierras inexploradas. El hombre blanco siempre se muestra superior, va armado y tras él suele ir un ejército. Ellos saben que las mujeres no venimos a luchar y aunque no pueden entender qué hacemos allí con ellos, nos observan como un fenómeno interesante, extraño pero siempre inofensivo». Al igual que la misionera escocesa la mayoría de las viajeras que se adentraron solas en regiones africanas y algunas sin más arma que su sombrilla, rara vez fueron a parar a la olla de un caníbal tal como presentaban los chistes de las revistas satíricas como *Punch*. Mary Kingsley llegó a comerciar con los temidos caníbales fang, durmió en sus chozas, aprendió a cazar antílopes con ellos y se convirtió en su «amiga blanca».

La norteamericana May French Sheldon puso el listón más alto al asegurar que una mujer podía dirigir sola una gran expedición al África central sin que ninguno de sus porteadores —ni ella misma— perdiera la vida. A los que por entonces aún pensaban que las damas debían quedarse en casa cuidando del marido y olvidarse de temas geográficos, la Sheldon les dio su particular lección. Por lo pronto fue ella la que dejó en Boston a su esposo y en 1891 embarcó rumbo a Mombasa, en la costa oriental africana, con toneladas de equipaje que incluían bañera, mobiliario de safari e insólitos obsequios para los nativos como máquinas de hacer hielo o relojes de arena. Lo más llamativo era, sin embargo, un enorme palanquín de mimbre trenzado con cortinas que se mandó construir a medida y que dejaría atónitas a las autoridades aduaneras. May había decidido explorar las tierras donde habitaban los temidos masais y acercarse a su montaña sagrada, el Kilimanjaro, pero no estaba dispuesta a renunciar al confort. El viaje era sin duda temerario. Henry Stanley en 1888 prefirió atravesar las selvas del Congo para llegar al lago Alberto antes que cruzar este peligroso territorio donde los blancos eran recibidos con las afiladas lanzas de los guerreros masais. Como dinero no le faltaba —se gastó en su viaje cincuenta mil dólares de los de entonces— la suya iba a ser una expedición de lo más glamourosa y original.

Si los viajeros decimonónicos en su afán de impresionar a los jefes africanos recurrían —como hizo Samuel Baker al presentarse frente al rey Kamrasi de Bunyoro— a los trajes típicos de su país natal, aunque éste fuera el traje escocés de gala, la señora Sheldon, algo más excéntrica y teatrera, se inclinó por el modelo emperatriz. La exploradora sabía que para atravesar aquella inhóspita región tendría que tratar con un buen número de belicosos jefes locales y pensó que además de los regalos si se vestía de manera muy llamativa, la tomarían por una reina blanca. No sé si los masais al ver en medio de la sabana a una mujer con una larga peluca rubia hasta la cintura y un traje largo de pedrería que anunciaba su presencia con cohetes y música creyeron que se trataba de una soberana europea o más bien de una viajera que había perdido la razón. Sea como fuere los métodos de la Sheldon le funcionaron y consiguió todos sus propósitos, entre ellos alcanzar el cráter del Kilimanjaro, explorar el lago Chala y que todos sus porteadores regresaran agotados pero vivos a Zanzíbar.

A su regreso May French Sheldon escribió un libro sobre sus aventuras que la haría famosa, *Sultan to Sultan* (De sultán en sultán), y daría conferencias por América e Inglaterra. A diferencia de su coetánea Mary Kingsley, mucho menos feminista que ella pero más comprometida, nunca denunció la situación en que vivían los africanos bajo el yugo colonial ni aportó ideas para mejorar las condiciones de los nativos. Y eso que la exploradora viajó al Congo en 1903 y pudo ver con sus propios ojos las atrocidades que allí se cometían con los nativos, obligados a trabajar como esclavos para las lucrativas empresas comerciales belgas. May disfrutó de aquel viaje patrocinado por el rey Leopoldo II para acallar las críticas a su brutal gestión, y a su regreso publicó un buen número de artículos en los que se atrevió a negar el genocidio que ya se encontraba en marcha. La famosa viajera y escritora de relatos de viajes había sido comprada por el rey de los belgas para que negara lo que ya era evidente. May Sheldon cobró a partir de entonces una nómina de mil quinientos francos mensuales (unos nueve mil euros) para presionar a los miembros del Parlamento e influir en la opinión pública con sus reportajes y conferencias, tal como nos descubre el escritor Adam Hochschild en su magnífico libro *El fantasma del rey Leopoldo*.

Otras viajeras también influyeron en asuntos de política y defendieron la supremacía del Imperio británico en las más remotas colonias africanas. Entre ellas destaca una dama llamada Flora Saw, la única que fue capaz de hacer sombra a Mary Kingsley por sus conocimientos de la política colonial en África. Flora nació en Irlanda en 1852 y recibió la típica educación victoriana de una chica de su posición. Al igual que la Kingsley se dedicó desde muy joven a cuidar de una madre inválida y a la muerte de ésta, cuando Flora contaba dieciocho años, asumió la responsabilidad de atender la casa y a sus trece hermanos. Cuando cumplió los veinte años decidió viajar a Gibraltar, Marruecos y Egipto interesada por la situación política de estos lugares. A su regreso escribió un buen número de artículos que fueron publicados con gran éxito en los periódicos ingleses más importantes, y desde entonces Flora no dejó de viajar. Pero su gran pasión era la política y gracias a sus amistades consiguió entrevistar a importantes personajes del momento, entre ellos a Cecil Rhodes quien, viendo su entusiasmo imperialista, la animó a viajar al África negra. A partir de este momento la suya fue una carrera imparable, llegando a ser nombrada editora colonial de *The Times*, un puesto de gran influencia en su época y nunca ocupado por una mujer.

Organizar una expedición al interior del continente negro en aquellos tiempos no era nada fácil para un viajero veterano y menos aún para una exploradora aficionada. La rica holandesa Alexine Tinne soñaba con encontrar las míticas fuentes del Nilo que entonces hacían volar la imaginación de todos los viajeros. No tenía intereses científicos ni experiencia en este tipo de empresas pero dinero no le faltaba y contaba con el apoyo inestimable de su intrépida madre, la baronesa Harriet van Capellen. Lo primero era informarse y si Mary Kingsley lo aprendió todo en la biblioteca paterna, la Tinne también dedicó largos meses a consultar mapas y leer los gruesos libros ilustrados de los grandes exploradores del momento. Después había que organizar el equipaje y éste siempre dependía de las posibilidades económicas y la personalidad del viajero. No sólo las mujeres se rodeaban de «caprichos» para viajes que podían durar un año o dos; el señor Richard Burton en su travesía al golfo de Guinea en 1861 llevaba en su abultado equipaje una biblioteca completa además de drogas —como el opio— botellas de coñac y tres baúles con material de campaña que incluía cama, colchones, mantas, mosquiteras, sillas y mesas plegables y alfombras. No todos querían dormir a la intemperie o en chozas nativas como Mary Kingsley, la mayoría se llevaban su cama y su bañera de estaño aunque fueran incómodas de transportar. Alexine Tinne fue quizá la que se llevó los objetos menos adecuados en su expedición al Alto Nilo. Viajaba con su inseparable piano de cola, sus muebles de salón, antigüedades, alfombras persas, cubertería de plata y porcelana, cabezales de cama, treinta maletas con vestidos de noche, de safari y de amazona.

Una vez en el continente conseguir porteadores era imprescindible y no siempre los africanos se fiaban de que unas mujeres blancas pudieran defenderles en caso de ataque o sobrevivieran a un duro viaje amenazadas por nativos hostiles y leones hambrientos. May Sheldon intentó formar una caravana exclusivamente de mujeres e incluso le pidió al sultán de Zanzíbar que le dejara algunas de las esposas de su harén. No lo consiguió pero al menos reunió en Bagamoyo a ciento cincuenta y tres porteadores a los que dirigió como una experta estratega. Las Tinne no tuvieron tanta suerte. Cuando tras un terrible viaje atravesando las ciénagas del Sudán llegaron a Gondokoro, ningún porteador quiso acompañarlas aunque estuvieran dispuestas a pagar grandes sumas de dinero. No les quedó más remedio que regresar enfermas y deprimidas a la ciudad de Jartum y olvidarse de resolver el enigma del Nilo.

Quien sí consiguió pasar a la historia de las grandes exploraciones fue otra mujer extraordinaria de misterioso pasado que protagonizó junto a su compañero, sir Samuel Baker, una de las historias de amor más románticas en aquellos tiempos de descubrimientos. Como en la mejor novela de aventuras todo empezó cuando un caballero inglés se enamoró de una hermosa joven de nombre Florence von Sass que iba a ser vendida como esclava y acabó comprándola y huyendo con ella a la remota Abisinia. Era el principio de una larga y emocionante vida junto a un explorador que nunca se cansó de alabar el coraje de quien el destino convirtió en una auténtica heroína.

ALEXINE TINNE

La «Reina del Nilo Blanco»
(1835-1869)

Aquí hay unas damas holandesas viajando solas sin compañía de caballeros. Son muy ricas y han alquilado el único vapor por mil libras. Deben estar chifladas. Una joven dama sola, entre las tribus de los dinkas, es una locura. Todos los nativos van desnudos como el día en que nacieron.

Sir SAMUEL BAKER en 1862,
Jartum, Sudán

Entre los ilustres exploradores del siglo XIX que trataron de resolver el misterio de los orígenes del Nilo figura una rica dama holandesa llamada Alexine Tinne, que a los veintiséis años dirigió una expedición digna de una reina en el corazón de Sudán. Sin duda fue la viajera más original y excéntrica, se hizo acompañar de su madre viuda y de su tía, así como de una corte de sirvientes debidamente uniformados y, animales de compañía. En ningún momento renunció al lujo y al confort, se rodeó de sus muebles y objetos más queridos, y dilapidó parte de su fortuna pagando cifras astronómicas por un barco de vapor que la llevara a Gondokoro. Los exploradores como Sam Baker la criticaron sin llegar a conocerla personalmente y se escandalizaron de que tres mujeres solas se adentraran en regiones habitadas por «salvajes» completamente desnudos.

John Speke, el auténtico descubridor del nacimiento del Nilo Blanco, en una carta fechada en 1863 advertía a la señora Tinne sobre los peligros que iba a encontrarse su hija: «Mi querida baronesa, yo nunca me atrevería a viajar con más de un acompañante y sería extremadamente cuidadoso en seleccionar al personal. Sentiría mucho ver a unas damas intentando hacer un viaje de exploración en el que el fracaso es inevitable, y no por falta de valen-

tía sino por los terribles efectos del clima africano que siempre
será peor de lo que uno se imagina».

La expedición Tinne fue una de las más trágicas de su tiempo,
en su difícil travesía remontando el Nilo murieron casi todos sus
miembros. Unos años más tarde la misma Alexine sería asesinada
en el Sáhara. Tenía treinta y tres años y con su muerte surgieron
muchas leyendas en torno a su misteriosa desaparición en el desierto, había incluso quienes afirmaban que vivía alejada de la civilización casada con un gran jefe africano. Esta joven extravagante pero generosa con los suyos, que viajaba por placer y no
para ocupar un puesto en la historia como sus coetáneos, nunca
publicó un libro de viajes pero llevó una vida de increíbles aventuras impensable para una mujer de su tiempo y clase social.

Ricas y nómadas

Alexine Tinne vino al mundo en La Haya en 1835 en el seno de una
acomodada y aristocrática familia holandesa. Fue la única hija
del segundo matrimonio de su padre, Philip Tinne, un hombre de
negocios viajero que cuando ella nació tenía sesenta y tres años.
Su madre, Harriet van Capellen, veinte años más joven que su marido, también pertenecía a una noble familia muy próxima a la
Casa Real holandesa. Era una mujer culta e inquieta que idolatró
a su única hija, con quien compartió peligrosas aventuras en remotos países. «Ali», como apodaban cariñosamente a Alexine, había heredado el espíritu aventurero de su padre que vivió largas
temporadas en Surinam, antigua Guayana Holandesa donde poseía extensas plantaciones de caña de azúcar. Cuando el señor
Tinne regresaba de sus largos viajes le traía a su hija extraños recuerdos de tribus perdidas y le contaba entusiasmado cómo eran
aquellos países de selvas impenetrables habitados por extraños
animales.

Durante unas vacaciones familiares en Roma, el padre de Alexine murió repentinamente y la niña, que entonces contaba nueve
años de edad, heredó una fortuna de sesenta y nueve mil libras,

unos cinco millones de euros de los de ahora (ochocientos cincuenta millones de pesetas). La baronesa Harriet van Capellen se convirtió en una acaudalada viuda entregada a la educación de su única hija con la que siempre le unió una gran complicidad. Alexine animada por ella aprendió varios idiomas, entre ellos el árabe, y adquirió una vasta cultura general que le sería muy útil en sus expediciones. Era además una buena pianista y dotada pintora como lo demuestran sus ilustraciones botánicas conservadas en el herbario de Viena. Su afición a la fotografía la llevó a convertir uno de sus carruajes en un auténtico cuarto oscuro donde revelaba sus negativos.

Con veintiún años Alexine era una muchacha rica, atractiva y bien educada pero demasiado emprendedora y engreída para la mayoría de los hombres que la pretendían. Fue justamente un asunto amoroso el detonante de sus primeros viajes a Egipto. La joven se enamoró de un apuesto oficial alemán destinado en Sajonia hijo de una conocida y rica familia como ella. Parecían estar hechos el uno para el otro pero al cabo de un tiempo y sin motivo aparente la muchacha anunció que no deseaba volver a ver jamás a su pretendiente. Fue entonces cuando Harriet decidió apuntarse a la moda del Grand Tour y se llevó a su hija a recorrer las más importantes capitales europeas visitando museos, ruinas y templos. Aunque confesaba en su diario que se sentía demasiado vieja a sus cincuenta y siete años para llevar una vida nómada y que las alteraciones de su rutina diaria la incomodaban, tenía una hija ansiosa por conocer mundo a la que no podía abandonar. Con ella atravesó a caballo los Pirineos por peligrosos pasos de montaña y, cuando visitaron Francia, recorrieron muchos kilómetros a través de polvorientos caminos en precarias diligencias. Era sólo el aperitivo de sus extraordinarios viajes por desconocidas regiones del continente negro que nunca habían sido visitadas por una mujer blanca.

En 1856 llegaron a Venecia con la idea de quedarse unos días en la ciudad, pero muy pronto se sintieron atraídas por los barcos de pasajeros que partían desde Trieste rumbo a Alejandría. Egipto estaba de moda entre los viajeros y artistas europeos, su nombre evocaba un mundo exótico, sensual y misterioso que ahora se encontraba al alcance de su mano. Así fue como madre e hija, convertidas en acaudaladas y extravagantes turistas, embarcaron en su primera aventura rumbo al gran río de África. En El Cairo se alojaron en un hotel mítico de la ciudad antigua, el Shepheards, donde se reunían los viajeros más distinguidos atraídos por su atmósfera de *Las mil y una noches*. Era un establecimiento con solera donde exploradores de la talla de Speke y Grant se recuperaron de su histórico viaje a las fuentes del Nilo o el propio Baker en compañía de Florence saborearía su primera jarra fría de cerveza tras largos años de aventuras africanas.

Las Tinne pasaron cerca de dos años recorriendo Oriente Medio, los inviernos regresaban a Egipto y en verano se quedaban en Palestina. En varias ocasiones navegaron el Nilo río arriba en los tradicionales *dahabiés*, la manera más lenta y elegante de recorrer sus aguas. En estas embarcaciones tradicionales impulsadas por el viento o por fornidos remeros, cargaron sus innumerables baúles, víveres, ganado y perros de compañía. Su séquito incluía sirvientes personales, cocinero, camareros, guía egipcio, secretario, capitán y una tripulación de jóvenes marineros. Cuando llegaron a Asuán y visitaron los alrededores de Luxor, Alexine sintió la «llamada del desierto» y animó a su madre a viajar al mar Rojo. A Harriet no le hacía mucha gracia tener que viajar en camello bajo un sol implacable pero para no disgustar a su hija se apuntó a la excursión, eso sí, a lomos de burro y bien protegida por una sombrilla. En los meses siguientes no dejaron de realizar románticos cruceros por el Nilo en los más lujosos *dahabiés* que se podían alquilar en la ciudad mientras se dedicaban a pintar, leer o escribir cartas a la familia. La presencia de estas dos elegantes damas holandesas sentadas en cubierta entre cómodos cojines, bebiendo champán y tratadas como reinas por una corte de criados egipcios despertó muy pronto la curiosidad de sus compatriotas.

Tenían además una intensa vida social, asistían a elegantes veladas a la luz de las antorchas donde las señoras vestían a la manera oriental holgadas túnicas de seda y sacaban a pasear sus mejores joyas. Organizaban caravanas de camellos para visitar en grupo las pirámides y tomaban el té a la sombra de una jaima cubierta de finas alfombras en pleno desierto o hacían carreras en el Nilo a bordo de sus *dahabiés* ante el asombro de los locales.

Cuando llegaba el verano se aposentaban cómodamente en el monasterio de Sainte Roc en las colinas de Beirut, adonde Alexine consiguió llevar su inseparable piano. Desde allí realizaron largas expediciones por Tierra Santa visitando todos los lugares bíblicos desde Jerusalén al Líbano. Sus guías beduinos, entre ellos su fiel intérprete Osman Aga que las acompañaría en búsqueda de las fuentes del Nilo, les comentaron al finalizar el viaje que nunca unos europeos habían pasado tanto tiempo como ellas en aquellas regiones porque aún resultaban muy peligrosas para los visitantes extranjeros.

En septiembre de 1857 las dos intrépidas viajeras holandesas regresaron a su mansión de La Haya donde fueron recibidas como auténticas heroínas por amigos y familiares. Halib, el apuesto cocinero egipcio que contrataron en El Cairo, y Matruka, una perra afgana esbelta de pelo largo adquirida en Alejandría se vinieron con ellas provocando un gran revuelo en el círculo social de las Tinne. En uno de sus diarios Harriet recuerda divertida: «Es imposible contar la sensación que causaron Halib y Matruka. Había tal gentío rodeando nuestra casa que tuvimos que llamar a la policía para que vinieran a mantener el orden». La madre de Alexine estaba encantada de poder al fin descansar en su confortable casa y pensaba optimista «no tenerla que abandonar nunca más». Agotada de aquella vida de trotamundos, se dedicó con esmero a decorar su mansión con los «souvenirs» adquiridos en su viaje, entre ellos un buen número de antigüedades egipcias. Y a organizar tertulias entre sus amistades para relatar con todo lujo de detalles su temeraria aventura en compañía de Alexine.

Durante la estancia en Egipto de las Tinne el origen del río Nilo era el tema de conversación en casi todos los salones frecuentados por europeos. En aquella época era uno de los últimos misterios del continente negro por resolver y la búsqueda de sus fuentes se había convertido en una especie de competición deportiva para los viajeros de la Real Sociedad Geográfica. En 1857 dos grandes exploradores, Burton y Speke, partieron en su búsqueda y tras ocho meses de ardua travesía llegaron a orillas del lago Tanganika pero comprobaron decepcionados que ahí no nacía el Nilo. Speke siguió solo su andadura al encuentro de otro lago inmenso, que bautizó como Victoria, y sin apenas explorarlo regresó a Inglaterra anunciando que por fin se había resuelto el gran misterio. La cosa no iba ser tan fácil y en 1860 John Speke, acompañado esta vez de James Grant, propuso organizar otra expedición para convencer a sus detractores de que no estaba equivocado.

Alexine que ya había explorado las partes bajas del Nilo viajando como turista, comenzó a soñar con el ambicioso plan de organizar su propia expedición a las fuentes del río sagrado. Cuando se lo comunicó a su madre ésta supo enseguida que no conseguiría hacer cambiar de opinión a su hija así que abandonó su vida ociosa y se preparó para un largo viaje. El mismo año en que Speke regresaba a África ellas comenzaban minuciosamente los preparativos de su viaje al Nilo. Esta vez, como no sabían el tiempo que iban a pasar fuera de casa, cargaron un voluminoso equipaje que incluía treinta y seis maletas con un buen número de elegantes vestidos, sombreros, enaguas, corsés, botines y sombrillas. Además transportaban una biblioteca completa con obras de Shakespeare, muebles de salón, un piano, cabezales de bronce para las camas, colchones, sábanas, vajillas de porcelana, cubertería de plata, y todos los utensilios inimaginables para una confortable y sofisticada vida de campamento, incluidas bañeras portátiles.

Las Tinne no viajarían solas, en esta ocasión les acompañaría tía Addy, la hermana soltera de Harriet. La señorita Adriana van Capellen, tal era su verdadero nombre, tenía cuarenta y ocho años y había sido dama de compañía de la reina madre de Holanda, Anna Paulowna, hermana del zar Alejandro II de Rusia. Esta soberana, casada con Guillermo II de Holanda, viajaba con frecuencia a su Rusia natal y siempre se llevaba consigo a su fiel Adriana. Tía Addy se adaptó con facilidad a la vida en la corte y no pasó desapercibida entre los miembros de la realeza por su elevada estatura, belleza y distinción. Cuando conoció al zar Alejandro II, sobrino de la reina y casado con una princesa alemana, se enamoró apasionadamente de él. Al parecer la atracción era mutua pero Addy, de fuertes convicciones religiosas, no quiso convertirse en su amante y decidió regresar a Europa abandonando el servicio real. En La Haya vivía retirada y sumida en una profunda depresión así que su hermana Harriet pensó que aquel viaje al Nilo le devolvería las ganas de vivir. Pronto descubrirían que tía Addy, triste e hipocondríaca, no era una buena compañera de viaje y nunca se acostumbraría a aquella vida nómada en territorios salvajes.

La gran aventura

En julio de 1860 Alexine se embarcó desde Amsterdam hacia Marsella con sus sirvientes holandeses, sus doncellas Flora y Ana, un número indeterminado de perros —entre ellos su inseparable Matruka— y una montaña de maletas y baúles. En el puerto fue despedida por sus familiares que consideraban una auténtica locura aquella expedición formada exclusivamente por tres mujeres.

La primera etapa del viaje fue Alejandría y desde allí viajaron cómodamente en tren a El Cairo donde necesitaron la ayuda de doce camellos para transportar sus pertenencias a su nueva vivienda. Como el viaje por el Nilo no se podía realizar hasta el mes de enero las Tinne alquilaron una hermosa mansión con jardín en el centro de la ciudad donde se instalaron dispuestas a vivir por todo lo alto. Enseguida reemprendieron su agitada vida social y se hicieron famosas sus recepciones amenizadas al piano por la propia Alexine, donde entretenían a sus antiguos amigos entre ellos a Ferdinand de Lesseps que las invitó a visitar el canal que estaba construyendo en Suez. A la viajera, dotada de una gran vena teatral, le gustaba escandalizar a la gente con sus fantasías de ascender el Nilo hasta cruzar el continente africano y salir al Atlántico por Fernando Poo, en el golfo de Guinea. Su madre estaba tranquila porque sabía que Ali era muy bromista y le gustaba exagerar sus planes.

Todas las tardes la señorita Tinne cabalgaba unas horas por el desierto vestida con una amplia falda negra, una elegante camisa blanca de algodón y un sombrero adornado con plumas. Le acompañaba su mozo de cuadras que lucía una camisa de satén a rayas rojas y amarillas, pantalones blancos, chaleco bordado y una levita ancha blanca y azul adornada con botones de plata en los hombros y ceñida por un cinturón negro con puntas de plata. En la cabeza llevaba un fez rojo de fieltro y encima un turbante de color amarillo a juego con los zapatos, así era el uniforme que le había confeccionado la propia Alexine. No es de extrañar que los egipcios creyeran que aquella muchacha pertenecía a la realeza europea y cuando se enteraron de que planeaba remontar el Nilo Azul y explorar el interior de Etiopía la bautizaron como la Reina del Ecuador.

Mientras, su madre Harriet, encargada de administrar los gastos de la expedición y más realista que su soñadora hija, veía con asombro cómo se les iba el dinero de las manos. En una carta de sus diarios comenta que ha necesitado pedir una transferencia adicional para seguir con su viaje. Los mercaderes solían aprovecharse de ellas al ver cómo despilfarraban el dinero y Alexine pagaba muy caros sus caprichos. En una ocasión se encaprichó de un burro albino y pagó por él la friolera de setenta libras (seis mil trescientos euros).

El famoso misionero alemán Ludwig Krapf, primer europeo en mencionar las cumbres nevadas del monte Kenia, fue el único explorador que apoyaba el viaje de Alexine aunque le recomendó pasar el verano en Gondar, la capital de Abisinia, ya que el rey Teodoro era un buen amigo suyo. Finalmente las Tinne decidieron seguir su plan inicial y partieron hacia Jartum para allí estudiar su definitivo itinerario. Harriet escribiría en su diario con cierta melancolía: «Ésta es nuestra última noche en El Cairo y Alexine ha tocado en el piano canciones que probablemente nunca volveremos a oír. Todo se vuelve tan triste en los últimos días pero es un buen momento para dejar el país sin pena, han recogido todas las naranjas y las mañanas y noches están empezando a ser realmente frías».

A principios de enero la expedición Tinne zarpaba rumbo a la ciudad sudanesa de Jartum adonde tardaron en llegar doce semanas. El convoy estaba compuesto por tres grandes *dahabiés*, en el primero viajaban las mujeres con sus sirvientes holandeses, el cocinero Halib y otros criados locales, además de una jauría de perros cuyo número había aumentado con varios canes recogidos en las calles de El Cairo. La lista de animales que iban en aquella expedición por el Nilo resulta sorprendente porque junto a los caballos y burros utilizados como medio de transporte, había una serie de mascotas que acompañaban a Alexine, entre ellas dos gacelas y dos jóvenes avestruces. Al final se tuvo que alquilar un pequeño barco empujado por seis remeros para transportar a todos los animales juntos, una especie de Arca de Noé navegando las aguas del Nilo. A lo largo del viaje los perros causaron un gran retraso a la flotilla ya que debían parar dos veces al día todo el convoy para acercarlos a la orilla y que hicieran sus necesidades. Excentricidades como ésta serían muy frecuentes en los meses que duró la expedición de la audaz holandesa.

En los tiempos de las Tinne viajar desde la capital egipcia a Jartum era una auténtica epopeya y no sólo porque había que atravesar el duro desierto de Nubia, donde sin agua eras hombre muerto, sino porque en ese tramo del Nilo una serie de pequeñas cataratas hacía imposible la navegación. Para que los *dahabiés* de la expedición consiguieran salvar los primeros saltos de Asuán se tuvo que contratar a un buen número de hombres y animales de tiro que jalaron las embarcaciones con enorme esfuerzo. Harriet siempre recordaría horrorizada aquel tramo del río: «Tengo que decir que nunca he visto nada tan terrible como el paso de esta catarata, desde luego ni el río Rin ni los fiordos de Noruega se pueden comparar con la dificultad de arrastrar un barco entre las rocas contra una corriente extremadamente fuerte. Los gritos de los hombres contratados para este trabajo y un violento viento del norte parecían incrementar el peligro». Cuando consiguieron superar la segunda catarata y reunir a toda la expedición de nuevo en Philae, Alexine mandó traer músicos y bailarines y organizó una fiesta hasta altas horas de la madrugada donde la única que no bailó fue tía Addy. En tres días alcanzaron Korosko y se despidieron de su flotilla de *dahabiés* organizando una interminable caravana para atravesar el desierto desde Wadi Halfa hasta Abu Hamad.

Se necesitaron cien camellos para llevar el equipaje, la comida y el agua en pesados pellejos además de los asustados perros instalados en alforjas. Fue en ese instante cuando tía Addy se dio cuenta del error que había cometido al acompañar a su sobrina en esta loca aventura. Ella odiaba el calor, la arena y le daban pánico los camellos, así que la convencieron para que se montara en el tranquilo burro albino. Alexine, que hablaba un fluido árabe, organizó personalmente la caravana, contrató guías, camelleros y a un atractivo y joven nubio llamado Sheik Ahmad experto en este tipo de viajes por el desierto que se convirtió en su hombre de confianza.

Durante dieciocho largos y tórridos días las tres mujeres y su singular séquito de animales y sirvientes cabalgaron en sus camellos y burros por las dunas del desierto nubio. Si algún viajero se hubiera tropezado por casualidad con aquella majestuosa caravana habría creído que se trataba de un espejismo. Como siempre la madre de Alexine anota todas las peripecias de la travesía sin perder nunca el buen humor: «Instalamos a tía Addy sobre un burro sentada en un cómodo colchón y rodeada de cojines, la pobre estaba acabada, tenía la espalda dolorida y lo peor es que aquellos días pudimos dormir muy poco, aunque las frescas noches eran un placer. Todo el mundo estaba muy cansado excepto mi hija, cada día más entusiasmada con su aventura...». En su primer viaje por el Nilo sólo habían tenido una baja, la perra Matruka, la preferida de Alexine.

Llegaron finalmente a Jartum tras tres meses de fatigoso viaje. A las elegantes señoras Tinne que en El Cairo habían vivido como unas auténticas princesas orientales, esta ciudad sucia, maloliente y calurosa les pareció «el lugar más miserable, más inmundo y malsano del mundo». A falta de buenos hoteles las Tinne instalaron su propio campamento a orillas del gran río africano donde confluían las aguas del Nilo Blanco desde la región de los grandes lagos y el Nilo Azul en las remotas cumbres de Etiopía.

Jartum, el último puesto civilizado junto al gran desierto inexplorado, vivía al igual que Zanzíbar del comercio de esclavos y marfil. En quellos días apenas una treintena de europeos habitaba en la ciudad y ninguno tenía una mujer blanca. Katherine Petherick, esposa del cónsul británico en Jartum era la única excepción. Esta joven inglesa, que habría que añadir a la lista de las audaces pioneras por el continente negro, estuvo a punto de morir en las ciénagas del Nilo occidental pero sobrevivió gracias a su temple y fortaleza física. En Jartum la sola presencia de las tres damas holandesas dejó atónitos a los habitantes de la ciudad poco acostumbrados a ver mujeres blancas organizando expediciones y dando órdenes a sirvientes masculinos. Un turista que coincidió con ellas aseguraba que las Tinne no hacían nada por ocultar su inmensa riqueza y que un ejército de granujas las seguía a todas partes aprovechándose de ellas.

La ruta de los esclavos

Por aquellos días en Jartum sólo se hablaba de los dos exploradores ingleses, Speke y Grant, que habían salido de Zanzíbar en octubre de 1860 con una caravana de ciento setenta y seis porteadores rumbo al lago Victoria y de los que aún no se tenían noticias. El cónsul británico, John Petherick, había sido el encargado de comprar víveres para los viajeros y acudir a su encuentro en Gondokoro. Alexine decidió entonces embarcarse rumbo al Nilo Blanco y esperar la llegada de los exploradores financiados por la Real Sociedad Geográfica de Londres. Harriet de nuevo tuvo que pedir que le enviaran más dinero para comprar todo lo necesario en esta nueva aventura de su hija. En la ciudad sólo había un vapor propiedad del gobernador general de Sudán, Halim Pasha, y aunque Harriet trató de alquilarlo sólo consiguió ayuda para que les remolcaran en un gran *dahabié*. Siempre a cambio de grandes sumas de dinero las Tinne consiguieron además una escolta de soldados que viajaban en un segundo barco junto al caballo de Alexine y el burro de su madre Harriet.

Alexine tenía además la idea, algo descabellada, de construirse una casa en algún lugar aguas arriba del Nilo y pasar allí largas temporadas explorando la región. Antes de partir contrataron a un albañil italiano, Pietro Agasti, que había levantado en 1853 la misión de los padres austríacos en Jartum, uno de los primeros edificios de ladrillo que se vieron en la ciudad. De nuevo se pusieron en marcha el 4 de mayo de 1862 haciendo oídos sordos a los residentes europeos que les advertían de los serios peligros que les aguardaban al sur de Sudán.

Una semana más tarde las Tinne se iban a encontrar frente a frente con el horror de la esclavitud. Cuando llegaron a Jebel Dinka, un importante depósito de esclavos utilizado por los traficantes, las terribles escenas que presenciaron estremecieron a las tres viajeras. Hombres, mujeres y niños esperaban atados de pies y manos con gruesas cadenas para ser enviados a los mercados de Arabia, Persia o El Cairo donde serían subastados como ganado en el caso de que llegaran vivos. Aunque oficialmente el tráfico era ilegal se practicaba abiertamente fuera de las ciudades, en lugares apartados del desierto como éste. Alexine se quedó horrorizada al ver cómo trataban especialmente a las mujeres, preferidas como mercancía por los negreros, y a las que se les colocaba una pesada vara ahorquillada llamada *sheba*, sobre sus hombros. Su cabeza quedaba sujeta por un travesaño, las manos eran atadas a la vara por una cadena pasada alrededor del cuello. Intentó aliviarles algo su sufrimiento pagando para que mataran varios bueyes y que les dieran de comer a todos. Cuando una mujer dinka se acercó a ella y le pidió que comprara a su hijo pequeño para salvarlo de una muerte segura, ella pagó por liberar a toda la familia que incluía seis personas. Alexine no pensó que con este gesto podía ser acusada de implicarse en el tráfico de esclavos, aunque era muy difícil para un viajero europeo entonces quedarse con los brazos cruzados ante situaciones de tanta crueldad. En una carta dirigida a sus familiares de La Haya escribiría: «Las orillas por donde pasábamos estaban cubiertas de grandes manchas negras, que al acercarme vi que eran negros apretados unos contra otros hasta el punto de que formaban una masa, de modo que así resultaba más fácil vigilarlos. Todos iban desnudos e incluso los niños iban encadenados».

Harriet regresó a Jartum desde su campamento situado cerca de Jebel Dinka, para conseguir más provisiones, dinero y llevar al médico a su cocinero egipcio enfermo de la garganta. Cuando llegó a la ciudad hacía poco que el explorador escocés Samuel Baker y su compañera Florence se habían instalado en el consulado británico a la espera de poder organizar su propia expedición Nilo arriba. Baker, al igual que Alexine, confiaba en poder localizar a Speke y Grant en las cercanías de Gondokoro. La madre de Alexine imaginó que el explorador intentaría como ella alquilar el único vapor de Jartum para proseguir su viaje, así que se le adelantó y tras pagar la formidable suma de mil libras (unos catorce millones de pesetas / ochenta y cuatro mil euros) se quedó con el barco.

La señora Tinne regresó a Jebel Dinka a bordo de su pequeño vapor, llamado *Príncipe Halim*, y remolcando otro barco lleno de suministros. Se sentía orgullosa de su adquisición aunque para ello hubiera tenido que enfrentarse al mismísimo Samuel Baker, quien en alusión a las caprichosas damas llegaría a decir con ironía: «Señores, el Nilo Blanco se ha puesto de moda. Habrá que instalar un pub en el ecuador donde los viajeros y viajeras puedan tomarse unas cervezas frías...».

A lo largo del camino se encontraron con otras estaciones comerciales de esclavos donde incluso los traficantes les llegaron a proponer que invirtieran en el lucrativo negocio. Harriet escribió indignada acerca de estas proposiciones, como las que le hizo Mohammed Kher, un comerciante de Kaka: «Supongo que está avergonzado de sí mismo. Va a enviar un barco a Jartum cargado de esclavos, con todos estos pobres nativos que se han puesto bajo su protección con la idea de que él podría conseguir que no les robaran el ganado. Estoy encantada de que nos podamos ir sin que nos haya engañado para entrar en su sucio negocio».

Allí por donde pasaba el vapor despertaba la admiración de los nativos. Era el primero que veían en esas latitudes del ecuador, estaba fabricado en hierro y aunque era pequeño aguantó muy bien las duras condiciones de navegación. Había seguido el mismo camino que ellas, lo habían desmontado y llevado en camellos por el desierto desde Abu Hamad a Barbar donde lo volvieron a montar pieza por pieza para navegar hasta Jartum a la espera de que su dueño el gobernador lo utilizara. En los días siguientes las Tinne trataron de disfrutar del viaje, permanecían sentadas en cubierta bajo una sombrilla cosiendo o pintando paisajes. En contra de lo que Baker imaginaba los jóvenes jefes dinkas, corpulentos y completamente desnudos, las recibieron de manera hospitalaria dejándolas incluso dormir alguna noche en sus chozas de paja construidas en forma de colmena. Como las puertas eran muy estrechas y Alexine no podía meter en su interior su monumental cama con cabezal de bronce, se contentó con dormir bajo las estrellas protegida por un mosquitero. Intentaron explorar el río Sobat, afluente del Nilo, pero la tupida vegetación flotante se lo impidió así que emprendieron rumbo al lago No en la bifurcación de Bahr el Ghazal y Bahr el Jebel. Éstos eran los principales canales navegables utilizados por los traficantes aunque siempre existía el riesgo de quedarse atrapado en aquel extenso pantano.

El escritor Alan Moorehead describe en las páginas de su magnífico libro *El Nilo Blanco*, la región en la que se adentraban las tres viajeras holandesas. El Nilo al sur de Jartum no era un paseo para inexpertas exploradoras, a la altura del Sobat y muy cerca de la población de Malakal el río penetraba en una zona de helechos y plantas putrefactas que hacía muy difícil la navegación si no soplaba el viento.

Tenían por delante un penoso viaje por una región malsana y alejada de la civilización donde un buen número de europeos había encontrado la muerte víctimas de las enfermedades tropicales. Cuanto más al sur se dirigían la malaria parecía ser más virulenta, de los primeros veinte misioneros austríacos que se instalaron en Gondokoro en 1851, quince murieron por las fiebres al poco de llegar, sin conseguir convertir a un solo africano. Era imposible escapar a los mosquitos cuando se navegaba cerca de las orillas pantanosas de los ríos, el propio Samuel Baker que seguiría a las Tinne al cabo de unos meses describiría así el que consideraba el peor tramo del viaje: «Los árboles muertos surgían de las aguas estancadas, con cráneos solitarios posados en las ramas; las plantas acuáticas que arrastraba la corriente se entrelazaban formando blandos islotes verdes en los que las cigüeñas parecían espectros en aquellos paisajes desolados». En ocasiones la única excusa para pisar tierra firme, cuando se podía, era recolectar la leña que el vapor necesitaba para seguir avanzando.

Aquella atmósfera melancólica y tediosa puso enferma a tía Addy, que cayó en una profunda depresión y sólo hablaba de la muerte. Desde el inicio del viaje se sentía aterrorizada, apenas salía a cubierta a tomar el aire, los rugidos de los hipopótamos y la presencia de voraces cocodrilos la mantenían en vilo. Toda aquella aventura era demasiado para ella. Harriet trataba de mantener el optimismo en el corazón de las tinieblas pero comenzaba a darse cuenta de que habían ido demasiado lejos en sus ansias de aventura. Por fortuna a su hija ya se le había quitado de la cabeza la idea de construir una lujosa residencia en lo más alto del Nilo a la vista del clima devastador y de la salvaje vegetación que reinaba en estos parajes.

La flotilla de las Tinne tardó tres penosas semanas en atravesar aquellos desolados paisajes de muerte y enfermedades hasta llegar a la misión católica de la Santa Cruz donde vivía un reducido grupo de religiosos en un territorio gobernado por los traficantes de esclavos. Aunque ellas eran protestantes disfrutaron de una misa y de la buena acogida que les dispensó el padre Franz Morlang, que llevaba ocho años trabajando en Sudán. Poco tiempo después Alexine se enteró de que la Santa Cruz había sido clausurada y que en realidad se trataba de una tapadera para ocultar una misión de espionaje en el país donde los Habsburgo pretendían fundar una colonia.

El 29 de septiembre llegaron a Gondokoro. Habían recorrido cerca de tres mil kilómetros desde que partieran de Jartum y sólo tuvieron que lamentar la pérdida de su fiel intérprete Osman Aga, que murió ahogado cuando intentaba evitar que una de las *dahabiés* se escapara corriente abajo. Al poner pie en tierra firme las Tinne, que siempre tuvieron inclinaciones literarias, escribieron un poema de nueve estrofas donde narraban en tono dramático su aventura por el Nilo. Lo titularon *Gondokoro* y una de sus estrofas decía así:

Hemos pasado por los shilluks y los dinkas,
y hemos hecho todo el bien que hemos podido.
Los nuers, los kitches, los bari,
quemaron sus viejas cabañas en las hogueras.
Hemos sobrevivido a elefantes, búfalos y leones,
capitanes borrachos y tripulaciones con malas intenciones,
cocodrilos, hipopótamos,
y hemos llegado sanas y salvas a Gondokoro.

Si Jartum les pareció un lugar sucio y salvaje cuando vieron con sus propios ojos lo que era Gondokoro sintieron que el mundo se hundía a sus pies. A orillas del río estaban los campamentos levantados por los negreros nómadas que congregaban allí a los esclavos y sus cargamentos de marfil a la espera de los barcos que los llevarían río abajo. Era un lugar sin ley donde todo el mundo iba armado y pasaban el día borrachos o peleándose entre ellos. El olor era nauseabundo y el termómetro marcaba casi cuarenta grados. Cuando ellas llegaron el poblado estaba prácticamente desierto, sólo en los meses de diciembre y enero la llegada de los traficantes con su valiosa «mercancía» humana devolvía la vida a este miserable agujero. Aun así, por su propia seguridad se quedaron en el barco mientras se recuperaban del cansancio y reparaban los desperfectos de las embarcaciones. Alexine, que hasta el momento había demostrado una gran fortaleza física, cayó gravemente enferma víctima de las fiebres y estuvo cinco días delirando. Tía Addy se negó rotundamente a abandonar el vapor y se refugió en su camarote. Pasaron un mes en la «infecta» Gondokoro sin poder saludar a Speke y Grant, a los que algunos ya daban por muertos o desaparecidos.

Alexine pronto se dio cuenta de que nunca conseguirían porteadores ni víveres para adentrarse más al interior. A partir de este punto el Nilo se separaba en intermitentes cataratas y dejaba de ser navegable. Su sueño de explorar tierras ignotas se había esfumado. Nunca podrían contemplar los extensos lagos del África central ni el imponente monte Kenia que su amigo el misionero Krapf había descubierto en 1849.

Muerte en el Nilo

De regreso a Jartum las Tinne se dedicaron a descansar y a recuperarse de aquel viaje de pesadilla. Harriet en sus cartas aún se muestra optimista y le confiesa a una amiga que había disfrutado mucho de la «excitante» vida nómada. Alexine, que no solía aceptar las derrotas, decidió organizar una nueva expedición para explorar esta vez el Bahr el Ghazal o río de los antílopes buscando alcanzar las tierras altas del África central. Tía Addy, que ya había perdido los nervios, se negó a regresar sola a El Cairo y decidió esperarlas en Jartum aunque se mostraba muy escéptica con el éxito de aquella nueva empresa de su alocada sobrina: «Es una auténtica pena que Alexine no tenga gustos más razonables y que ella desperdicie su dinero de una forma tan ridícula e inútil. Con los países tan maravillosos que existen en el mundo y nos ha traído a este lugar horrendo», se lamentaba a unos amigos de La Haya. En esta ocasión se unieron a la expedición dos científicos alemanes, el ornitólogo baron Theodor von Heuglin y el botánico Hermann Steudner así como un noble holandés, el baron de Ablaing.

Partieron a principios de febrero de 1863 con seis barcos, el vapor, un gran *dahabié* y tres barcazas. Llevaban provisiones para seis meses, incluidas ovejas, pollos, animales de transporte —entre ellos cuarenta burros, cuatro camellos y un par de mulas— así como el caballo pura sangre de Ali. Les acompañaban seis sirvientes y una escolta de setenta y un soldados provistos de municiones. Aquélla fue una de las travesías más complicadas, el vapor de poco les sirvió para navegar las aguas del Bahr el Ghazal que en aquella época estaba muy bajo y las palas del barco se enganchaban continuamente con la vegetación. Tardaron tres interminables semanas en llegar a Mashra desde donde tenían que seguir a pie, pero no encontraron los quinientos porteadores que necesitaban para transportar su voluminoso equipaje. En unos días comenzaba la estación de lluvias y los científicos alemanes decidieron adelantarse para encontrar un lugar donde poder instalar el campamento. Fue entonces cuando empezaron las primeras bajas de la expedición Tinne, en Wau el señor Steudner murió de las llamadas fiebres de las aguas negras y su compañero Heuglin regresó a Mashra desolado. A pesar de todos los contratiempos Alexine partió en mayo con su extraña caravana, ella a lomos de su caballo árabe, Harriet montada en un palanquín y las doncellas en burro. Con la llegada de las primeras lluvias tropicales la travesía se hizo aún más lenta y difícil, los porteadores se amotinaron quejándose de la falta de comida aunque Alexine consiguió controlarlos imponiendo su autoridad. Pero esta vez el clima infernal pudo con la temeraria viajera, que de nuevo cayó enferma y se vio obligada a viajar en camilla. Harriet en una de sus cartas escribió: «Alexine está soportando el viaje francamente bien. Ella tiene una camilla con un parasol para viajar sobre la cual ha echado su colchón, de forma que puede descansar confortablemente y con frecuencia echar una refrescante siesta. Yo viajo en una silla y a cada una nos transportan cuatro negros. Las doncellas Flora y Ana van en burros y los científicos en las mulas. Tenemos ciento veinte negros que transportan nuestro equipaje más necesario».

En Wau, junto a las orillas del Bahr Jur, instalaron finalmente sus tiendas y rezaron por Steudner enterrado en medio de la tupida vegetación. El lugar para su sorpresa era un auténtico paraíso para los naturalistas, había miles de pájaros y gran cantidad de flores y plantas salvajes que Alexine recogió y clasificó pacientemente con ayuda de su madre.

En los meses siguientes y a pesar del agua que caía a raudales avanzaron hacia el oeste en dirección al monte Gossinga llegando a un enclave donde vivía un famoso mercader de esclavos llamado Buseli. Muy pronto Alexine y su madre se dieron cuenta de que habían cometido otro grave error al abandonar Wau; Buseli y sus hombres intentaron desde el primer día retrasar su partida y se aprovecharon de ellas cobrándoles precios exorbitantes por los víveres que necesitaban. Ante la noticia de que más adelante los caminos estaban prácticamente inundados decidieron acampar cerca de los traficantes y esperar la llegada de alguna caravana para seguir adelante. Pero Alexine ignoraba que todas las caravanas habían partido hacia Wau con la llegada de las lluvias así que se

encontraban solas y aisladas sin posibilidad de moverse de allí en
varios meses. Las doncellas estaban enfermas, los porteadores y
un buen número de soldados las habían abandonado y aunque
aún tenían el humor de vestirse impecablemente con sus elegantes trajes, cada día que pasaban en el campamento sabían que corrían un serio peligro.

Fue entonces cuando Harriet, el único miembro de la expedición que hasta el momento no había caído enferma, contrajo la
fiebre de las aguas negras y la encontraron muerta en su cama el
22 de julio de 1863. Para Alexine fue un golpe tremendo del que
nunca se recuperaría. En una carta escrita a su hermanastro
John, que seguía muy atento y en contacto con la Real Sociedad
Geográfica de Londres la marcha de la expedición Tinne, le decía: «El sábado todo estaba preparado para partir, sus cosas em-
paquetadas pero nos llamó la atención que aún siguiera durmiendo. Fui varias veces a verla pero no despertaba, hasta que al final
el sirviente se fijó con más atención y vio que estaba muerta».

Desde aquel instante Alexine se sintió culpable de la muerte de
su madre, que se había convertido en su cómplice en aquellas temerarias aventuras africanas. Su principal apoyo para superar la
tragedia fue su gruñona y fiel doncella Flora, que había criado a
Ali desde niña. Pero un mes después de la pérdida de Harriet también Flora moría víctima de la misma enfermedad que su señora y
era enterrada junto a Harriet en un claro de la selva.

Mientras tanto Addy llevaba ocho meses sin tener noticias de
su sobrina y vivía en una constante angustia que afectaba a su ya
delicada salud. Los Petherick se ofrecieron a acompañarla a El
Cairo pero ella se negó rotundamente. Por aquellas fechas Speke y
Grant ya habían regresado con éxito de su viaje desde la costa
oriental africana rumbo al nacimiento del Nilo en el lago Victoria.
La tía de Alexine se entrevistó con Speke y le consultó acerca de
los peligros de navegar aguas arriba el Bahr el Ghazal. El explorador se quedó atónito al escuchar que unas damas holandesas, sin
experiencia y al frente de una gran caravana, se habían atrevido a
llevar a cabo semejante empresa. A la pobre Addy sólo se le ocurrió pedirle a Speke que escribiera una carta a su hermana Harriet

advirtiéndole de los riesgos que corrían si seguían adelante con este plan suicida.

Con el paso de los meses la preocupación iba en aumento y tía Addy decidió enviar una expedición de rescate rumbo a Wau donde sabía que habían acampado su hermana y su sobrina. La tímida y apocada mujer consiguió reunir todo el valor para contratar cerca de ochenta soldados bien armados y juntar gran cantidad de provisiones. Cuando la caravana encontró finalmente a Alexine en enero de 1864 su expedición se hallaba al límite de las fuerzas. Apenas tenían comida ni agua, buena parte de sus miembros estaban gravemente enfermos y la doncella Ana también había muerto. Los supervivientes llegaron a Jartum a principios de marzo, los señores Heuglin y Ablaing que las acompañaban se encontraban postrados en una camilla y Alexine, aún no recuperada de las fiebres, se refugió en su dolor.

Pero aquí no acabaron las desgracias para Alexine. Tía Addy le había salvado la vida enviando a tiempo refuerzos para su comitiva, pero no pudo soportar por mucho tiempo la pérdida de su querida hermana. Durante catorce meses había vivido sola y angustiada en Jartum, pendiente únicamente de las noticias que le traían los viajeros que llegaban del Alto Nilo. Dos meses más tarde murió de manera repentina sin que nada se pudiera hacer por salvarla. Alexine encontró junto a su cama una carta dirigida a ella en donde le explicaba las verdaderas razones por las que cuando era dama de compañía de la Casa Real holandesa había abandonado Rusia: «Cuando yo dejé mi posición al servicio de la familia real conté con la aprobación de todos los que sabían mis secretas razones y admitieron que yo no podía sacrificar mi dignidad y buen nombre en aquella relación. Con todo el dolor hice lo correcto». Adriana van Capellen fue enterrada muy lejos de los nevados paisajes rusos donde vivió su apasionada historia de amor con el zar Alejandro, en una pequeña isla verde y perfumada del Nilo. Alexine supo en ese instante que nunca podría volver a La Haya y enfrentarse a los reproches de su familia. En una de las últimas cartas que se conservan de ella escribe a su tía Jemima van Capellen en los siguientes términos: «Querida tía, me encontraba tan enferma de pena que durante días me he quedado postrada en la cama tratando de no pensar en nada. Había algo demasiado monstruoso y extraterrenal en esta serie de terribles muertes. Me he quedado completamente sola, todo ha sido tan repentino...».

Jartum se había convertido en un lugar odioso para Alexine, que sólo pensaba en partir y olvidar los dramáticos sucesos que habían golpeado a su familia. El matrimonio Petherick que se dirigía a El Cairo la acompañó hasta Barbar, donde acampó durante dos meses y organizó una caravana para transportar por tierra sus delicadas colecciones de plantas. Cabalgó a través del desierto durante el tórrido verano hasta llegar al mar Rojo, allí pudo descansar en compañía de su joven criado sudanés Abdulah Bensaid, que no se separaría de ella hasta el final de sus días. A Alexine le hubiera gustado evitar El Cairo pues eran muchos los recuerdos que le traía esta ciudad donde vivió feliz con su madre y sus doncellas pero finalmente se quedó dieciocho meses. Se instaló como siempre en una confortable mansión en la parte antigua junto con sus sirvientes y animales de compañía. Los que la conocieron en aquella época dicen que adquirió un aire de mujer fatal, vestía como una mujer árabe holgadas túnicas, cabalgaba sola por el desierto y se rodeaba de extraños personajes. Decoró su casa con gran cantidad de recuerdos étnicos adquiridos en sus viajes por el Sudán y ella misma se convirtió en una atracción turística para todos los viajeros que en aquel tiempo llegaban a Egipto.

En 1866 con mucha tristeza Alexine cerró definitivamente su casa de El Cairo, envió la mayor parte de sus efectos personales a Inglaterra y alquiló un yate para navegar sin rumbo fijo por el Mediterráneo. Aunque sentía que sus dos expediciones africanas habían sido un completo fracaso ignoraba que su llegada a Gondokoro en el barco de vapor había tenido una gran repercusión en la prensa británica. Es cierto que su expedición se había cobrado cuatro vidas y había aportado muy pocos conocimientos a lo que ya se sabía del Nilo. Sin embargo su colección botánica, enviada al herbario imperial de la corte de Viena, impresionó a los expertos por su calidad y el número de nuevas especies incluidas. Con todo el material recogido en su viaje se publicó un hermoso libro,

Plantae Tinneanae, que incluía una narración de la expedición por el río Bahr el Ghazal y un buen número de magníficas ilustraciones florales dibujadas por Alexine. En la primera página se incluyó un retrato de Harriet van Capellen, a quien va dedicado el libro. La aristócrata holandesa se gastó quince mil libras (cerca de un millón trescientos cincuenta mil euros) en su sueño africano. Una auténtica fortuna teniendo en cuenta que John Speke contó con apenas dos mil libras para su segunda expedición al lago Victoria.

La sultana blanca

Alexine nunca regresó a su ciudad natal aunque su hermanastro John la visitó en El Cairo y trató de convencerla para que se fuera a vivir con él a Inglaterra. En 1867 se instaló en Argel, donde tras unos años de vida nómada decidió quedarse una temporada. Aún no sabía muy bien qué rumbo tomar, soñaba con atravesar el Sáhara, continuar hacia Tombuctú o partir hacia el lago Chad para intentar cruzar África.

Fue inevitable que sintiera la llamada del Sáhara, aunque muy pocos occidentales se habían atrevido a explorar este vasto desierto y los que lo consiguieron habían muerto violentamente a manos de los bandidos o víctimas de las enfermedades. En los tiempos de Alexine eran frecuentes los asaltos a las caravanas que no podían viajar sin la protección de las tribus que allí habitaban.

Como otros viajeros anteriores a ella, Alexine se mostró muy atraída por los misteriosos tuaregs, dueños y señores del desierto que luchaban hasta la muerte por defender sus territorios. Se propuso aprender su lengua, el tamachek, sus antiguas costumbres, y preparar un ambicioso viaje por este inabarcable mar de arena. La joven se siente cautivada por el romanticismo y el coraje de viajeros como Heinrich Barth, un joven geógrafo alemán quien en 1849 viajó de Trípoli a Tombuctú donde se quedó una larga temporada disfrazado de beduino. A los cinco años regresó a Libia, cuando ya todos le daban por muerto y publicó excelentes libros que ahora quitaban el sueño a la exploradora.

En octubre de 1868 la viajera se instala en la ciudad libia de Trípoli, entonces bajo dominio otomano, y donde el comercio de esclavos era aún más terrible que en el Nilo. Durante dos meses prepara a conciencia su viaje al Sáhara y adquiere un buen número de regalos para ofrecer a los jefes tuaregs que encontrara en su travesía. Máquinas de hielo, de coser, despertadores, botellas de tinta invisible, cámaras de fotos, telescopios o un pequeño cañón para regalar al sultán de Bornu son sólo algunos de los insólitos obsequios que se hizo traer de Europa. Pero lo que más llamaba la atención a los nativos eran los monumentales tanques metálicos que Alexine mandó construir para guardar en ellos el agua necesaria para el fatigoso viaje.

A finales de enero de 1869 las autoridades permitieron a la dama holandesa y su interminable caravana partir hacia Murzuq. Aquí, en el norte de África organizó su expedición más espléndida compuesta por ciento treinta y cinco camellos y una gran cantidad de sirvientes, algunos esclavos liberados africanos que no había querido dejar en Sudán por miedo a que fueran capturados por los traficantes. En una carta a su tío Jules Alexine le explica: «He encargado setenta camellos que me deben llegar en unos veinte días, y estoy ocupada haciendo preparativos tan curiosos como complicados. Parece que para viajar hacia el interior hay que tener las habilidades de un tendero. Hay que llevar todo tipo de mercancías de diferentes cualidades para darlas como obsequio, de acuerdo con su valor, a los jefes que nos encontremos según su posición social».

Alexine, vestida como una beduina y al frente de su columna tardó algo más de un mes en recorrer los novecientos kilómetros que la separaban de Murzuq siendo la primera occidental que llegaba a un punto tan lejano del Sáhara. La prensa internacional se hizo eco de esta noticia aunque Alexine nunca llegara a saberlo. Cuando arribó a la ciudad se instaló como siempre en una gran casa con su corte de criados y doncellas y se recuperó de la malaria que estuvo a punto de acabar con su vida. Los habitantes de Murzuq creían que la mujer blanca era la hija de un rey. No podían comprender qué hacía en un lugar tan remoto una europea sola, sin esposo y sin hijos. Tras entrevistarse con los jefes tuaregs que le garantizaron su protección para seguir hacia el sur, Alexine emprendió su camino y reorganizó su caravana. Se sentía fascinada ante la presencia de aquellos elegantes hombres nómadas del desierto, envueltos en vaporosas túnicas negras y turbantes que ocultaban su rostro. Acerca de ellos escribiría: «Son una raza muy distinta a los árabes, altos, fuertes, delgados pero musculosos a la vez. Tienen una risa peculiar que una vez la oyes en tus oídos se queda grabada para siempre...». En los días siguientes la viajera disfrutó de la vida en el desierto, acampaban de noche en las dunas bajo el cielo estrellado y le gustaba sentarse con sus criados y doncellas junto al fuego recordando sus aventuras pasadas. Cuando los tuaregs a lomos de sus camellos la visitaban ella se ponía su túnica más espléndida y se sentaba como una princesa en su palanquín colgado entre dos camellos.

Muy poco se sabe de lo que realmente ocurrió a Alexine desde que abandonó Murzuq. Se conserva, eso sí, una carta escrita por ella a su hermanastro John donde por primera vez aparece preocupada por su seguridad: «A mí no me gusta estar siempre hablando de la muerte, pero es algo que no se puede evitar cuando estás en estos países sin ley, si algo me ocurriera te ruego que seas amable con mis pobres y fieles sirvientes». Al parecer el viaje fue muy tranquilo hasta que el 1 de agosto, mientras se preparaban para levantar el campamento que habían instalado a sólo cinco días de la ciudad y proseguir la marcha un altercado entre los camelleros alertó a Alexine. Cuando salió de su tienda para ver qué ocurría un hombre le cortó la mano con un sable y le golpeó en la cabeza. La mujer perdió el conocimiento y cayó al suelo pero no murió en el acto. Según los testigos que presenciaron su horrible crimen Alexine yació herida durante varias horas desangrándose delante de sus sirvientes a los que impidieron ayudarla. Una vez muerta, los tuaregs le robaron todas sus pertenencias aunque descubrieron decepcionados que los grandes tanques que transportaba la caravana no contenían las riquezas que imaginaban, tan sólo litros de agua para sobrevivir en el desierto.

Alexine fue enterrada en las arenas del desierto rodeada de algunos de sus más fieles sirvientes. La noticia llegó a Trípoli y de ahí corrió como el viento a Inglaterra, donde periódicos como *The Times* publicaron la noticia en primera página el 6 de septiembre de 1869. La famosa y rica exploradora holandesa había sido brutalmente asesinada en la pista de Ghat por un grupo de tuaregs que sólo anhelaban robar sus riquezas y sus valiosos regalos.

En julio de 1895, veintiséis años después de su muerte *The Daily Telegraph* publicó un extenso reportaje según el cual Alexine Tinne aún vivía. Contaba la increíble historia de que la viajera había sido capturada y vendida a un importante jefe local con el que había tenido tres hijos y que se había convertido en una persona muy respetada en el desierto donde la apodaban «La Croyente», La Creyente. Leyendas como ésta circularon durante muchos años por el norte de África en parte porque nunca se recuperó su cuerpo y las arenas del desierto borraron las huellas del lugar donde fue enterrada. Pero el testimonio de los cinco supervivientes de la masacre que presenciaron su asesinato nunca se cuestionó. Su reconocida generosidad perduró más allá de su desaparición y sus fieles sirvientes recibieron durante años puntualmente una pensión mensual de la familia Tinne.

En Juba, al sur de Sudán, un obelisco recuerda los nombres de los grandes exploradores que en el siglo XIX participaron en la búsqueda de las fuentes del Nilo. A ella le hubiera gustado saber que su nombre se encuentra junto al de sus admirados David Livingstone y John Speke. Había conseguido al fin su sueño de entrar a formar parte de aquel reducido y selecto grupo de hombres audaces que dieron su vida, como ella, por rellenar los espacios en blanco del misterioso continente africano.

FLORENCE BAKER

Una heroína de novela
(1841-1916)

¿Llegué verdaderamente a las fuentes del Nilo? No fue un sueño. Tenía un testigo a mi lado; un rostro todavía joven, bronceado como el de un árabe tras años de exposición bajo un sol abrasador; macilenta y consumida por el esfuerzo y las enfermedades, ahora felizmente olvidadas; la devota compañera de mi peregrinaje a quien debo el éxito y la vida: mi mujer.

SAMUEL BAKER, en su libro
The Albert Nyanza, 1866

En 1965 Anne Baker, esposa del bisnieto del célebre explorador Samuel Baker, en una mudanza de su casa londinense descubrió una serie de cartas y un diario envueltos cuidadosamente en tela de algodón africana. Estaban firmados por Florence von Sass y en sus páginas se describía en un delicioso inglés victoriano un increíble y temerario viaje al continente africano hacia 1870. La autora no era otra que la amante y posteriormente esposa de sir Samuel Baker, uno de los grandes exploradores del siglo XIX. Los documentos se encontraban escondidos en el falso fondo de un cajón de teca donde los niños guardaban los juguetes. Anne, fascinada por el hallazgo, se dedicó a ordenar toda la correspondencia y documentación. Fruto de este trabajo que le llevó siete largos años fue la publicación de su libro *Morning Star* (Estrella del amanecer), que incluía el diario y las notas personales del segundo viaje de Florence Baker al Alto Nilo en 1870. Por primera vez se recuperaba del olvido el testimonio, escrito en primera persona, de una mujer que demostró un extraordinario valor al viajar por amor a una de las regiones más peligrosas entonces del continente negro.

La vida de la húngara Florence von Sass parece sacada de una novela. Esta hermosa muchacha contaba diecisiete años cuando estuvo a punto de ser vendida en una subasta de esclavos en una región de la actual Bulgaria. El destino quiso que un acaudalado viudo escocés, Samuel Baker, pasara por allí de viaje y ante la belleza de la joven se decidiera a comprarla y salvarla de un horrible destino en algún remoto harén turco. A partir de este momento los Baker pasearon su amor por tierras africanas ignorando el escándalo que su comportamiento provocaría en la puritana sociedad victoriana. De hecho Samuel fue el primer explorador en viajar en compañía de su mujer —entonces aún su amante— al corazón del tenebroso continente africano en uno de los viajes más temerarios de su tiempo. El escritor Richard Hall en su magnífico libro *Los amantes del Nilo* nos descubre la apasionante vida en común de esta singular pareja de exploradores.

Florence acompañó al hombre que pagó siete libras por su libertad —el precio equivalente entonces a medio kilo de plumas de avestruz— en sus dos grandes expediciones africanas. En el primer viaje que compartieron entre 1861 y 1865 descubrieron el lago Alberto, una de las fuentes del Nilo Blanco, y las cataratas Murchinson en la actual Uganda. Para Florence fue su auténtico bautismo de fuego y el viaje más terrible que nunca hubiera podido imaginar. A lo largo de la travesía la joven se enfrentó con una entereza extraordinaria a nativos hostiles, reyes caprichosos, motines, falta de comida y de medicamentos y un clima malsano. Cómo esta muchacha de entonces diecinueve años y aspecto delicado, que nunca había viajado por África, consiguió sobrevivir a todos estos peligros y adaptarse a una vida nómada y salvaje, resulta aún tan misterioso como su pasado.

Samuel Baker a diferencia de otros exploradores, como Iradier o Livingstone, siempre alabó el coraje de su esposa. La muchacha de largos cabellos rubios y ojos claros, que no dudó en cambiar sus vestidos y corsés por cómodos pantalones y polainas, que aprendió a disparar y a montar a caballo para seguir a su amor, fue la verdadera heroína de sus libros de aventuras. Florence pasó de esclava a lady cuando su esposo fue nombrado caballero por la reina Victoria, y murió con setenta y cinco años refugiada en los recuerdos de su apasionante vida en común. Sólo con el paso del tiempo se reconocería el importante papel que desempeñó en los descubrimientos de su célebre marido, un explorador atípico que criticó con dureza el atrevimiento de las Tinne por viajar solas al Alto Nilo y al que sin embargo no le importó llevar a su amante adolescente al África central. Es justamente a la madre de Alexine Tinne, Harriet, a quien le debemos la primera descripción de Florence cuando ésta llegó a Jartum en junio de 1862: «Ha llegado un famoso matrimonio inglés. Samuel y Florence Baker van a remontar el Nilo para buscar a Speke. Han estado en Etiopía y se dice que ella mató un elefante. Florence viste pantalón, polainas, cinturón y una blusa, y adondequiera que vaya su marido ella le acompaña».

La esclava y el caballero inglés

Samuel Baker nació en 1821 y era el hijo mayor de un acaudalado banquero que poseía extensas plantaciones de azúcar en Jamaica. Con el tiempo este joven deportista y vividor, apasionado de la caza y la vida al aire libre se casaría con la hija de un clérigo inglés sin renunciar nunca a sus viajes y trofeos. Mientras se dedicaba a matar elefantes en Ceilán, tigres en la India y osos en los Balcanes su esposa se quedaba al cuidado de las cuatro hijas que tuvieron.

Cuando Sam conoció en 1858 a Florence hacía cuatro años que había enviudado y acompañaba al joven maharajá indio Duleep Singh en un viaje de placer a Constantinopla. Ocurrió que en el trayecto, el barco en que viajaban por el Danubio chocó con un témpano de hielo no muy lejos de una población llamada Widdin. La ciudad era un fortín turco en el corazón de los Balcanes donde la esclavitud era aún un lucrativo negocio. Quiso el destino que antes de partir Baker presenciara una subasta de esclavos y que su vista se fijara en una joven blanca de cabello rubio y porte elegante, que se encontraba en el grupo de cautivos. El impulsivo caballero inglés acabó pujando por la muchacha y adquiriendo una es-

clava, algo impensable en un hombre de sus principios que reprobaba esta despreciable práctica.

Fue así como la atractiva Florence Finnian von Sass, que contaba apenas diecisiete años, se vio de repente unida a un desconocido
con el que compartiría grandes aventuras. Baker reconocería que lo
suyo fue un flechazo a primera vista, lo que no sabemos es qué opi-
naba entonces la bella adolescente de aquel hombre cuarentón de
prominente nariz, poblada barba y patillas, que desde luego no
deseaba una esclava a su lado. El caballero, algo chapado a la antigua, tan sólo quiso salvarla de un destino que él consideraba «peor
que la muerte». Los orígenes de Florence son aún un misterio y si a
lo largo de sus más de treinta años con Samuel se enteró de su vida
pasada guardó bien el secreto. Al parecer había nacido en Rumanía
en 1841 y de su infancia sólo recordaba que se quedó huérfana
cuando tenía apenas siete años y toda su familia fue masacrada en
una de aquellas cruentas guerras civiles que estallaron en Europa
oriental hacia 1848. Consiguió sobrevivir gracias a que una doncella la ocultó y se encargó de cuidarla aunque nunca se supo cómo
llegó a ser capturada por mercaderes turcos para ser vendida como
esclava. Lo que estaba claro es que Florence no era una campesina
analfabeta ya que hablaba alemán y húngaro, sabía organizar una
casa, era una competente enfermera y hábil costurera. Tenía sentido común y toda la diplomacia que a Samuel le faltaba. En más de
una ocasión, gracias a sus oportunas intervenciones, pudieron salir con vida de los peligrosos reinos africanos donde fueron reteni-
dos a la fuerza.

Samuel Baker tras comprar a Florence no sabía muy bien qué
hacer con ella; si la dejaba libre la exponía a un incierto destino, si
se la llevaba tendría que dar muchas explicaciones a los amigos y
familiares. Por el momento decidió que seguirían viajando juntos
hacia Bucarest, donde el maharajá se despidió oportunamente de
la pareja. Aún le quedaban muchos meses por delante para disfrutar de aquella agradable compañía femenina antes de tener que
regresar a su mansión de Lochgarry, en las tierras altas de Escocia, donde le esperaban sus hijas. Baker, tras trece años de anodina vida matrimonial y una cosecha de hijos —de los cuales dos

murieron en la tierna infancia—, descubría en su madurez la pasión amorosa junto a una joven veinte años menor que él a quien muchos tomaban por su hija.

Si en un principio Florence dudó de los motivos que llevaron a Samuel a comprarla, poco a poco se fue sintiendo más segura a su lado y se dio cuenta de que ambos tenían muchas cosas en común, entre ellas la sed de aventura y un gran sentido del humor. Baker aceptó trabajar en el puerto de Constanza, en el mar Negro, supervisando la construcción de una línea ferroviaria para mantenerse un tiempo prudencial alejado de su familia. En sus cartas dirigidas a su hermana Min, tutora de sus hijas, nunca menciona a Florence pero empieza a barajar la posibilidad de viajar a África y participar en la exploración del continente como sus admirados Livingstone o Speke. En realidad su familia no sabría de la existencia de Florence hasta siete años después, cuando ya había decidido casarse con ella.

En aquellos días de 1859 los periódicos británicos dedicaban el grueso de sus páginas a las hazañas de grandes exploradores como John Speke y Richard Burton, que acababan de regresar del África central donde supuestamente habían encontrado las fuentes del Nilo en un extenso lago, grande como un mar, que bautizaron como Victoria en honor de la reina de Inglaterra. La misma fiebre que atacó a la joven holandesa Alexine Tinne ahora se apoderaba de Sam Baker, que no se encontraba muy lejos de Egipto. En una carta a la familia escribió que no volvería a casa en algún tiempo: «Querida hermana, en el fondo de mi ser late un espíritu aventurero que se impone a todo lo demás. Ya vendrá el día en que disfrutaré de las ciudades; pero, por el momento, las aborrezco... Mi aguja magnética me dirige hacia el África central».

Baker era un explorador totalmente atípico, no era miembro de la elitista Royal Geographical Society de Londres, viajaba por placer y tenía dinero para financiarse su propia expedición. A él lo que en verdad le gustaba era la caza mayor y la aventura, eso sí, con cierto confort. Para su gran viaje africano no olvidó llevar sus deliciosas golosinas y chocolates, un impecable equipo de safari, dos catres de metal y una enorme bañera de estaño, una colección de escopetas y botas de caza fabricadas en Londres a su medida y lo último en instrumentos científicos. Sabía que en Sudán podría matar un buen número de elefantes y de paso explorar los afluentes orientales del Nilo, junto a la frontera de Abisinia, en la actual Etiopía. Partieron de El Cairo en abril de 1861 remontando el Nilo en su *dahabié*, se detuvieron en Luxor, donde Sam aprovechó para cazar con su escopeta pichones y codornices que regaron con buen vino y animada conversación. Para entonces Florence ya era una buena cazadora y manejaba con habilidad un rifle ligero regalo de su benefactor. Tras un mes de navegación rumbo al sur abandonaron su falucho en Asuán y atravesaron el desierto nubio viajando a lomos de camello con su abultado equipaje siguiendo la ruta que anteriormente hicieran las Tinne desde Suakin hasta la ciudad árabe de Barbar. Este tramo del desierto estaba considerado por el ejército británico como imposible de cruzar, eran cuatrocientos kilómetros de arena, sin ninguna aldea donde poder repostar o pedir ayuda y bajo un sol implacable.

En lugar de seguir Nilo arriba decidieron pasar un tiempo explorando los afluentes abisinios del gran río africano, dándose un respiro para aprender árabe, aclimatarse y cazar. Para Florence ésta iba a ser su primera experiencia en el desierto, a lomos de camello, con temperaturas que superaban los cuarenta grados a la sombra aguantó con coraje las penosas jornadas de marcha de hasta trece horas diarias. En un grabado dibujado por Sam en aquella etapa del viaje se ve a Florence montada en lo alto de un dromedario vestida como para pasear por Hyde Park, con una camisa de cuello alto y mangas abombadas, una elegante falda larga hasta los tobillos y una amplia pamela para protegerse del sol. Más adelante se vestiría con atuendo masculino y los nativos creerían que era el hijo de Samuel Baker.

Aunque Florence se encontraba exhausta no podían permitirse el lujo de detenerse para descansar pues como el explorador anotaría en su diario: «... ella está muy mal, debido a la fatiga y al calor. Pero en el desierto no se puede parar; vivo o muerto hay que seguir con la caravana». La joven sufrió sus primeros ataques de malaria y una insolación que a punto estuvo de acabar con su vida. Ya por entonces Sam descubriría que su infatigable compañera gozaba de una entereza y fortaleza física asombrosas y era capaz de recuperarse de las mayores adversidades con inusitada facilidad. Tras enviar a Jartum una buena parte del inútil equipaje que ya no podían llevar a Abisinia, siguieron el curso del río Atbara y cuando llegaron a Sofi, una vieja ciudad destruida por las tropas egipcias, decidieron acampar y quedarse allí cinco meses. Fue su primer hogar en tierras africanas, se construyeron una choza circular a la manera tradicional e instalaron en ella sus pesadas camas de viaje, mosquiteros, bañera y el coqueto tocador de Florence con sus perfumes, cepillos y un espejo oval, ante la mirada curiosa de las mujeres nativas. Sam, que era muy mañoso, construyó sillas, mesas y estanterías para guardar sus once rifles y diversas pistolas. «En el transcurso de una semana hemos construido un precioso campamento, como el que hubiera codiciado para sí Robinson Crusoe; pero él, pobre desafortunado, tenía por único asistente a su indígena Viernes, mientras que en nuestro hogar hay muchas pequeñas comodidades gracias a una mano femenina...», anotaría Baker. El lugar era un paraíso para la caza y a diario partían juntos de cacería y recorrían las orillas del río matando hipopótamos, gacelas y aves. En una carta a sus hijas les hablaba del menú selvático: «Hoy vamos a cenar hipopótamo, con uno de los pies y una parte del labio haremos sopa y asaremos algo de carne que llamaremos *roastbeef*, lo que siento decir es que el animal no es precisamente joven...».

En el tiempo que pasaron en Abisinia, Florence se dedicó a confeccionar ropas de safari para su esposo, pantalones cortos y camisas de manga corta de un resistente algodón tejido por los nativos que tiñó con el jugo marrón de las mimosas. Los dos llevaban entonces pantalones y se cubrían las pantorrillas con polainas hechas con piel de gacela curtida que les protegía de los espinos y de las picaduras de serpientes. Sam por su parte utilizaba la piel de los animales que cazaba para fabricarse cómodos zapatos que hubieran causado sensación en las calles de Londres. En su diario escribe: «Los mocasines son de piel de jirafa y mucho mejores que los zapatos europeos, al no tener tacones no hacen ruido al andar sobre las piedras y aunque son muy ligeros se ríen de las espinas...».

Aquellos románticos meses de aventuras y cacerías por el Nilo Azul finalizaron y los Baker llegaron a Jartum a mediados de junio de 1862 con la idea de organizar su propia expedición. Samuel recibió un telegrama de la Real Sociedad Geográfica de Londres en el que se le pedía que viajara rumbo a Gondokoro para tratar de encontrar y aprovisionar a los exploradores Speke y Grant de los que hacía más de un año que no se sabía nada. En los siguientes seis meses se dedicó a organizar minuciosamente su expedición, consiguió reclutar a noventa y seis hombres, entre soldados de escolta y tripulación, alquiló un barco de vela y dos barcazas a falta del vapor que se habían llevado las Tinne. Reunió además todos los animales necesarios para el largo viaje, veintiún burros, cuatro dromedarios y cuatro caballos.

Durante su estancia en Jartum se alojaron en la casa del cónsul británico, John Petherick, y su esposa Katherine que unos meses antes habían partido hacia el sur de Sudán rumbo a la remota Gondokoro y algunos los daban por muertos. Contaban los mercaderes que de allí regresaban que los Petherick no pudieron aprovechar los vientos del norte y se quedaron atrapados en medio de una maraña de vegetación flotante. La joven inglesa Kate Petherick demostró un valor muy similar al de Florence Baker. Era una atractiva mujer de treinta y cuatro años, de aspecto elegante, que amaba la aventura y no le importó abandonar una cómoda vida en la campiña inglesa para seguir a su esposo al corazón del Nilo en su luna de miel. Sabía manejar con igual habilidad un sextante y una pistola, hablaba varios idiomas, dibujaba con gran estilo y tenía amplios conocimientos de historia natural. Durante aquella travesía por las pestilentes ciénagas sudanesas estuvo a punto de perder la vida a causa de las fiebres y la disentería, la mayor parte del viaje permaneció enferma y delirando.

A los Baker la remota Jartum, donde confluyen las aguas del Nilo Blanco y del Nilo Azul en su accidentado viaje al Mediterráneo, les pareció un lugar «sucio, horrible y corrupto». La ciudad sudanesa, habitada por treinta mil almas que se apiñaban en casuchas de ladrillo cocido mal ventiladas, estaba rodeada por las arenas del desierto y era un agujero insalubre donde no existía alcantarillado, ni desagües y el agua potable era un bien escaso. Al mediodía el calor era tan sofocante que las calles aparecían completamente vacías y el hedor era aún más insoportable. Para Florence encontrarse de nuevo cara a cara con el horror de la esclavitud le trajo amargos recuerdos. En una ocasión llegaría a decir: «Odio profundamente la sola presencia de los esclavistas; siempre que veo a alguno de ellos me recuerda los tiempos pasados». En los seis interminables meses que pasó en Jartum Florence no pudo conocer a la señora Petherick que en ese momento se encontraba de viaje por la región pantanosa del Sudd y tampoco a la famosa exploradora Alexine Tinne que ya había partido rumbo a Gondokoro con su madre (Harriet) y su tía (Addy). Es obvio que la presencia de mujeres europeas en aquellas latitudes era una excepción. En una carta de 1861 que se conserva del cónsul general británico en Egipto a su colega en Zanzíbar dice: «Petherick se llevó consigo a una mujer robusta como un ciervo. Con él se reunirá un gran amigo mío, al que quizá conozcas, Samuel White Baker, el deportista de Ceilán. Él también viaja acompañado de una mujercita encantadora. Y mucho me temo que esas dos damas perderán la salud y quizá también la vida en sus exploraciones». El cónsul se equivocó en sus afirmaciones quizá porque no conoció personalmente a Katherine ni a Florence, las damas sobrevivieron a aquellas regiones infernales y murieron a una edad muy longeva sin perder un ápice de su curiosidad.

El 18 de diciembre de 1862 la flotilla partió Nilo arriba con la bandera del Reino Unido ondeando en sus mástiles. Unos días antes Samuel había hecho su testamento, en el que caso de que él muriera y su compañera Florence consiguiera regresar a Jartum no le faltaría el dinero para poder volver a su país y vivir holgadamente. Era el gran día, les quedaban por delante cerca de mil quinientos kilómetros hasta la población de Gondokoro donde esperaban reunirse en seis semanas, si el viento era favorable, con los exploradores dados por desaparecidos. Por fin comenzaba su verdadera aventura africana rumbo a regiones desconocidas y llenas de peligros.

Cita en el infierno

El paisaje desolador de las ciénagas del Sudd hizo muy pronto su aparición. En época de lluvias el agua cubría en estas latitudes al sur de Sudán una extensión tan grande como Inglaterra y el Nilo Blanco presentaba aquí su cara más amarga. Florence nunca olvidaría el mar de plantas y helechos que tuvieron que atravesar hasta llegar a su destino. «Todo es aquí salvaje y brutal, duro e insensible», escribiría Baker, y preocupado por la salud de su compañera ordenaba anclar todas las noches en medio del río, lejos de las «miasmáticas» riberas pantanosas. Aun así los mosquitos, llamados con ironía por los viajeros «los ruiseñores del Nilo» se los comían vivos y no pudieron librarse de las garras de la malaria, enfermedad para la que por entonces no existía profilaxis y se desconocía su origen. En aquel tiempo algunos viajeros, como el propio Stanley, llevaban consigo las famosas píldoras del doctor Livingstone a base de jalapa, calomel, ruibarbo y quinina que no siempre resultaron eficaces en los trópicos.

Por fortuna aquel año la enmarañada vegetación del poderoso río africano no era muy tupida y en apenas cuarenta días los Baker pudieron alcanzar Gondokoro. Era el 2 de febrero de 1863. Hacía cinco meses que las señoras Tinne habían abandonado este lugar aquejadas de fiebres y con buena parte de la tripulación enferma. Nadie sabía aún nada de los exploradores Speke y Grant así que los Baker se dispusieron a esperarlos en aquel lugar horrible que no era otra cosa que un gran almacén de esclavos y marfil. Los europeos no eran bien recibidos en esta tierra sin ley donde gobernaban los traficantes que trataban de ocultar su preciosa «mercancía» a los ojos de los extraños que pudieran denunciarles.

A los quince días de su llegada los jóvenes oficiales del ejército británico Speke y Grant hicieron por fin su aparición. Hacía dos años que habían partido desde Zanzíbar, en la costa oriental africana rumbo a la región de los grandes lagos en un viaje que calificaban como «el más terrible que nadie pudiera imaginar». Habían descubierto las fuentes del Nilo en las orillas del lago Victoria pero estaban exhaustos, hambrientos y debilitados. Tras los efusivos saludos Sam presentó a los recién llegados a «su querida amiga» Florence. Los dos exploradores se quedaron sorprendidos al ver una muchacha tan hermosa y joven junto al maduro Sam que hacía sólo unos años que había enviudado. Es de suponer que aquella situación no debió resultar nada fácil para la joven; a partir de ahora la noticia correría como la pólvora en Londres y tendría que soportar duras críticas a sus espaldas. De hecho a su regreso a Inglaterra Speke pronto empezó a hacer comentarios de mal tono acerca de Florence y de la ambigüedad de su situación como amante en África, donde las enfermedades eran muy corrientes y la vida a veces muy corta, tal como cuenta el escritor Edward Rice en su magnífica biografía del viajero Richard Burton.

A estas alturas del viaje Samuel Baker, que ya le había cogido gusto a esta vida salvaje tan alejada de los rígidos convencionalismos sociales ingleses, no estaba dispuesto a regresar a la civilización. Así que cuando escuchó a Speke y Grant decir que existía un misterioso lago interior llamado Luta N'zige donde podía desembocar el Nilo, decidió partir en su búsqueda. De nada sirvió que Speke le tachara de loco por llevar con él a una muchacha que podía ser violada por los nativos, atacada por las fieras o por alguna de las enfermedades mortales tan comunes en estos parajes. Florence, sin embargo, ya se había acostumbrado a la dura vida de campamento, a la falta de intimidad, al insoportable calor, a las moscas y a vivir como una nómada. «No era una chillona», aseguraba orgulloso Sam, pues siempre que se encontraban en algún peligro —como el día en que una hiena se metió en el interior de su tienda— su compañera con mucha sangre fría le tocaba tranquilamente el brazo y le pasaba un revólver para que él la defendiera.

A los pocos días cargaron sus burros y dromedarios, recogieron su equipaje y pusieron rumbo al inexplorado interior del continente. Partieron de noche para esquivar a los traficantes que querían boicotear su partida. Florence, vestida con sus pantalones bombachos y polainas hasta las rodillas, montaba a horcajadas un caballo llamado Tetel y Sam otro bautizado como Filfil. Los nativos que se encontraban en su camino y no habían visto antes un hombre blanco se quedaban perplejos ante aquellos dos seres rubios de tez clara y ojos azules vestidos con ropas extrañas. Y es que en ocasiones Samuel se vestía con sus mejores galas, es decir falda escocesa, medias y gorra adornada con plumas de avestruz para impresionar a los jefes locales, completamente desnudos, que se quedaban sin habla. A Florence la llamaban Njinyeri «La estrella del amanecer» y a él Mlidju «El de la poblada barba». En una ocasión cuando Florence decidió lavarse su larga cabellera rubia en un poblado se armó un gran escándalo entre los indígenas que nunca habían visto algo semejante. Sam comentaría con humor: «Un gorila en una calle londinense no hubiese causado mayor revuelo».

La búsqueda del lago les llevó dos años de viaje, uno de los más penosos de su época. Fueron engañados por los comerciantes, tuvieron que aceptar a regañadientes la protección de los traficantes de esclavos para no ser atacados por las tribus hostiles, vieron cómo sus animales de transporte morían uno a uno a causa de la picadura de la mosca tse-tse y ellos mismos pasaron meses postrados en la cama para recuperarse del paludismo. La mayor parte de los miembros de la expedición murieron y tuvieron que abandonar sus más apreciadas pertenencias —incluida la bañera de estaño— cuando se quedaron sin porteadores. Durante nueve meses avanzaron muy lentamente sin saber muy bien adónde dirigir sus pasos, en realidad no disponían de mapas y aunque los hubieran tenido aquella región estaba aún por cartografiar. Se encontraban a sólo cien kilómetros de su anhelado lago pero ellos lo ignoraban, así que siguieron alojándose en sucias chozas llenas de ratas y ejércitos de cucarachas y alimentándose de hierbas cuando no había qué comer. Para Florence lo peor era contemplar impotente cómo las aldeas eran saqueadas por los traficantes y la gente —niños y mujeres incluidos— obligada a partir a golpe de látigo rumbo a Jartum atados con pesadas cadenas en pies y manos. Aun así hubo momentos más tranquilos, como cuando se vieron obligados a permanecer unos meses en el territorio de los obbo y fueron huéspedes de su jefe Katchiba, un singular personaje que viajaba siempre a hombros de un fornido esclavo y tenía ciento diez hijos. Samuel aprovechó el tiempo dibujando y elaborando un whisky «bastante decente» destilando batatas, tras dos años de abstinencia aquel brebaje les supo a gloria.

Finalmente y tras su agotadora marcha bajo la persistente lluvia llegaron al reino de Kamrasi, el gobernador de Bunyoro, en la actual Uganda, cuyo permiso necesitaban para seguir hacia el lago que se encontraba a dos semanas escasas de allí. Florence estaba tan enferma y débil que tenía que ser llevada en litera y Sam apenas podía mantenerse en pie. El caprichoso rey Kamrasi (en realidad era un hermano del monarca que se hacía pasar por él) tras exigirles un buen número de obsequios decidió retenerlos hasta nueva orden. Así pasaron los meses hasta que la quinina se les acabó y Samuel se dio cuenta de que si el rey no les proporcionaba porteadores y un guía nunca llegarían a su destino y morirían en aquel terrible lugar. «Quedaremos atrapados por otro año más en este abominable país —escribiría Baker en su diario—, acosados por las fiebres, sin medicamentos, ropas ni provisiones.»

En febrero de 1864, fecha que los Baker nunca olvidarían, el rey Kamrasi les anunció que podían partir pero el explorador debía dejarle a su joven compañera a cambio de una atractiva muchacha virgen de Bunyoro. Samuel, indignado ante semejante proposición, sacó su revólver y le apuntó al pecho pidiéndole que se disculpara. Cuando ya estaba a punto de matarlo, Florence que se encontraba aún convaleciente en su tienda, salió y se enfrentó furiosa a Kamrasi que al final cedió y los dejó partir. Samuel se había escandalizado de una práctica que era muy común en estas latitudes, el intercambio de esposas se tomaba como un acto de hospitalidad hacia los recién llegados. Por su parte Florence seguramente era la primera mujer blanca que se veía en esta región del África central y la voz había corrido de tribu en tribu hasta tal punto que el rey Mutesa, monarca del reino de Buganda mandó un emisario para saber si la europea estaba en venta. Fue ésta una de las muchas escenas cargadas de romanticismo y valor que más tarde Samuel Baker reflejaría en un magnífico libro *The Albert Nyanza* (El lago Alberto), donde Florence se convertiría en la auténtica heroína. Con su libro nacía el estereotipo de «la chica rubia y el explorador» que el cine de aventuras made in Hollywood explotaría con éxito en películas inolvidables como *Mogambo* o las románticas *Memorias de África*. Sin el protagonismo de Florence los libros de Baker hubieran sido tan vulgares como los de su admirado Speke o tan cargados de moralidad como los diarios de Livingstone.

Pero no habían acabado aquí los contratiempos. Les quedaban aún veinte días de marcha hasta el lago Luta N'zige si conseguían sobrevivir sin quinina. Continuaron por aquellas regiones selváticas nunca antes recorridas por un hombre blanco, rodeados de enjambres de mosquitos, hormigas blancas, atravesando pantanos hediondos y miserables aldeas. Fue entonces cuando ocurrió un accidente que a punto estuvo de acabar con la vida de Florence. Se encontraban cruzando a pie el río Kafu, con el agua hasta la cintura, cuando la joven se hundió literalmente bajo sus pies en el lodo y desapareció de la superficie. Cuando consiguieron sacarla a flote y arrastrarla hasta la orilla se había desmayado. Poco después Samuel escribiría en su diario: «... se hallaba totalmente insensible, como muerta, con los dientes y las manos firmemente apretadas, y los ojos abiertos pero fijos. Era una insolación». Durante dos días Florence permaneció en coma y cuando parecía despertar de su letargo continuó delirando una semana. Llovía sin cesar y la comida escaseaba. Día y noche Baker no se separaba del lecho de su compañera y por primera vez temía que pudiera perderla para siempre. Siguió cuidándola con esmero hasta que se dio cuenta de que Florence seguía sin reaccionar y mandó a sus hombres cavar una tumba. Fue en ese mismo instante cuando la muchacha recobró el conocimiento y abrió de nuevo los ojos. En su diario Baker sólo anotaría: «F. ha despertado de su delirio, seguimos la marcha».

En los siguientes días Florence aún se veía obligada a viajar en litera porque apenas tenía fuerzas para caminar. Se negó a regresar aunque su compañero se lo propuso, habían sacrificado mucho para llegar hasta allí y no pensaba dar la vuelta. El 14 de marzo, tras cruzar un valle, sus guías les anunciaron que al otro lado de las montañas se encontraba el gran lago que buscaban. Samuel ascendió hasta la cima de una colina y contempló extasiado el espejo de agua que se extendía frente a él.

El camino era muy abrupto pero Florence, apoyándose en un palo y con ayuda de Sam, consiguió descender hasta alcanzar en dos fatigosas horas las verdes orillas del lago. Fue un momento inolvidable para los Baker, se sentían excitados y Samuel recordaría más tarde: «Corrí a meterme en el lago, sediento y fatigado, y ardiendo de calor, pero con el corazón embriagado de gratitud, bebía a sorbos de las fuentes del Nilo». Florence se limitó a atar una cinta en una rama cercana a la orilla como recuerdo de su estancia. Como la mayoría de los exploradores tenían la costumbre de bautizar los lugares que descubrían con los nombres de algún miembro de la familia real inglesa, el Luta N'Zige o «Langosta Muerta» en lengua nativa se convirtió en el lago Alberto en honor al marido de la reina Victoria. En su libro sobre el Alberto Nyanza, Baker dedicaría emotivas páginas a su compañera: «Con intensa emoción gocé de aquel glorioso espectáculo. Mi esposa, que me había seguido tan devotamente, permanecía a mi lado exhausta y pálida, una ruina en las orillas del lago Alberto al que tanto esfuerzo habíamos dedicado». A partir de entonces el explorador se bautizaría a sí mismo con el rimbombante nombre de «Baker del Nilo», en realidad el lago Alberto era una de las muchas fuentes del Nilo Blanco, pero para él ahora era la única y la que le daría fama y gloria a su regreso a Inglaterra.

Una pareja singular

Sam y Florence habían conseguido su sueño pero aún les quedaba por delante su mayor desafío, regresar vivos a la ciudad de El Cairo. Decidieron navegar el lago a bordo de dos embarcaciones nativas construidas con el tronco de un árbol. Con ellas tendrían que superar los enfurecidos rápidos que les aguardaban en su camino río abajo. Para proteger a Florence del calor Sam hizo construir en una de ellas un baldaquín con techumbre de paja y paredes de caña de bambú. En el camino se encontraron con unas espectaculares cataratas del Nilo Blanco que bautizaron con el nombre de Murchinson, esta vez en honor al presidente de la Real Sociedad

Geográfica. Extasiados ante la belleza del paisaje que les rodeaba se olvidaron de que aquellas aguas estaban infestadas de cocodrilos e hipopótamos. Resulta sorprendente que consiguieran sobrevivir a las embestidas de estas fieras y a una tormenta que transformó la tranquila superficie del agua en un torbellino de olas gigantescas. La barca a punto estuvo de volcar y todos los tripulantes, incluida Florence, tuvieron que saltar al agua y llegar a nado a una pequeña playa. Estaban empapados, habían perdido buena parte de su equipaje, no tenían agua potable ni víveres, pero se sentían felices por haber salvado de nuevo la vida.

La región de Bunyoro se encontraba ahora sumergida en una cruenta guerra civil entre el rey Kamrasi y su hermano M'Gambi. Durante un tiempo los Baker se ocultaron en una pequeña isla cercana a las cataratas Murchinson pero cuando ya estaban a punto de desfallecer alcanzaron el cuartel general de Kamrasi, esta vez el monarca que les recibía era el «auténtico». En los siguientes seis meses la pareja no pudo moverse de allí ya que era muy peligroso, así que se dedicaron a descansar y a recuperarse de los ataques de malaria que les habían dejado muy debilitados.

En las páginas de su diario Baker anota el 15 de septiembre de 1864 que tanto él como Florence se han resignado a morir en el África central. Y a lo mejor así hubiera sido de no ser por una caravana árabe de esclavos que llegó hasta su campamento proveniente de Gondokoro trayéndoles equipamiento, así como correo que les llegaba con varios años de retraso. No les quedó otra que sumarse a la caravana de negreros en su retorno al norte y presenciar de nuevo cómo las aldeas que se encontraban a su paso eran incendiadas y arrasadas, y sus pobladores capturados. Baker contaría después que Florence durante aquel viaje pudo quedarse con algunos niños esclavos a los que cuidó y alimentó hasta llegar a su destino. Para ella separarse de ellos fue muy duro, sabía que no sobrevivirían a aquellas penosas condiciones de vida, eran niños de tan sólo tres y cinco años.

Aunque avanzaron muy lentamente consiguieron llegar a Gondokoro en febrero de 1865, dos años después de su encuentro con Speke y Grant. Para su decepción a ellos no les esperaba nadie y muy pronto supieron por qué: a estas alturas se les daba por muertos. De nuevo tenían que enfrentarse a serios peligros para llegar a su destino, en Jartum adonde ahora se dirigían se había desatado una epidemia de peste y la mitad de la población había muerto. Por primera vez en cuatro años de viaje, Baker nombra a su compañera Florence en las páginas de su diario, temeroso quizá de que la peste acabe con él al llegar a puerto: «La fiebre es aquí peligrosa y la vida tan incierta que he dado a Florence B. Finnian dos cheques de doscientas y trescientas libras esterlinas para la filial de El Cairo del Banco de Egipto, además del dinero y los bienes que le he dejado en mi testamento, que hice en Jartum antes de partir».

Cuando por fin llegaron a Jartum fueron recibidos de manera muy calurosa por sus viejos amigos ansiosos de escuchar de sus labios las increíbles aventuras que habían compartido en su viaje. En aquellos días Florence se enteró de que la expedición Tinne había sido un rotundo fracaso y se había cobrado la vida de la madre, la tía y las dos fieles sirvientas holandesas de la audaz exploradora. Sólo Alexine había sobrevivido y ahora se encontraba en El Cairo llevando un estilo de vida árabe, rodeada como siempre de una corte de sirvientes y extrañas mascotas. Dos meses después los Baker abandonaron con nostalgia la ciudad sudanesa, era el final de una apasionante etapa de su vida como exploradores por tierras vírgenes que no volverían a repetir. Para regresar a Europa navegaron el mar Rojo y de allí alcanzaron Suez en otro barco. En octubre de 1865, tras cinco años de haber pisado por primera vez África, llegaron a El Cairo donde Sam pudo beber una cerveza fría de verdad y Florence darse un espumoso baño caliente. Por entonces la Royal Geographical Society de Londres ya le había otorgado la medalla de oro y en breve iba a ser ordenado caballero por la reina Victoria de Inglaterra.

En el tren expreso que los llevaba desde Marsella a París, Baker tuvo tiempo para reflexionar sobre su relación con Florence, sabía que los siguientes días iban a ser una dura prueba para ella. Su familia ya sabía a estas alturas que regresaba de África con una mujer y que tenían intención de contraer matrimonio. Su hermana Min, que había criado a las cuatro hijas del explorador, sería la

que más se opondría a esta unión. De cualquier modo se impuso
la discreción y aunque hubo muchas desavenencias al final no
trascendieron por respeto al propio Samuel que ya era una figura
muy popular y querida en Gran Bretaña. De las escasas fotos que
se conservan de Florence hay una que la pareja se tomó en un estudio de París en 1865 recién llegados de su aventura en África
central. En ella se ve a una joven de veinticuatro años y atractivo
rostro que posa ante la cámara seria y desafiante, vestida con una
blusa de seda a rayas ceñida y una falda de color oscuro que cubre
con un mantón de felpa. En lugar de sombrero Florence luce en la
cabeza un velo echado para atrás como los que utilizaban las damas británicas en los climas tropicales para protegerse de los
mosquitos y el sol abrasador. Se adivina que es una mujer de fuerte personalidad y no es de extrañar que muy pronto la sociedad
londinense cayera rendida a sus pies al conocer sus hazañas.

La llegada de los Baker a Londres fue de lo más discreta. Samuel sólo pensaba casarse cuanto antes con su compañera y acallar el escándalo que les precedía. Aunque ya había visitado a sus
hijas todavía no les quería decir nada acerca de Florence hasta
después de la boda. El gran día llegó y por fin la singular pareja
pudo contraer matrimonio en la parroquia de St. James, en Westminster. La muchacha de misterioso pasado se había convertido
en Florence Baker y su esposo ya podía introducirla en los selec-
tos ambientes de la alta sociedad inglesa en los que él se movía. Su
primera aparición en público como señora Baker fue justamente
a los pocos días de su boda, en la cena de recepción ofrecida al explorador por la Real Sociedad Geográfica de Londres el 13 de noviembre de 1865, a la que asistió un reducido pero selecto grupo
de personas entre las que se encontraba el duque de Wellington.
Samuel aprovechó la ocasión para presentar oficialmente a su esposa y alabar su valor al acompañarle durante cuatro años por
aquellas salvajes tierras africanas donde a punto estuvo de perder
la vida. Así, al finalizar su discurso, el viajero escocés añadió: «Y
hay una persona en esta sala a quien tengo mucho que agradecer,
una joven y tierna mujer que tiene el corazón de un león, y sin
cuya devoción y coraje yo no estaría hoy vivo para dirigirles estas

1 Mary Moffat, la madre de Mary Livingstone, llegó a Sudáfrica en 1819.

2 Robert Moffat, pionero en la evangelización del sur de África.

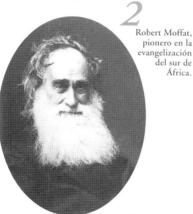

3 David Livingstone, uno de los exploradores más célebres y admirados del siglo XIX.

4 Mary Livingstone, la olvidada esposa del famoso explorador, murió en Zambia a los 41 años.

5 Livingstone con su hija Agnes, nacida en la misión de Kuruman, Sudáfrica.

6 La misionera Mary Slessor antes de viajar a Nigeria en 1875 y convertirse en «la reina blanca de Calabar».

7 Mary Slessor se ganó la confianza de los nativos porque vivió en la selva como una africana más.

Mary Slessor adoptó varios niños africanos a lo largo de su vida en Nigeria. 8

9 Juana Smith cuando tenía 17 años y ya era conocida como «la heroína española».

El teniente coronel sir Harry Smith y su esposa Juana pasearon su amor por los campos de batalla. *10*

11 Lady Smith en 1847, cuando su esposo era gobernador de la colonia de El Cabo, Sudáfrica.

12

La única foto que se conoce de Isabel de Urquiola (aquí con su hermana pequeña), esposa de Manuel Iradier.

13 El explorador Manuel Iradier viajó a Guinea Ecuatorial en 1875 con su esposa y su cuñada.

14 Amalia, la única hija del matrimonio Iradier, murió a los 21 años en Vitoria, poco antes de su boda.

15 Alexine Tinne (izquierda) y su madre, Harriet, antes de partir a Sudán en su temeraria aventura.

16 Adriana van Capellen, tía de Alexine, les acompañó en su expedición y murió en Jartum.

17 Alexine Tinne (derecha) hacia 1860. A los 26 años lideró una expedición para resolver el enigma del Nilo.

Alexine Tinne en El Cairo. La rica y excéntrica aristócrata destacó entre los exploradores del siglo XIX. *18*

La Heroína del Nilo Blanco, un libro de viajes del siglo XIX sobre las aventuras africanas de la célebre dama holandesa Alexine Tinne.

19

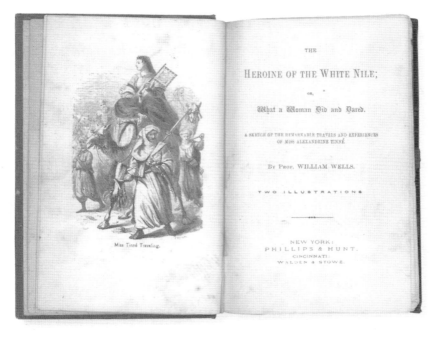

20

Samuel Baker fue el primer explorador del siglo XIX en viajar con su mujer a tierras africanas.

21

Florence von Sass, esposa de Baker, tenía 19 años cuando viajó con él a Sudán.

22 Samuel Baker, vestido para ir a África con ropas confeccionadas por su esposa Florence.

Los Baker en su mansión de Devon hacia 1890, tras una vida llena de aventuras. **23**

Mary Kingsley en su viaje a Calabar en 1895, junto a su amiga lady MacDonald. **24**

25 Retrato de la exploradora inglesa Mary Kingsley hacia 1896, al regreso de su segundo viaje a África.

Mary Kingsley instaló en el recibidor de su casa londinense este fetiche africano, que causaba terror a las visitas. *26*

La escritora Karen Blixen con su fiel sirviente Farah (izquierda) en su granja de Kenia hacia 1929.

28 La casa de la escritora danesa al pie de las colinas de Ngong, en Kenia, que inspiró su famoso libro *Memorias de África*.

Karen Blixen y su esposo, el barón Bror von Blixen, hacia 1920 en la granja de Ngong.

29

30 Karen Blixen encontró en las Tierras Altas de África su verdadero hogar.

Denys Finch-Hatton, el solitario cazador y auténtico amor de Karen Blixen. **31**

La baronesa Blixen en su granja de Mbogani, junto a sus galgos escoceses. **33**

32 Karen Blixen nunca olvidaría los románticos safaris con su amante, Denys.

34 Bror Blixen y su esposa Karen en uno de sus primeros safaris, donde ella descubriría su pasión por la caza mayor.

Denys Finch-Hatton murió en un accidente de aviación en 1931. Pocos días después, Karen Blixen recibió esta fotografía dedicada de su último safari. **35**

36

Retrato de Beryl Markham cuando se hizo famosa por su vuelo transoceánico de 1936.

37

El avión *The Messenger* con el que Beryl Markham cruzó en solitario el Atlántico volando desde Londres a Nueva York.

38

La aviadora Beryl Markham fue la primera piloto profesional del África oriental británica.

El duque de Gloucester, amante de Beryl Markham durante cinco años.

39

40

Beryl Markham
aprendiendo
a volar hacia
1931.

Beryl Markham y Karen
Blixen compartieron el
amor por el mismo hombre,
Denys Finch-Hatton.

41

Anuncio de una conferencia de Delia Akeley tras su cuarta expedición al África central.

43

42 Delia Akeley, a sus 50 años, se convirtió en una de las grandes exploradoras del continente africano.

Delia Akeley junto a un elefante que abatió para el Museo de Historia Natural de Nueva York.

44

En 1924 Delia Akeley atravesó en solitario el continente africano de costa a costa.

45

46 Delia Akeley realizó varios safaris por África en busca de ejemplares para los museos.

47 Osa Johnson, la audaz exploradora, junto a un cocodrilo del Nilo en Uganda.

48 Osa y Martin Johnson de safari por África. Nunca cazaron por placer, solo como defensa personal y para alimentarse.

49 Los Johnson durante su estancia en el Congo belga hacia 1930, con los pigmeos de la selva del Ituri.

Osa y Martin Johnson fueron los pioneros del documental de naturaleza, y con sus aventuras cautivaron al público americano. **50**

palabras. Señor presidente, damas y caballeros permítanme que les presente a mi esposa». Tras estas emotivas palabras se acercó a una joven que le esperaba de pie en el pasillo, le hizo una reverencia y regresó con ella cogida del brazo. A todos los allí presentes aquella mujer rubia y elegante, que sólo contaba veinticuatro años de edad, vestida a la última moda parisina y que había vivido increíbles aventuras junto a su compañero, les resultó fascinante.

En los meses siguientes Samuel Baker se dedicó a escribir su gran libro donde narraba las aventuras de su accidentada búsqueda de las fuentes del Nilo. Con ayuda de sus diarios, los recuerdos de Florence y su habilidad como escritor, su obra titulada *The Albert Nyanza* (El lago Alberto) se convirtió en un inesperado éxito editorial. Era la primera vez que en un diario de viaje escrito por un famoso explorador el papel de su compañera adquiría semejante protagonismo. Florence, anónima durante cuatro años de agitada vida en común por exóticos y remotos países, ahora se convertía en una heroína de carne y hueso y en uno de los personajes más populares de la Inglaterra victoriana.

De entre los reconocimientos que recibió Samuel Baker destaca su nombramiento como «sir», título que recibió de manos de la propia reina Victoria en su palacio de Buckingham. Sin embargo la reina se negó a recibir en audiencia a la ya entonces lady Florence porque pesaba demasiado su «comprometedor» pasado; el hecho de que la pareja hubiera paseado su amor por remotas regiones africanas sin estar legalmente casados le parecía una inmoralidad. Samuel encajó la noticia con gran consternación aunque estaba equivocado al pensar que su compañera no se había enterado del desdén de la reina. En las últimas páginas del diario de Florence Baker, escrito ya en su madurez, aún recordaba aquel desagradable episodio con estas palabras: «Nunca creí que pudiera perdonar a esa mujer, pero luego me di cuenta de algo: ¿qué podía saber una reina, encerrada y rodeada de su estéril corte?, ¿qué sabe ella de lo que es vivir al borde de la desesperación, de enfrentarse diariamente a la muerte, y de amar y ser amada por encima de todo? Ella y yo no teníamos nada en común de que hablar».

Sir Samuel Baker pudo recuperarse de aquel rechazo a los pocos días cuando en París la Sociedad Geográfica Francesa le otorgó la medalla de oro y él delante de todos los asistentes se la entregó a su emocionada esposa y pidió un aplauso para ella. En lo personal Florence Baker pasaba por una de las mejores etapas de su vida, no sólo era admirada por el gran público sino que poco a poco se ganó la confianza y la estima de sus hijastras. Nunca pretendió ocupar el lugar de su madre, pero consiguió, enfrentándose a la hermana de Sam, que las chicas vivieran con ellos formando una nueva familia. Al final Florence ganó la batalla y acabó convirtiéndose en la mejor amiga de Edith, la hija mayor de Samuel que era seis años menor que ella. En 1867 lady Florence se había adaptado a la buena vida de los castillos y palacios ingleses con la misma facilidad que a las tiendas de campaña y a los insectos en el corazón de África. Sus días transcurrían felices en su mansión solariega de Norfolk, perfeccionando su inglés, organizando opíparas cenas —en las fotos de entonces se la ve bastante más gruesa— y bailes en honor a ilustres invitados como sus buenos amigos los príncipes de Gales. No parecía echar en falta su anterior vida nómada y viajera, aunque su insaciable curiosidad y ansias de aventura permanecían intactas.

El 17 de noviembre de 1869 tuvo lugar por todo lo alto la inauguración del canal de Suez y el príncipe de Gales le pidió a Samuel Baker que le acompañara a Egipto para que se encargase de los preparativos necesarios y de paso le enseñara a cazar cocodrilos. En esta ocasión a Florence no se le permitió viajar con su esposo y aunque se quedó en Inglaterra a regañadientes le hizo prometer que nunca más se separarían. Durante los diez largos días de bailes y banquetes que se sucedieron en El Cairo, Baker pudo al fin sentarse junto al hombre más fuerte y poderoso de Egipto, el *jedive* Ismael. El gobernador egipcio, que había seguido muy de cerca el viaje de los Baker por el África central, le ofreció a Samuel el mando de una expedición militar en el sur de Sudán para anexionar aquellas tierras del Alto Nilo a Egipto. Al explorador la idea de «civilizar» aquellas regiones habitadas por «salvajes» le gustó pero entre las condiciones que puso para aceptar el cargo estaban que Florence debía acompañarle y que la misión incluiría la supresión

en la zona del tráfico de esclavos. En esta ocasión el deportista caballero inglés regresaría de nuevo a África con el cargo de gobernador general de la cuenca ecuatorial del Nilo, una paga de cuarenta
mil libras anuales por sus cuatro años de servicios y su inseparable
esposa, la única mujer europea que acompañaría a la expedición.

Baker regresó a Inglaterra eufórico con ganas de contarle a
Florence los planes de su nueva aventura en tierras sudanesas. En
una carta de aquella época a su hermano escribiría: «Mi querida
mujercita está completamente decidida a partir de nuevo hacia el
Alberto Nyansa, pero esta vez dispondremos de un buque de vapor de ciento treinta toneladas y un pequeño ejército en lugar de
trece hombres». Florence Baker tenía entonces veintiocho años,
no tenía hijos —ni los tendría— pero su querida hijastra Edith le
había dado el que consideraba su «primer nieto». Aún le gustaba
la aventura y sabía que en esta ocasión viajarían con mayor confort y seguridad. Durante toda la campaña de su esposo Florence
llevaría un meticuloso diario escrito en inglés con letra grande y
buena ortografía. Como pudo comprobar Anne Baker cuando lo
descubrió cubierto de polvo en su desván londinense, era un documento de excepcional valor que narraba día a día los tres años
que los Baker pasaron en África a las órdenes del *jedive* Ismael,
gobernador del Imperio turco en Egipto.

Sueños de grandeza

El diario de Florence hallado cincuenta años después de su muerte se inicia con estas escuetas palabras «Gracias a Dios, hemos
partido finalmente» y la fecha 8 de febrero de 1870. Los Baker se
encontraban de nuevo en Jartum al frente de una imponente tropa formada por mil setecientos hombres. La flota estaba compuesta por dos pequeños buques de vapor que se podían desarmar
para ser transportados por camellos a través del desierto y monta-
dos de nuevo una vez superados los rápidos Nilo arriba. Un año
después de que se le encargara a Baker su ambiciosa misión, el explorador —ahora convertido en el primer mercenario europeo a

las órdenes del *jedive*— ya lo tenía todo preparado para salir rumbo a Gondokoro, el paraíso de los traficantes de esclavos, donde instalaría su base de operaciones.

El 2 de febrero de 1870 los Baker partieron con su ejército y una flotilla de treinta embarcaciones hacia el sur recordando el duro viaje que hicieron cinco años atrás con apenas una docena de hombres y a bordo de un *dahabié*. Lady Baker, en su condición de esposa del «bajá», viajaba ahora a lo grande en compañía de dos sirvientas y un buen número de criados a los que uniformó debidamente y enseñó las tareas domésticas. Desde el principio esta expedición militar estaba condenada al fracaso, los cerca de quince mil tratantes árabes que operaban en toda la región meridional del Sudán no iban a permitir que un europeo acabara con su lucrativo negocio de esclavos. Como muy pronto pudieron comprobar los Baker, el principal escollo se encontraba en el propio Nilo que se había convertido en un río bloqueado por la densa vegetación. Los barcos se quedaron literalmente atrapados en la enmarañada masa flotante de plantas y durante dos terribles meses los soldados tuvieron que arrastrar las embarcaciones con sogas y abrirse paso entre la vegetación de las ciénagas a golpe de machete. El calor era insoportable, nubes de mosquitos les rodeaban sin piedad y muy pronto empezaron las primeras bajas a causa de las fiebres y la insolación. Florence en su diario apenas se lamenta y tan pragmática como siempre escribiría: «Estamos inmovilizados y condenados a permanecer en estas infectas ciénagas un tiempo indeterminado... todo es desolación desde que abandonamos Jartum...». Lady Baker demostró una gran entereza al no perder la razón —ni la compostura— en aquella angustiosa situación, atrapada en medio de un paisaje opresivo y tedioso sin la certeza de poder salir de allí con vida. Intentaba llevar un ritmo de vida normal, dedicada a escribir cartas a sus hijastras, coser y cuidar de sus mascotas, un loro y una mangosta que le hacían gran compañía. En las entradas de su diario se puede leer: «Hoy he estado remendando la ropa. Nos hemos duchado por la tarde. Sam no se sentía muy bien; ha pescado un resfriado».

Ante la dificultad de avanzar Samuel decidió establecer un

primer campamento llamado Tewfikia a la entrada del imprevisible Sudd, a la espera de que el nivel del Nilo creciera un poco y los barcos pudieran seguir navegando. En los seis meses siguientes Baker se dedicó a detener barcos de esclavos, liberar a los detenidos y aplicar la ley a los corruptos traficantes. Florence llena varias páginas de su diario personal con anotaciones relativas a este abominable comercio de seres humanos y en una ocasión tras interrogar a dos muchachas que acababan de liberar escribió: «Jamás había escuchado relatos tan horripilantes como los que contaron esas chicas sobre las cosas que suceden en las espantosas *zaribas* (campamentos) de los traficantes de esclavos, cuya brutalidad y crueldad son repugnantes desde todo punto de vista. Estoy segura de que nadie se puede imaginar lo que pasa en algunas partes del mundo».

Casi un año después de su partida de Jartum los Baker llegaron a la remota Gondokoro donde Samuel mandó construir un fuerte e izar la bandera turca. Florence escribe a su querida hijastra Edith una carta fechada el 19 de mayo de 1871 donde le dice: «Mi querida niña, hemos llegado por fin tras una dura travesía arrastrando una flotilla de cincuenta y nueve barcos incluyendo un vapor de dos caballos de potencia sobre la hierba y las marismas...». En el marco de una solemne ceremonia, sir Samuel Baker vestido con su elegante uniforme de «bajá», hizo desfilar a su ejército y anexionó oficialmente aquellas tierras a Egipto. A partir de este momento Gondokoro pasó a llamarse Ismailía, en honor al *jedive* y la nueva provincia se bautizó como Ecuatoria. Los desnudos nativos baris que habitaban en las cercanías del campamento debieron quedarse atónitos ante semejante espectáculo aunque no tardaron en reaccionar contra aquellos intrusos. Durante el tiempo que pasaron en la antigua Gondokoro los Baker fueron atacados con flechas envenenadas por los nativos y los traficantes de esclavos les tenían literalmente sitiados. Los nativos se negaron además a venderles grano y ganado para alimentar a las casi dos mil personas que componían la expedición. Para colmo de males un buen número de soldados egipcios desertó llevándose una treintena de embarcaciones de vela rumbo a Jartum. A pesar de quedarse con apenas quinientos hombres Samuel Baker decidió continuar con su plan original de seguir avanzando hacia el sur y conquistar aquellas tierras salvajes para Egipto, pero además la pareja soñaba con recorrer de nuevo el lago Alberto, navegar el Victoria Nyasa y, como anotaba Florence en una de sus páginas, «encontrar al pobre doctor Livingstone, del que no tenemos noticias y estamos muy preocupados».

El 22 de enero de 1872 emprendieron la marcha a caballo hacia el reino de Bunyoro, en la actual Uganda, donde en su anterior viaje el rey Kamrasi había querido tomar por esposa a Florence. Para entonces las dos sirvientas europeas de lady Baker se habían quedado embarazadas y regresaron a Jartum, y el único médico inglés de la expedición de tanto beber se había «vuelto majareta», según palabras de la señora Baker, y murió en la travesía. Las hijas de Samuel recibieron la última carta de su madrastra —donde siempre se refiere a su esposo como «papá»— escrita poco antes de partir de Ismailía y decía así: «Papá ha hecho los arreglos para iniciar la marcha. El coronel Abd el-Kader iba en avanzadilla con una guardia de quince fusileros y un corneta. Seguía papá con Julien y diez fusileros más. Yo caminaba cerca de papá con munición para un gran rifle y también llevaba dos botellas de brandy, dos vasos para beber, dos sombrillas, mi pistola en el cinturón y un montón de otras pequeñeces...». Durante toda la campaña la presencia de Florence fue de vital importancia, su esposo la llamaba cariñosamente «mi pequeño coronel» y era la encargada de la intendencia del campamento aunque también se dedicaba a recoger datos meteorológicos y a recolectar especímenes botánicos. En este viaje nunca vistió pantalones ni polainas, prefería lucir elegantes vestidos a la última moda para causar una honda impresión entre los nativos. En las cartas que envía a Inglaterra pide a sus hijastras artículos tan curiosos como: «pañuelos de batista, corsés de encaje, ballenas de acero y, sobre todo, muchos lápices...».

A lo largo del camino la expedición de los Baker se encontró con las dramáticas consecuencias del tráfico de esclavos, aldeas arrasadas, hombres y mujeres encadenados abandonados a su suerte en la selva y depósitos de «carne humana» a la espera de su fatal destino. La marcha se hacía cada vez más lenta, la mayoría de sus caballos habían muerto y la esposa de Baker se vio obligada a viajar a lomos de un esquelético jamelgo que bautizó con el oportuno nombre de Rocinante. A estas alturas del camino Florence recordaba que aquí estuvo a punto de perder la vida en su anterior viaje de exploración: «Lamento reconocer que este país me evoca un gran dolor. Cuando veo todos esos rostros, no puedo evitar pensar en lo mucho que sufrimos por la enfermedad y la amargura. El olor de la gente hace que me sienta totalmente abatida, ya que recuerdo cómo me llevaban, cuando estaba terriblemente enferma, y cómo me tiraban al suelo con frecuencia, una y otra vez, entre las altas hierbas y el fango».

El joven Kabarega, hijo de Kamrasi, era ahora el nuevo rey de Bunyoro y gobernaba desde la población ugandesa de Masindi. A ojos de Baker era «un torpe, desmañado e indigno patán de veinte años que se creía un gran monarca». Para Florence era un muchacho de aspecto pulcro, vestido con una elegante túnica marrón y llamativos abalorios, pero cuya mirada «inspiraba terror». A su llegada en marzo de 1872 Baker comenzó a construir cerca del palacio de Kabarega una casa de gobierno y su vivienda particular, que Florence decoró con todo lujo de detalles, incluidas dos fotografías enormes de la reina Victoria y la princesa Alejandra, para impresionar a los visitantes africanos. Ante esta provocación Kabarega, que no estaba dispuesto a ceder su reino a Egipto, reaccionó atacando en el mes de junio a las tropas de Baker en la llamada batalla de Masindi. De nuevo Florence, testigo de excepción, narra en su diario aquel combate que apenas duró una hora y quince minutos y que obligó a las tropas de Baker a batirse en una humillante retirada: «Querida hija, me faltan las palabras para contarte nuestra agotadora marcha. Sólo puedo decirte que por todas partes nos tendían emboscadas. Tuvimos que luchar durante siete días en este espantoso país, donde era prácticamente imposible vislumbrar al enemigo... mientras una lluvia de lanzas caía ante nosotros».

Fue una huida de pesadilla, los Baker debieron partir precipitadamente al ver que los hombres de Kabarega no se replegaban sino que les seguían asediando ocultos en la maleza. Ya no tenían porteadores, ni escolta, ni animales de transporte, sólo tres burros de carga y apenas algo de comida. Por fortuna Florence, siempre precavida y encargada de las provisiones del campamento, había guardado seis baúles de harina que les salvaron de una muerte segura. La tropa de apenas un centenar de hombres tuvo que soportar las continuas emboscadas de sus enemigos hasta que llegaron a Fatiko, no muy lejos del lago Victoria, donde vivía el jefe Rionga, principal enemigo de Kabarega. Resulta difícil entender cómo Florence pudo soportar aquellos siete interminables días de penosa marcha a pie por pantanos y barrancos, bajo un calor sofocante, y viendo cómo a su alrededor los hombres eran brutalmente heridos y asesinados por las lanzas de los nativos. Caminó día y noche con los pies ensangrentados, como ella misma describiría en su diario, por el lodo y caminos de afiladas piedras: «Tenía los pies completamente llagados de tanto caminar, ya que en ocasiones teníamos que recorrer hasta veinticinco kilómetros por terrenos pantanosos de medio metro o un metro de profundidad».

El matrimonio Baker se quedó seis meses en Fatiko donde Sam construyó un fuerte y designó al jefe Rionga representante oficial de Egipto y gobernador de Bunyoro. Aquéllos fueron sus primeros días de tranquilidad desde su partida de Ismailía y Florence reconocería después que aquel lugar a orillas del Alto Nilo le pareció «el paraíso indiscutible de África». De nuevo se puso manos a la obra, arregló una nueva vivienda con las escasas pertenencias que le quedaban, cuidó con esmero de su huerta y del pequeño jardín «tropical» donde crecían aromáticas flores. En los ratos libres se dedicaba a confeccionar vestidos con telas de algodón que compraba en los mercados, embotellaba conservas, escribía a sus hijastras y acompañaba a su esposo en sus partidas de caza. Fatiko fue el último hogar del matrimonio Baker en sus queridas tierras africanas, el final de una vida de auténticos conquistadores.

En agosto de 1873 la intrépida pareja llegó a la ciudad de El Cairo y aunque desde ahí Samuel proclamó al mundo entero que su misión había sido un rotundo éxito, el floreciente comercio de esclavos en Sudán no había sido eliminado. En Inglaterra, donde el periódico *The Times* seis meses antes les había dado por muertos, de nuevo fueron recibidos como héroes y en el banco les aguardaban las cuarenta mil libras asignadas por el *jedive* Ismael. Aunque su salud se había resentido tras su última aventura sacaron fuerzas para buscar una nueva casa y se instalaron definitivamente en Sandford Orleigh, una hermosa mansión de piedra de estilo neogótico al sur de Davon, uno de los lugares más cálidos de Gran Bretaña.

En los meses siguientes Florence se dedicó por entero a decorar y acondicionar su nueva residencia —que tenía más de cuarenta habitaciones y un bosque de varias hectáreas— y a estrechar de nuevo los lazos con sus hijastras. Lejos de Londres, lady Baker encontró la paz que necesitaba y pudo olvidar los terribles meses que pasó «cautiva» en las ciénagas del Sudd. Atrás quedaban las penurias y la vida espartana en el campamento, ahora Florence vivía en la opulencia, tenía una corte de sirvientas y criados y volvió a organizar bailes y copiosas cenas. Una de las sobrinas de Sam que frecuentaba la casa escribió en una carta: «Tía Florence está de lo más preciosa con su vestido de satén de color azul marino y el rico terciopelo de color granate que lo rodea bellamente, además de la diadema de diamantes y los adornos de piedras preciosas que luce por todas partes».

Aunque Florence se negó a volver a África —llegó a decir que jamás pisaría de nuevo Sudán— no dejó de viajar con su esposo, que hasta sus últimos días fue un incansable trotamundos. En 1878 partieron juntos para dar la vuelta al mundo en un viaje que los llevó de nuevo a El Cairo y aunque la tentación de regresar desde allí a las fuentes del Nilo era muy grande, como confesaría Samuel, su esposa se negó rotundamente a llevar otra vez «una vida salvaje y nómada». Eso sí, cazaron osos en las montañas Rocosas de Estados Unidos, viajaron a la India en varias ocasiones y a Japón, que les resultó el país más fascinante del Lejano Oriente. En 1893 Samuel Baker, que ya contaba setenta y dos años, planeaba regresar a África para cazar leones en Somalia. Su ya quebrantada salud no se lo permitió y el 30 de diciembre de aquel año murió en su mansión de Sandford junto a Florence.

Lady Baker sobrevivió veintitrés años a su compañero de aventuras recluida en su solariega mansión campestre. A la muerte de su esposo mandó traer a la residencia un tonel de doscientos treinta litros de vino de Burdeos para agasajar a los amigos de Samuel que la visitaban. Sentada junto a una enorme chimenea de mármol, vestida de riguroso luto y rodeada de innumerables trofeos de caza, le gustaba recordar tiempos pasados cuando de la mano de su «caballero inglés» exploró ignotas tierras salvajes. Lady Baker soportó todo tipo de penalidades en sus temerarios viajes africanos por agradecimiento y devoción a su esposo. «Todo se lo debo a Sam», solía decir a sus amistades y en realidad aquel día de 1858 en que un desconocido la compró en una subasta de esclavos y la subió a lomos de su caballo, comenzó a labrarse su propia leyenda, la de una hermosa esclava convertida en exploradora que disfrutó de una vida poco convencional junto al hombre que amaba.

MARY KINGSLEY

La indómita victoriana
(1862-1900)

De ningún modo pretendía ser asesinada o comida cuando decidí entrar en contacto con tribus de pésima reputación por sus prácticas de canibalismo y de sacrificios humanos, pero eran esas tribus las que mejor convenían para mis investigaciones.

MARY KINGSLEY en 1895, Londres,
del libro *Cautiva de África*

En una de sus más famosas fotografías de estudio tomada en Londres hacia 1896, al regreso de su segundo viaje a la costa occidental de África, Mary Kingsley luce un encorsetado vestido negro largo hasta los tobillos y en la cabeza un curioso tocado de flores y alambres de lentejuelas. Tiene una figura esbelta y estilizada y posa desafiante ante la cámara, tras un bucólico decorado de cartón piedra, mientras en una mano sostiene un paraguas y en la otra unos guantes. Nada hace imaginar que tras esta mujer de aspecto un tanto cursi, que bien podría pasar por una rígida institutriz victoriana, se escondiera una dama indómita que vivió entre los caníbales de Gabón y se enfrentó con gran humor a los prejuicios de su tiempo.

Entre la larga lista de exploradores del siglo XIX que descubrieron al mundo los últimos secretos del continente africano, la exploradora y científica inglesa Mary Kingsley brilló por encima de todos. El cómo esta solterona dedicada por entero al cuidado del hogar y de una madre inválida, se lanzó con treinta años a la aventura de viajar a África recorriendo peligrosas regiones, sólo se explica conociendo su extraordinaria personalidad.

A Mary, como a muchas jóvenes de su tiempo, le fue negada la educación pero en la biblioteca de su padre leyendo obras científicas y relatos de viajes comenzó a soñar con remotos países y ríos misteriosos. A ella, sin embargo, no le interesaban demasiado las hazañas bélicas y conquistadoras de tipos como Henry Stanley ni los descubrimientos meramente geográficos del señor Samuel Baker. Admiraba más a los exploradores que convivían con los nativos, estudiaban sus costumbres y respetaban sus prácticas más ancestrales aunque éstas resultasen escandalosas para la mentalidad de la época.

Si Mary Kingsley tuvo un héroe —al margen de su padre al que idolatraba— ése fue el capitán sir Richard Burton, un aventurero erudito y provocador que escribió libros extraordinarios de sus viajes llenos de observaciones antropológicas y etnográficas. En 1862 Burton visitó Gabón y tuvo la oportunidad de conocer a la tribu de los fang, con fama de caníbales, y de recoger valiosa información sobre sus costumbres y creencias religiosas. Treinta años después la intrépida Mary Kingsley pisaría los mismos bosques tropicales que su admirado explorador, contemplaría a los gorilas —que seguramente nunca antes habían visto a una mujer blanca— y tomaría el té entre los caníbales. Eso sí, la señorita Kingsley lo haría a su manera, viajaría sola, casi siempre a pie y sin escolta, dormiría en las chozas nativas y comería el «menú selvático» que le ofrecieran sus anfitriones aunque fuera carne de serpiente asada o mono en su punto. Los únicos caprichos que se permitiría serían un cepillo de dientes, un peine, una almohada y grandes cantidades de té que la ayudarían a soportar las duras jornadas. A diferencia de otras famosas aventureras, como las ricas holandesas Tinne que viajaban como auténticas reinas con su interminable séquito de sirvientes o la excéntrica norteamericana May Sheldon que se hizo construir un imponente palanquín para recorrer Kenia, ella no tenía mucho dinero para financiar su viaje así que decidió comerciar con los nativos y convertirse en una «africana blanca».

Mary no sólo fue una mujer de extraordinario coraje sino también la viajera decimonónica más comprometida, tal como apunta Ramón Jiménez Fraile en el prólogo de su libro *Cautiva de África*. En sus multitudinarias conferencias venció la timidez para denunciar el racismo imperante en su época, la labor de los misioneros «más empeñados en vaciar las mentes de los indígenas que en entender sus propias creencias» y la política colonial británica incapaz de respetar la compleja y rica cultura africana. A los que por entonces aún creían en la supremacía de la raza blanca ella les decía, siempre con su personal estilo: «Un negro no es un blanco subdesarrollado de la misma manera que un conejo no es una liebre sin desarrollar».

Tras media vida de ostracismo encerrada entre los muros de la casa familiar, Mary Kingsley vivió sólo ocho años más en los que se convirtió en exploradora, científica y respetada especialista en las culturas africanas. Llegó a compartir mesa con Henry Stanley y a asesorar al ministro británico de las Colonias, Joseph Chamberlain. Entre sus admiradores se encontraba el escritor Rudyard Kipling, quien la conoció en Sudáfrica pocos días antes de su muerte, y dijo de ella: «Es la mujer más valiente que jamás he conocido».

La mujer invisible

El mismo año de 1862 en que Mary Henrietta Kingsley nacía en Londres, muy lejos de allí, en el corazón del África central, el explorador John Speke contemplaba extasiado por primera vez las fuentes del Nilo Blanco y confirmaba que nacían en el lago Victoria. Mary creció en la época de las grandes exploraciones geográficas aunque en su caso fue su padre, George Kingsley, quien le transmitió el gusto por los horizontes lejanos y las culturas primitivas. El señor Kingsley era doctor en medicina y un apasionado viajero. Con el tiempo se convirtió en el médico personal de excéntricos aristócratas y les acompañaba en sus largos viajes por el mundo cazando búfalos o viviendo entre los indios pieles rojas de Norteamérica. George, el vividor y trotamundos, se había casado con su criada de toda la vida, Mary Bailey, cuatro días antes de nacer su hija primogénita. La salud de la madre de Mary Kingsley nunca fue buena y las largas ausencias de su esposo no la ayudaron a mejorar.

Con un padre ausente, una madre inválida y un hermano pequeño, Charles, al que cuidar, el mundo de Mary desde que pudo empuñar un plumero quedó reducido al cuidado de la casa y a servir a los que la necesitaban. «Toda mi infancia y juventud la pasé exclusivamente entre la casa y el jardín», confesaría años más tarde cuando ya era una celebridad. Mary tampoco acudió a la escuela, le hubiera gustado ser médico como su padre pero tuvo que conformarse con aprender de manera autodidacta leyendo los libros de historia natural, geografía y viajes que se amontonaban en las estanterías de la biblioteca paterna. Por sí misma aprendió a leer y a escribir, hablaba latín y un fluido alemán, y tenía amplios conocimientos de física, química y biología que le fueron muy útiles en sus investigaciones. En sus escasos ratos libres se dedicaba a aficiones tan poco «femeninas» como entrenar gallos de pelea sólo por diversión y a poner en práctica los consejos de la revista *El mecánico inglés* a la que estaba suscrita. Con todo este bagaje se convirtió en una ayuda inestimable para su padre, un hombre sumamente egoísta que nunca creyó que su hija pudiera tener otros intereses que no fueran los estrictamente domésticos. Mary le organizó sus notas, tradujo un buen número de textos antropológicos del alemán y ordenó todo el material que traía de sus viajes. Porque el doctor George Kingsley aparte de viajar por placer y cazar osos se dedicó a recoger un buen número de datos sobre las culturas indígenas y el fetichismo en los países que visitaba con la idea de publicar en el futuro un libro.

Así vivió Mary Kingsley, invisible como muchas mujeres de su tiempo, hasta que en 1891 su vida dio un giro inesperado. Su padre regresó a casa de uno de sus viajes gravemente enfermo a causa de unas fiebres reumáticas y aunque Mary se convirtió en su inseparable enfermera no pudo evitar que un año después muriera. Apenas unas semanas más tarde su madre también fallecía víctima de una embolia. Aquel día se vistió de riguroso luto y se dispuso a cuidar de su único hermano como era obligación para la mayoría de solteronas de su época. Por fortuna para ella, Charles decidió viajar a China y en 1893 Mary por primera vez en su vida se vio sola y liberada de la esclavitud doméstica.

Cuando a Mary Kingsley se le preguntaba qué la llevó a viajar por primera vez a África, respondía: «Ya nadie me necesitaba, mis padres murieron en un intervalo de seis semanas y a raíz de que mi hermano se fuera a Oriente, decidí viajar al África occidental para morir». En realidad el continente africano no pudo con ella, ni los caníbales, ni las fieras, ni los parásitos, ni el clima más hostil consiguieron frenar sus ansias de conocimiento. Como reconocería al regreso de su primer viaje: «África me divirtió, fue amable conmigo y no quiso matarme de inmediato». Resulta ciertamente milagroso que esta mujer inexperta, sin conocimiento de las lenguas nativas y que sólo había salido de su casa para una corta excursión a París, consiguiera regresar con vida de aquellos temerarios viajes. Pero Mary, a pesar de su aspecto frágil y de una delgadez casi anoréxica, siempre gozó de una extraordinaria salud. Según ella misma reconocía la única enfermedad digna de mención fue un resfriado que cogió en la cumbre del monte Camerún y el dolor de pies que sufría cuando caminaba muchas horas por los resbaladizos senderos de la jungla.

Tras unos meses hundida en una profunda depresión por la pérdida de sus seres queridos, Mary decidió cambiar de aires, cerró su casa de Cambridge y partió de vacaciones rumbo a las islas Canarias. Por entonces la idea de explorar la costa del África occidental y continuar con los estudios etnográficos que había iniciado su padre, fue adquiriendo cada vez más fuerza: «Lo que me motivó a ir al África occidental fue el estudio de la mentalidad de los nativos, sus prácticas religiosas y su organización social. Deseaba completar el gran libro que mi padre dejó inacabado. Sabiendo lo mucho que a él le hubiera gustado terminarlo, después de su muerte decidí partir a esa región de África».

En 1892 llegó a Santa Cruz de Tenerife, lugar de aclimatación y encuentro para la mayoría de los viajeros que pensaban seguir rumbo al continente negro. En las semanas que aquí pasó recorrió las islas de Lanzarote, Gran Canaria y La Gomera a bordo de los viejos cargueros que llegaban de las costas africanas con sus valiosas y exóticas mercancías. Fue su primer contacto con un mundo que más tarde la atraparía: «Navegaba en barcos cargados de negros de todas las edades y sexos, monos, loros, serpientes, canarios, ovejas, aceite de palma, oro en polvo y marfil. Pero sobre todo los barcos venían cargados de cucarachas de un tamaño que uno no puede pensar que existan...», escribió Mary a una amiga londinense. El clima cálido de las islas, la vida al aire libre y el contacto con una naturaleza salvaje le abrieron nuevos horizontes. Ya entonces sintió más fuerte que nunca la llamada de África.

Cuando regresó de nuevo a Inglaterra la depresión había quedado atrás y estaba decidida a emprender un largo viaje sin rumbo fijo. Su hermano Charles, recién llegado del Lejano Oriente, se había mudado de la casa familiar en Cambrigde a un modesto apartamento del barrio londinense de Kensington donde creyó que Mary seguiría a su servicio. Pero ella no tenía entre sus planes más inmediatos seguir ejerciendo de criada y en los doce meses siguientes que pasó en la ciudad se dedicó exclusivamente a preparar su huida a tierras africanas.

La decisión de viajar sola a una región tan inhóspita dejó a sus familiares y amigos totalmente desconcertados. Cuando vieron que no podrían hacerla cambiar de opinión todos se lanzaron a darle consejos aunque la mayoría sólo tenían referencias —y nefastas— de Sierra Leona y ella pretendía llegar mucho más al sur de la Costa de Oro. Durante varios días oyó hablar del clima mortífero de la costa occidental africana, de las terribles enfermedades que mataban como moscas a los blancos allí residentes o los dejaban tullidos y «locos» de por vida, y de una interminable lista de peligros que con sólo mencionarlos echarían atrás al viajero más curtido. Dos amigos científicos pretendieron que se llevara todo tipo de artilugios para combatir la temida malaria, desde una lámpara a un respirador que nunca llegó a utilizar: «La lámpara se suponía que quemaba una sustancia química que daba un olor insoportable, tanto que yo no podía vivir a su alrededor pues bastantes malos olores tendría que soportar en la costa. La dejé de usar a la media hora. En cuanto al respirador sólo puedo decir que tienes que ser una persona muy atractiva para poderlo llevar en la cara sin causar pánico en la gente...».

Mary sabía que las enfermedades tropicales serían su mayor

enemigo y decidió apuntarse a un curso de enfermería en la ciudad alemana de Kaiserwerth donde se formaron otras viajeras como la legendaria Florence Nightingale, una de las primeras mujeres en recorrer Egipto que se convirtió en una leyenda al dedicar su vida a mejorar las condiciones sanitarias de los hospitales de campaña. En su equipaje la Kingsley llevó un buen número de preparados de quinina y remedios medicinales como hojas de mostaza, filtros de agua, botellas de malta y aceite de hígado de bacalao y otros brebajes. En aquellos tiempos ninguna viajera victoriana partía ligera de equipaje en sus expediciones, en el caso de Mary aunque no cargó como Samuel Baker con una bañera de estaño a cuestas, tuvo que llevar consigo su pesado equipo fotográfico —que incluía un trípode y las placas fotográficas—, botellas de formol para conservar los peces e insectos que pensaba recolectar, un maletín médico, un portamantas y una bolsa impermeable en la que guardó sus libros de consulta, mantas, botas... así como un cuchillo de monte y un revólver. Estos dos últimos artículos los llevó muy a pesar suyo pues consideraba «una estupidez y una cobardía sacar un revólver y amenazar con él a alguien». En realidad Mary nunca necesitó utilizar su arma pues las veces que se vio seriamente en peligro se defendió mejor con su paraguas, sus gruesas faldas y su sentido del humor.

Si Mary Kingsley aceptó todo tipo de consejos en cuanto al equipaje que debía llevar a África no ocurrió lo mismo con las sugerencias respecto a su vestimenta. Sus amigos intentaron sin éxito convencerla de que los calurosos y encorsetados vestidos victorianos no eran lo más adecuado para vivir en el trópico. En su portamantas Mary llevaba varios faldones de color negro, enaguas, una docena de camisas blancas de algodón de manga larga y cuello alto, botines negros de repuesto y varios corsés que ella insistía en llevar a pesar de que con el excesivo calor los lazos se rompían y tenía que sujetárselos con los cordones de sus zapatos. También cargaba con un grueso mantón que le servía de improvisada toalla cuando se bañaba en los ríos y pantanos. En sus travesías siempre se negó a llevar pantalones, como hiciera Florence Baker, y consideraba que la vestimenta que utilizaba en Londres o

Cambridge resultaba de lo más adecuada para aquellos países. «Por lo que se refiere a las extremidades de mi anatomía más cercanas a la tierra y la forma de protegerlas diré que antes que llevar pantalones hubiera preferido perecer en el patíbulo público», llegó a declarar en una ocasión en una de sus concurridas conferencias. Verdad o mentira, su buena amiga lady MacDonald con la que navegó rumbo al golfo de Guinea en 1894 afirmaba que Mary en ocasiones llevaba debajo de sus faldas unos pantalones de su hermano Charles y que cuando había que atravesar un río o una ciénaga con el agua hasta la cintura recurría a ellos para evitar las sanguijuelas.

Una vida africana

En el mes de julio de 1893 Mary Kingsley embarcaba rumbo a su soñada África a bordo del carguero *Lagos*. No era un confortable barco de pasajeros pero a ella le pareció la forma más barata y adecuada de conocer el litoral. Cuando recordaba aquel primer viaje comentaba con su ironía habitual: «Salí de Londres para Liverpool con sombríos presentimientos, poco reconfortada por los hábitos de las compañías navieras con destino a África occidental, cuando me informaron, sin miramiento alguno, de que no expedían billetes de vuelta». El vapor *Lagos* durante las siguientes semanas haría un sinfín de escalas en los puertos de la Costa de Oro para entregar y recoger mercancía antes de llegar a Angola. A Mary esta lenta travesía le permitiría adentrarse poco a poco en las regiones que pretendía explorar y también conocer cómo vivían los llamados «africanos blancos» o europeos que trabajaban en las factorías salpicadas a lo largo de toda la costa atlántica y que gozaban de una pésima reputación.

Su presencia en el barco no pasó desapercibida, era la única mujer entre la tripulación y por su aspecto, vestida enteramente de negro y con un curioso tocado de piel cubriendo su cabello, muchos creyeron que era una fanática representante de la Liga Antialcohólica. Cuando les aclaró que en realidad viajaba con fines científicos los agentes coloniales —mercaderes europeos instalados en las factorías de la costa que comerciaban con aceite de palma, caucho, marfil y otros productos— no dudaron en ayudarla y darle algunos consejos prácticos de supervivencia. Durante este viaje reconoció que aunque le habían advertido que los agentes no eran de fiar —se les apodaba despectivamente «los rufianes del aceite»— fue a ellos a los únicos que acudió y nunca le fallaron. Y es que Mary también recurriría al comercio con los nativos para poder viajar por aquellas regiones sin problemas. Ella sabía que una mujer blanca y sola dedicada a recoger muestras de escarabajos, peces y fetiches no resultaría de confianza ni sería respetada por los africanos. En cambio, si se acercaba a ellos para comerciar con tabaco, tejidos, anzuelos o ron a cambio de comida y cobijo, no llamaría tanto la atención. Todo esto lo aprendió en su travesía a bordo del *Lagos* donde sintió en su interior que había vuelto a nacer: «Siempre he vivido a través de las vidas de otras personas», confesaría en una ocasión, y ahora por primera vez estaba viviendo la suya propia.

Mary disfrutó intensamente cada minuto de aquella agitada travesía, en el mar se sentía a sus anchas y ni las violentas tormentas tropicales ni el tornado que a la altura de Cabo Verde estuvo a punto de hacerles naufragar, la hicieron perder la compostura. Aunque escribió muy poco sobre su primera experiencia africana que duró nueve meses sabemos que hizo buena amistad con el capitán Murray, un curtido y viejo lobo de mar que se convirtió en su tutor y amigo y al que volvería a encontrar en su siguiente viaje al frente del vapor Batanga. Murray admiraba el coraje de esta mujer que a los pocos días de navegación se movía en cubierta como un experto marinero, llegando incluso a manejar el timón cuando tuvieron que atravesar la peligrosa barra de los Forzados en el Níger. El mar no era un lugar extraño para alguien con el apellido Kingsley, descendientes de una generación de aguerridos navegantes daneses, y no sería la primera vez que Mary capitaneara ella sola un barco de dos mil toneladas de peso en las movidas aguas del delta del Níger.

Cuando Mary Kingsley llegó a Freetown en Sierra Leona, primera escala de su viaje, se sintió inmensamente feliz. Había leído mucho sobre este asentamiento británico poblado hacia 1790 por esclavos liberados importados de Nueva Escocia (EE.UU.) y enseguida reconoció la bahía donde antaño los barcos piratas buscaban refugio. Ya en tierra firme pisó la hierba verde de las Bahamas con la que estaban tapizadas las calles principales y el aroma de las flores tropicales la embriagó. Pero era en los mercados locales donde a las viajeras como Mary Kingsley o la misma Mary Slessor, se les despertaron los sentidos más dormidos. Aquellas mujeres educadas en la rígida moral victoriana, que no habían tenido ningún tipo de contacto con el sexo masculino, se encontraban aquí rodeadas de hombres de cuerpos fornidos y semidesnudos, de mujeres voluptuosas envueltas en telas de colores que vociferaban productos desconocidos para ellas, en un ambiente impregnado del aroma sensual de las flores tropicales y la tierra húmeda. Mary se adaptó sin aparente dificultad a su nueva vida africana, a la falta de intimidad, al calor sofocante, a la presencia opresiva de la selva y tampoco le hizo ascos a la comida de la costa a base de mandioca, pescado podrido y carne ahumada. Siempre mantuvo, eso sí, una estricta norma higiénica, nunca bebía agua sin hervir.

En aquellos días en el litoral del oeste africano se podía encontrar tres «tipos» de europeos, los oficiales del gobierno colonial, los comerciantes o agentes y los misioneros. Desde el primer momento Mary decidió no pedir ayuda a los misioneros —a los que salvo raras excepciones como Mary Slessor siempre criticó—, prefería dormir a la intemperie o en el interior de una canoa. A su editor le explicaría al regreso de este viaje: «Comencé en la costa con apenas trescientas libras y comerciando con un poco de caucho y otro poco de marfil conseguí que este pequeño capital me durara. No dormía en tiendas de campaña, comía comida nativa y así me convertí en uno de ellos...».

En los siguientes días la viajera se detuvo en los puertos de Liberia, Costa de Oro, Benín, Camerún y finalmente llegó a la actual Angola, destino final de su viaje. La ciudad de São Paulo de Loanda, con más de cuatrocientos años de antigüedad, le pareció «el pueblo más bonito de toda el África occidental» aunque su belleza se viera empañada por su dramática historia, desde el siglo XVII hasta finales del XIX había sido uno de los mayores centros de la trata de esclavos en la costa. Aquí se quedó unos meses trabando amistad con los miembros más distinguidos de la colonia portuguesa y en Cabinda, entre el Congo francés y el antiguo Zaire, convivió un tiempo con los nativos y comenzó sus estudios etnográficos. No sabemos cómo fue desplazándose hacia el norte desde Loanda pero lo que sí está claro es que sola y comerciando con las distintas tribus que encontraba a su paso llegó al Congo, al auténtico «corazón de las tinieblas» donde descubrió el horror de la colonización belga.

Mary en su viaje de regreso permaneció un tiempo en el Estado Libre del Congo, el antiguo Zaire, cuando este inmenso territorio ya se había convertido fatalmente en la finca privada del rey de los belgas Leopoldo II. Viajó en ferrocarril desde Boma hasta el puerto marítimo de Matadi donde se embarcaban rumbo a Amberes toneladas de caucho y marfil. Los nativos eran forzados a trabajar para las empresas comerciales belgas utilizando métodos inhumanos como el secuestro, el asesinato de un familiar o la amputación de las manos. Por entonces el rey belga desalentaba a todos los viajeros y geógrafos que quisieran explorar este país, no quería testigos del genocidio que planeaba. Posiblemente si Mary Kingsley pudo explorar las dos orillas del estuario del río Congo y alcanzar la cordillera Pallaballa, más arriba de Matadi fue porque se comprometió a no escribir sobre lo que allí viera. Y de hecho no lo hizo, pero con el tiempo se supo que la viajera pasó importante información al periodista y buen amigo suyo Edmund D. Morel quien protagonizó la campaña más importante de información en contra de este monarca cínico y cruel.

Tras su viaje por el Congo del rey Leopoldo, Mary viajó al Congo francés y de ahí siguió siempre sola, desplazándose en canoa o a pie, a Gabón donde permaneció un tiempo en Libreville recopilando información sobre las prácticas religiosas en la zona y adonde regresaría para remontar el río Ogoué desde su costa. Su periplo africano finalizó en el entonces protectorado británico de Calabar, en la actual Nigeria, allí fue huésped de sir Claude Mac-

Donald, gobernador de la región. Ya entonces la Kingsley había oído hablar de una intrépida misionera escocesa que llevaba casi veinte años en la región y hacía poco se había instalado entre los temidos nativos de Okoyong. Se prometió a sí misma volver para explorar el delta del Níger y visitar a la señorita Slessor a la que los nativos llamaban con mucho respeto Eka Kpukpro Owo, «Madre de Todos los Pueblos».

La dama de los manglares

Mary Kingsley regresó a Inglaterra en enero de 1894 tras nueve meses que cambiaron radicalmente su vida. Ahora ya sabía que una mujer inglesa sola y sin apenas dinero podía viajar el tiempo que quisiera por la costa africana comerciando con los nativos y viviendo como ellos. Se instaló de nuevo en su pequeño apartamento londinense rodeada de sus recuerdos africanos y un buen número de tarros de cristal que contenían extraños y desconocidos peces así como escarabajos de todos los tamaños y colores.

En realidad Mary se sentía muy atraída por África y sus gentes y ahora sólo pensaba en buscar la manera de poder regresar a la costa con algún encargo que le ayudara a financiarse. En primer lugar llevó la colección de especímenes al Museo Británico donde el doctor Günther, director del departamento de Historia Natural, se quedó asombrado de su calidad y los amplios conocimientos científicos de Mary. El museo se comprometió a equiparla adecuadamente para que realizara nuevas investigaciones entre los ríos Congo y Níger donde debería capturar peces de agua dulce.

La segunda visita fue a la editorial MacMillan donde se presentó con el manuscrito de su padre bajo el brazo, debidamente corregido y ampliado con sus propias experiencias en la Costa de Oro y Gabón. El editor, que no tenía ni un pelo de tonto, se dio cuenta de que lo que realmente valía la pena de aquellos escritos eran las anotaciones anexas de la viajera y le ofreció a Mary publicar el relato de sus aventuras e investigaciones si regresaba de nuevo a África. Por el momento el destino estaba de su parte, ahora sólo tenía que prepararse para un viaje más largo y peligroso donde iba a estudiar a tribus que no habían tenido contacto con el hombre blanco, aunque para ello tuviera que atravesar sola territorios desconocidos.

Tan sólo once meses después Mary Kinglsey embarcaba de nuevo rumbo a Freetown, en Sierra Leona a bordo del vapor *Batanga*. En esta ocasión no viajaba sola, acompañaba a lady Mac-Donald, esposa del gobernador de Calabar, que se dirigía a Nigeria para reunirse con su marido. Era muy raro en aquel tiempo que la esposa de un alto cargo colonial británico expusiera su salud —incluso su vida— viajando a la costa de Guinea así que sir Claude lo arregló todo para que partieran juntas y se hicieran mutua compañía. Como las dos mujeres tenían gustos bien diferentes, Mary decidió que en el mes de travesía que les aguardaba no avasallaría a su compañera con informaciones científicas sobre peces y escarabajos, y así acabaron siendo muy buenas amigas: «Reconocía que el coraje de esta mujer al ir a la costa era mucho mayor que el mío, puesto que ella tenía más que perder si contraía la fiebre al no estar en absoluto cautiva por África como yo», comentaría Mary en su libro.

El 23 de diciembre de 1894 las dos damas inglesas emprendían viaje rumbo a la región más temida de la tierra rodeadas de veteranos de la costa cuya compañía fue, según palabras de la viajera «una auténtica delicia». De nuevo el capitán Murray se encontraba al frente del barco lo que fue un gran aliciente para ella y le permitió seguir aprendiendo más sobre la costa atlántica que sería su hogar en los siguientes once meses. La señorita Kingsley celebraría el Fin de Año en la cubierta del *Batanga* mientras dejaban atrás la imponente silueta del Teide.

Lady MacDonald y su acompañante fueron recibidas con todos los honores en la colonia británica de Costa de Oro, la actual Ghana. En Accra se alojaron en el viejo castillo de Christiansborg, residencia del gobernador británico, una imponente fortaleza construida por los daneses junto a los acantilados que durante el período colonial acogió entre sus insignes huéspedes a la princesa María Luisa, la nieta más rebelde de todas las que tuvo la reina

Victoria de Inglaterra. La joven aristócrata viajó a África a principios de los años veinte llevada por el espíritu romántico de su tiempo y se enamoró perdidamente de este lugar que recorrió con su dama de compañía. A su regreso escribió el libro *Letters from the Golden Coast* (Cartas desde la Costa de Oro), publicado en 1926, donde describía con admiración la opulencia y riqueza del reino de Asante. La princesa ignoraba entonces que de todos los países de África negra, su amada Ghana sería la primera en alcanzar su independencia y liberarse del dominio europeo.

En el tiempo que pasó en Accra, Mary Kingsley pudo comprobar cómo el único tema de conversación entre los europeos allí residentes era el sofocante calor, las estadísticas de la malaria y los blancos que habían sido enterrados el día anterior. Los oficiales más jóvenes le confesaron que visitaban a diario el cementerio para acostumbrarse a la que sería su próxima residencia y de hecho vio cómo se cavaban tumbas nuevas cada día para tenerlas preparadas y evitar improvisaciones.

Cuando llegaron a Calabar, al sudeste de Nigeria, les dieron la bienvenida con fuegos artificiales y aquí los honores fueron aún mayores ante la presencia de lady MacDonald. El gobernador, que por aquellas fechas tenía asuntos que despachar en la isla española de Fernando Poo, en Guinea Ecuatorial, invitó a Mary a que les acompañara. La viajera inglesa se quedó impresionada de la belleza de esta fértil y frondosa isla volcánica pero reconoció que el clima era devastador. En los días que pasó en la actual Bioko pudo comenzar sus estudios antropológicos entre los bubis y comprobó con disgusto que los misioneros obligaban a estos nativos a cubrir sus cuerpos desnudos con «ropas ridículas y poco prácticas». Las fotografías que allí tomó, y que causaron un gran impacto cuando fueron publicadas en Londres, constituyen un magnífico testimonio de cómo era la vida en la antigua colonia española antes de su independencia.

Tras regresar de Fernando Poo, Mary Kingsley se quedó cuatro meses en Calabar como huésped de los MacDonald. En este tiempo se dedicó con entusiasmo a la búsqueda de peces e insectos en los manglares y bosques de Duke Town y Creek Town y alternó sus investigaciones con el cuidado a los enfermos. Cuando se declaró una epidemia de tifus en la ciudad, durante cinco semanas permaneció de guardia atendiendo sin desfallecer a los pacientes que se amontonaban en las salas del hospital. Fue entonces cuando decidió realizar una excursión al remoto distrito de Okoyong para visitar a la misionera Mary Slessor de la que tanto había oído hablar.

A bordo de una canoa remontó el río Calabar durante varias horas y después siguió a pie abriéndose paso a machetazos hasta llegar a la aldea de Ekenge donde trabajaba la audaz escocesa. Aunque la Kingsley no era una mujer religiosa y desconfiaba de la labor de los misioneros, cayó rendida ante la fortaleza y el coraje de aquella mujer pelirroja de pequeña estatura vestida a la africana que la recibió en su choza donde vivía alejada de la civilización. La información que la misionera le dio sobre el fetichismo y otras costumbres de los primitivos pueblos igbo, ibibio y efik que habitaban la región le fueron de gran utilidad para sus estudios etnográficos. En lo único en lo que no se pusieron de acuerdo fue en el comercio de licor, la misionera escocesa conocía bien las nefastas consecuencias del abuso del alcohol entre los hombres, mujeres e incluso niños de corta edad. Mary Kingsley escribió con su ironía habitual sobre este asunto: «Se encuentran más borrachos en una noche de sábado en Londres que en toda el África occidental en una semana, si los africanos quieren emborracharse tienen derecho a hacerlo con sus propias bebidas y la ginebra era un excelente artículo de comercio que no se oxidaba ni enmohecía». Hasta el final de sus días la viajera siempre recordaría los días pasados en los bosques de Ekenge como los más felices de su vida.

Mary prosiguió su viaje en dirección a la región de los Oil Rivers en el delta del Níger para conseguir los especímenes que le había pedido el Museo Británico. La mayor parte del tiempo lo dedicó a chapotear en las ciénagas y los ríos llenos de cocodrilos vestida con sus pesadas faldas victorianas y camisas de algodón blanco que contrastaban con la completa desnudez de sus habitantes. Aquí pudo descubrir lo útil que resultaba su sombrilla cuando tuvo que golpear con ella a un pobre hipopótamo que trató de meter sus narices en la canoa en la que ella viajaba.

Como no pudo explorar la cuenca del Níger debido a la inestabilidad que reinaba en la región optó por centrar sus investigaciones en el Congo francés. La viajera partió sola hacia territorios del actual Gabón aún sin cartografiar, donde se encontraría cara a cara con los temidos caníbales fang. Su idea era remontar el imponente río Ogoué, el mayor entre el Níger y el Congo, sólo explorado anteriormente por hombres como el joven y atractivo conde Pierre Savorgnan de Brazza quien recorrió esta región entre 1875 y 1883 firmando tratados con los jefes locales en nombre del gobierno francés. El excéntrico viajero Paul du Chaillu también se perdió en estas junglas impenetrables hacia 1850 y aunque no encontró el curso principal del Ogoué levantó mapas donde se incluían por primera vez las áreas habitadas por pigmeos y los gorilas africanos que el gran público creía que no existían en realidad. En los frondosos bosques de las orillas del Ogoué vivían los nativos fang que tanto interesaban a Mary por el poco contacto que habían tenido con el hombre blanco y ofrecían la posibilidad de estudiar una cultura aún sin «contaminar» por los misioneros y agentes coloniales. Aquí comenzaría su más extraordinaria aventura salpicada de un montón de divertidas anécdotas que más tarde relataría en el libro que la haría famosa, *Viajes por el África occidental*.

Los amables caníbales

Cuando Mary abandonó Calabar se trasladó a Libreville para preparar su expedición más audaz, que consistía en remontar el río Ogoué y proseguir por tierra al Rembué. Para ello contó con el apoyo de la compañía Hatton and Cookson, que comerciaba en toda la cuenca y tenía varias factorías río arriba. Así Mary, convertida en agente comercial, embarcó en el pequeño vapor *Mové* el 5 de junio de 1895 tal como detalla en su diario de viaje rumbo a lo desconocido. En su larga travesía de más de doscientos kilómetros de navegación rumbo a Lambaréné, escribió algunas de las páginas más evocadoras de su periplo africano, rodeada de unos paisajes exuberantes que superaban todas sus expectativas. Desde que había salido de Inglaterra no se sentía tan a gusto y por fin la sensualidad del trópico parece haberla atrapado: «El bosque negro y las colinas se perfilan contra el cielo estrellado de color púrpura. A mis pies veo la escotilla de la sala de máquinas, alumbrada por el fulgor rojizo de la caldera. Dos kruman semidesnudos alimentan el fuego con leños rojos, pedazos de carne fresca. Las llamas hacen brillar sus cuerpos sudorosos como el bronce pulido».

Por entonces la incansable viajera —que recuerda más que nunca a la protagonista de la famosa película *La Reina de África*— sentía que había encontrado su verdadero hogar en aquel laberinto de ríos, manglares y ciénagas que surcaban las húmedas selvas del África ecuatorial. En una ocasión, a su regreso a Londres llegaría a declarar: «A veces creo que no pertenezco al mundo de los humanos, mi gente son los manglares, las ciénagas, los ríos y los bosques húmedos tropicales, con ellos sí me entiendo a la perfección...». El barco de vapor siguió avanzando lentamente río arriba a través de la enmarañada selva dejando atrás frondosos islotes y extensos bosques de bambú. En la aldea de Kangwe, Mary se detuvo un par de semanas y se alojó en la misión evangélica a cargo del matrimonio francés Jacot. Fue allí donde la viajera descubrió cómo era en realidad la heroica vida de la esposa de un misionero en el corazón de África. Madame Jacot vivía en medio de la jungla, con un clima insalubre y en compañía de sus dos hijos pequeños y de una auténtica tribu de escolares fang e igalwa. Con sus propias manos había levantado una escuela y la casa de la misión la tenía «tan limpia y ordenada como si estuviera en París».

Durante su estancia en Kangwe, Mary Kingsley tuvo su primer encuentro con los temidos fang. Con su ironía habitual la viajera cuenta en su libro cómo aquella primera visita fue de lo más accidentada y pudo acabar en tragedia: «El caso es que di un mal paso y rodé por una pendiente hasta caer sobre el tejado de una choza... los nativos salieron despavoridos al verme, otros simplemente se apartaron para contemplar cómo me quejaba de mi codo derecho y maldecía en inglés. Al cabo de un rato me di cuenta del estropicio que había causado y también de que aquellas gentes eran fang...».

En los días siguientes Mary siguió tomando notas sobre fetichismo, recolectando peces y recuperándose de las heridas de su codo derecho que tenía totalmente descarnado. Estaba decidida a seguir con su arriesgada aventura remontando el Ogoué y explorando más a fondo el país de los fang aunque para llegar hasta ellos tuviera que superar un buen número de «obstáculos».

Pocos viajeros se han tomado tan a la ligera y con tan buen humor los peligros de un viaje como esta exploradora. Cuando la gente escuchaba sus conferencias o leía sus libros tenía la impresión de que abrirse paso a machetazos por la selva, trabajar en los oscuros manglares, atravesar lagunas de barro negro chapoteando con un «collar» de sanguijuelas alrededor del cuello o pasar largas horas con el agua hasta la barbilla en una espesa ciénaga y con la constante amenaza de los cocodrilos, no era más peligroso que darse un paseo por Hyde Park un día lluvioso. Durante el tiempo que pasó en los bosques de Gabón vivió situaciones realmente peligrosas que encaró con su extraordinario coraje. Tuvo problemas con un leopardo del que se defendió lanzándole una banqueta, se vio obligada a golpear en la cabeza con un remo a un enorme cocodrilo que intentó atacarla en su canoa y cuando se encontró frente a frente con un gorila macho el inoportuno estornudo de su guía a punto estuvo de provocar un grave incidente. Eso sin contar su caída en una trampa mortal instalada en un sendero de la selva. Este suceso de nuevo le sirvió para alabar la eficacia de sus gruesas faldas victorianas que la salvaron de clavarse las estacas que la esperaban en el suelo: «Si me hubiera ataviado con prendas de vestir masculinas, me habría clavado las estacas y habría muerto. En cambio, a excepción de unos cuantos cardenales, allí estaba yo, con la falda arrebujada sentada sobre nueve estacas de ébano de unos cuarenta centímetros y gritando para que me sacaran de allí». En cualquier caso nunca contó a su entregado público el disparo accidental que recibió en un tobillo o que tardó varios meses en poder sacar la metralla de la herida, lo que le provocaba un intenso dolor al caminar.

Mary por entonces ya era una experta comerciante, chapurreaba algunas palabras en lengua fang y sabía manejar con gran habilidad una piragua incluso en los enfurecidos rápidos. Como no llevaba tienda de campaña dormía en los poblados que visitaba donde le permitían alojarse en la choza del jefe aunque ésta estuviera llena de ratas, cucarachas y garrapatas. En este segundo viaje traía consigo un buen número de telas inglesas, anzuelos metálicos y botellas de ron que cambiaba por marfil, peces para su colección y comida. Sobre las ventajas de viajar de esta manera escribiría: «El método del comercio te permite sentarte como un huésped honorable en las fogatas de las aldeas más remotas, convertirte en amiga y confidente de las mujeres. Te permite asociarte al club de los doctores brujos, cosa que no ocurriría si llegara en una expedición rodeada de hombres armados». Mary raras veces contrataba porteadores pero siempre se hacía acompañar de guías nativos y de algún intérprete cuando decidía visitar una tribu de «mala reputación» o que no había tenido contacto con europeos. Al poco tiempo recibió el mote de *Only Me* (Sólo yo), porque cuando llegaba a los poblados a vender sus productos dejaba enseguida muy claro que iba sola y la gente la recibía con gran curiosidad.

Mary Kingsley visitó en Gabón varios poblados fang demostrando que sus habitantes no eran tan fieros como se decía. Es cierto que practicaban el canibalismo pero a ella este aspecto no le preocupó demasiado: «El canibalismo de los fang, pese a ser un hábito frecuente, no me parece que represente un peligro para los blancos. La única molestia consiste en tratar de impedir que alguno de tus acompañantes negros sea comido...», escribiría con su característico humor. Lejos de intimidarla desde el primer momento sintió gran admiración hacia esta tribu que respetó por encima de otros pueblos que había conocido: «Son africanos brillantes, activos y enérgicos que por su naturaleza belicosa y depredadora contribuyen en gran medida a que uno deje de lamentar y deplorar la desidia y el letargo del resto de tribus de la costa atlántica». Es cierto que su aspecto era fiero y salvaje, iban completamente desnudos y armados con flechas y lanzas, pero cuando vieron que aquella mujer blanca viajaba sola, la ayudaron y ofrecieron su hospitalidad. En las aldeas más remotas del interior Mary era recibida con grandes muestras de curiosidad o pánico infantil: «En cuanto veían mi cara blanca, los niños del pueblo soltaban un alarido como si hubieran visto al mismísimo Satanás con cuernos, pezuñas, cola y todo lo demás, y se metían de cabeza en la choza más cercana».

Mary solía decir que aprendió mucho de sus amigos fang aunque era consciente de que un pequeño error o malentendido podría costarle la vida: «Pronto surgió una especie de amistad entre los fang y yo. Tanto ellos como yo reconocíamos que pertenecíamos al grupo de humanos con los que es mejor beber que luchar. Sabíamos que nos mataríamos si había motivos suficientes para ello, así que nos esmerábamos para que estos motivos no aparecieran». Nunca olvidaría los días que compartió con ellos en la selva, aprendiendo a encender el fuego con la corteza de un árbol, a cortar lianas y a cazar antílopes con la ayuda de sus perros adiestrados que llevaban cascabeles en sus collares. Tampoco las noches que se deslizó en piragua por los ríos, bajo el cielo estrellado, con la ayuda de una sábana que le hacía de improvisada vela.

Cuando regresó de nuevo a la costa Mary aún tuvo fuerzas para navegar a la isla de Corisco y recoger una buena muestra de crustáceos. Quien crea que aquí acabó su segunda aventura africana es que no conoce a la indómita viajera. En Camerún, entonces colonia alemana, decidió ascender hasta la cumbre del Mungo Mah Lobeh o Trono del Trueno, el pico más elevado —cuatro mil setenta metros de altitud— del monte Camerún. No sabemos si lo hizo porque su admirado explorador Richard Burton había sido el primer británico en coronarlo o porque quería medir sus fuerzas con la naturaleza. El hecho es que la infatigable señorita Kingsley, acompañada de un pequeño grupo de porteadores que intentaron sabotearla en más de una ocasión olvidando incluso llevar agua para que abandonara, se convirtió en la primera mujer en ascender una de las montañas más altas de África por una vía hasta entonces desconocida. Tras una difícil ascensión donde tuvo que pasar una noche a la intemperie soportando el frío y la humedad, la niebla no le permitió disfrutar en la cumbre de la vista panorámica lo que le hizo comentar: «Desde luego no soy una experta montañera ya que no encuentro ninguna exaltación, sino un profundo disgusto porque el tiempo me ha robado mi principal objetivo al venir hasta aquí, disfrutar de una bella vista».

El último viaje

En noviembre de 1895 Mary Kingsley regresaba a Inglaterra y sólo con poner el pie en el puerto de Liverpool, donde le esperaba ansiosa la prensa, se dio cuenta de la trascendencia que había tenido su viaje. Se trasladó una vez más a su pequeño apartamento londinense con sus máscaras, fetiches, figuras de ébano y un número incontable de objetos africanos que había adquirido comerciando con los nativos. En el recibidor instaló una figura tallada en madera de aspecto terrorífico, un fetiche llamado Muvungu de sesenta centímetros de altura cubierto de clavos oxidados y restos de sangre seca que a buen seguro alejaba a los malos espíritus que quisieran molestarla. También mantenía la calefacción de su casa a temperaturas tropicales para olvidarse del frío y la humedad londinenses. Los amigos que la visitaban decían que el salón de su casa era «un baño de vapor» y que el calor resultaba insoportable para todos menos para ella. Mary seguía sintiéndose muy sola, su hermano Charles tenía celos de sus éxitos y se iba distanciando poco a poco de ella. Londres, donde muy pronto se la consideraría una celebridad, le parecía cada vez más un lugar extraño. De ahí que intentara mantener por todos los medios una vida africana aunque el recuerdo de su amada costa le resultaba especialmente duro: «No puedo olvidar el encanto del África occidental que he dejado atrás. Es maravilloso dejarte envolver por su magia cuando estás allí pero cuando regresas su recuerdo es muy doloroso. Entonces quieres volver a la costa africana que te está llamando, diciendo lo que los nativos dicen a las almas de sus amigos que se mueren: vuelve, vuelve, ésta es tu casa...».

En los meses siguientes se dedicó a escribir el primer libro sobre sus exploraciones en el continente negro. Se publicó en Londres en 1897 con el título *Viajes por el África occidental* y se convirtió muy pronto en un auténtico éxito de ventas. Escrito de manera muy amena, el libro contenía en sus más de setecientas páginas interesantes detalles etnográficos y muchas pinceladas de humor sobre los peligros a los que tuvo que hacer frente. Pero lo más novedoso fue que por primera vez los africanos eran tratados como personas y no como bárbaros necesitados de civilización o paganos a los que los misioneros tenían el deber de salvar. Mary tenía opiniones muy opuestas a las de su época, defendía y entendía la poligamia: «Cuantas más mujeres, menos trabajo; éste es el lema de la mujer africana», admiraba las virtudes de las tribus caníbales: «La antropofagia es un rito de índole casi religiosa que se práctica sólo entre los enemigos muertos en combate, como evidente equivalencia del sacrificio humano» y respetaba sus prácticas religiosas como el fetichismo que «regía y ponía orden a sus vidas».

En sus estudios de campo también se vio recompensada. Había traído a Inglaterra en sus pesados tarros de alcohol especies de peces desconocidas hasta entonces que el Museo Británico recibió con gran satisfacción, algunos fueron incluso clasificados como Kingsleyae en su honor. Muy pronto Mary se convertiría en una importante figura pública y una respetada autoridad en asuntos africanos. Dio conferencias por todo el país ante un público entusiasta que escuchaba sus aventuras con auténtica devoción. Cuando la veían subir a la tarima vestida con sus oscuros trajes victorianos y el pelo recogido con un delicado tocado de florecitas y escuchaban de sus labios vivencias como ésta: «Sentí un fuerte hedor que provenía de unas bolsas que colgaban dentro de mi choza, en su interior encontré una mano humana, tres dedos gordos del pie, cuatro ojos, dos orejas y otros pedazos de cuerpo humano. La mano estaba fresca, el resto no tanto y se estaba secando», muchos no daban crédito a lo que oían. Una amiga suya explicaba la sensación que causaba entre el público su aspecto de solterona victoriana: «Delgada, erecta, algo rígida, tenía los ojos azules y un cabello castaño claro que casi siempre se recogía en un moño. Era la persona que menos recordaba a un explorador. Pero Mary tenía un cerebro masculino por su fuerza y amplitud de miras, y un sentido del humor único. Era con diferencia la persona más divertida que jamás he conocido». Mary sentía, sin embargo, que el público no la acababa de tomar en serio y que en realidad lo que la gente buscaba en ella era el estereotipo de la intrépida solterona vestida con enaguas rodeada de nativos desnudos que tantos chistes inspiraba.

La célebre viajera quería regresar cuanto antes al África occidental pero con el éxito que alcanzó su libro se vio envuelta en actos públicos, debates políticos, y discusiones con los más importantes africanistas y exploradores del momento. Escribió un sinfín de artículos sobre sus viajes e investigaciones y se implicó en gran número de causas humanitarias. En una de estas cenas conoció al único hombre del que al parecer se enamoraría perdidamente. Se trataba de Matthew Nathan, un atractivo y ambicioso joven que ascendió del cuerpo de los ingenieros reales a gobernador de Sierra Leona. Enseguida simpatizaron, y Matthew comenzó a visitarla en su casa descubriendo quizá que tras la invencible Mary Kingsley se escondía una mujer solitaria de treinta y siete años que aún no había descubierto el amor. Pero al parecer cuando Mary Kingsley publicó en 1899 su segundo y más polémico libro *West African Studies* (Estudios del África occidental), donde proponía, entre otras cosas, una administración colonial compartida entre expertos ingleses y jefes nativos, su querido Matthew, que entonces ya se encontraba destinado en Sierra Leona, dejó de escribirla y se esfumó de su vida para siempre. No debió ser fácil para Mary encajar este golpe y más cuando fue al único hombre al que se atrevió a abrir su corazón, como lo demuestra esta carta que le escribió en aquellos días: «Nunca he tenido mi propia vida, siempre he hecho las tareas que nadie quería hacer y he tenido que vivir las alegrías, las penas y las preocupaciones de otras personas. Jamás se me ha ocurrido que yo tenga derecho a sentarme junto al fuego y compartir mi vida con alguien...».

En 1899 Mary Kingsley seguía con interés las noticias que llegaban de Sudáfrica donde había estallado una sangrienta guerra entre los colonos independentistas bóers y Gran Bretaña. Repentinamente decidió viajar a Ciudad del Cabo para buscar nuevas especies de peces en el río Orange e incluso contactó con algunos periódicos para cubrir la guerra como corresponsal. Éstas fueron

las excusas que dio a sus sorprendidos amigos, pero en realidad
tenía la intención de trabajar como enfermera voluntaria. Su viaje
no fue igual de romántico que el que realizó a bordo del vapor *Lagos*
con el capitán Murray la primera vez que viajó al continente
negro. Ahora se había embarcado en un barco, el *Moor*, que transportaba más de seiscientos soldados, donde apenas tenía intimidad y las condiciones higiénicas eran deplorables. Ya en alta mar
Mary tuvo que atender a un buen número de pasajeros gravemente enfermos a causa de un brote de disentería. El 28 de marzo de
1900 pisaba de nuevo tierras africanas y en apenas dos semanas
llegó a Ciudad del Cabo, allí se presentó al primer oficial médico
de la colonia para que le asignaran un puesto como enfermera. La
enviaron al peor lugar que podría imaginarse, a cuidar cientos de
heridos y enfermos bóers hechos prisioneros por los ingleses, que
se alojaban en un lugar llamado irónicamente el Hospital Palacio,
ya que ocupaba las antiguas dependencias del palacio de Simons-
town construido a finales del siglo XIX como vivienda privada.
Cuando Mary llegó al edificio comprobó con sus propios ojos que
se encontraba en el auténtico infierno de Dante, las paredes y los
techos se encontraban en un estado ruinoso, había suciedad por
todas partes y sólo un médico y dos enfermeras para atender a
más de doscientos pacientes que agonizaban en el suelo o en im-
provisadas camillas víctimas de la metralla y de una epidemia de
tifus que se había desatado con gran virulencia. En una carta que
escribió desde Sudáfrica a una amiga confesó: «Nunca me he encontrado en un lugar tan tremendo como en este valle de muerte y
desolación al que llaman Hospital Palacio». Ella, acostumbrada a
trabajar en las ciénagas, decía con su habitual humor que de nuevo le había tocado un trabajo repulsivo, un hospital lleno de escarabajos, garrapatas y chinches.

Mary por aquellos días comenzó a fumar compulsivamente y
a beber vino con la esperanza de que esto le ayudara a librarse de
las infecciones. Cuentan las enfermeras que entonces trabajaban
con ella que apenas dormía y estaba sometida a un gran estrés psí-
quico y psicológico. A mediados de mayo cayó enferma, tenía casi
siempre fiebre y no asimilaba ningún tipo de alimento. Ella insis-

tía en que se trataba de alguna fiebre contraída en su anterior viaje a la costa occidental y que pronto se recuperaría. Pero Mary Kingsley no pudo ocultar por mucho tiempo la verdad que ya conocía: durante dos meses había cuidado a enfermos de tifus y ahora sufría los primeros síntomas de la enfermedad.

Hasta el final de sus días demostró el mismo valor y la misma fortaleza de la que siempre hizo gala. A primeros de junio el dolor era insoportable y el doctor le confirmó que la virulenta fiebre tifoidea le había perforado el intestino y su única esperanza era la cirugía. La operaron con éxito y Mary pareció recuperarse durante los dos siguientes días, pero finalmente su corazón no aguantó y murió el 3 de junio de 1900. Había pedido a su médico que la enterrasen en el mar y nadie pudo evitar —como a ella le hubiera gustado— que las autoridades celebraran un solemne funeral en su memoria. En El Cabo a Mary se la consideraba una heroína y debía ser enterrada con los máximos honores militares. Hasta en su muerte su espíritu indómito y burlón hizo acto de presencia. Ocurrió que cuando echaron al mar el pesado ataúd de madera de teca y remaches de bronce, éste se resistió a hundirse y quedó flotando en la superficie. Tras unas horas de tensa espera los marineros sólo pudieron hundirlo atándole un ancla y el cuerpo de la incansable viajera pudo al fin reposar en el fondo del mar como había sido su deseo.

CAPÍTULO IV

**Memorias de África:
safaris y champán**

«Llegué al Protectorado del África oriental británica antes de la Primera Guerra Mundial, cuando aún se podía decir que las tierras altas eran un feliz coto de caza y cuando los pioneros blancos vivían en confiada armonía con los hijos del país. La mayoría de los emigrantes habían llegado a África y permanecido allá porque la vida en aquel lugar les gustaba más que en su país de origen, porque preferían ir a caballo a ir en coche, y hacer una hoguera a encender la calefacción. Querían, como yo, dejar sus huesos en tierra africana.» La escritora Karen Blixen escribió estas palabras cuando ya vivía en Dinamarca y los recuerdos de sus diecisiete años en Kenia los había transformado en un evocador libro titulado *Memorias de África*, publicado en 1937. En este relato de su vida al frente de una plantación de café recordaba con nostalgia paisajes y gentes de un África legendaria que ya no existe. Ignoraba entonces la narradora danesa que sus días en tierras africanas quedarían para siempre inmortalizados en una película inolvidable.

Cuando se estrenó *Memorias de África*, del director Sydney Pollack, la romántica historia de amor entre una aristócrata y un solitario cazador inglés se convirtió en un éxito de taquilla. La actriz Meryl Streep, que daba vida a la baronesa Blixen, y Robert Redford, a su amante Denys Finch-Hatton, nunca imaginaron lo que aquella película iba a significar para Kenia. Miles de turistas llegaron dispuestos a revivir las bucólicas escenas de safari en las sabanas africanas, a sobrevolar el lago Nakuru en medio de una nube de flamencos rosados y a escuchar el rugido de los leones desde una tienda de campaña. Hacía más de veinte años que Karen Blixen había muerto y el mundo entero descubría ahora la grandeza del país que llevó siempre en su corazón. El recuerdo de Karen Blixen o Isak Dinesen permanece aún vivo en las verdes llanuras de Kenia. Su granja al pie de las colinas de Ngong fue comprada en 1963 por el Gobierno danés cuando ya era una célebre escritora y éste se la regaló al país que acababa de alcanzar su independencia con la condición de que se convirtiera en museo. Hoy es un lugar de culto para mitómanos y aquellos que quieren respirar la esencia del país que se convirtió en el aliento de una casta de aventureros y soñadores.

A principios del siglo pasado el África oriental británica, como se conocía a la actual Kenia, era un lugar de promisión para muchos colonos. Por entonces el Gobierno británico ofrecía tierras baratas en el Protectorado y aunque la gente tenía que mirar en el mapa para saber dónde se encontraba Mombasa, fueron muchos los que a partir de 1903 se animaron a viajar hasta aquellas remotas tierras vírgenes. Empezaron a llegar colonos de todos los rincones del Imperio, en sus carros tirados por mulas o bueyes cargaban bañeras, sacos de semillas y rifles, como auténticos pioneros. Cuando por fin pisaban las fincas que habían adquirido, muchos con sus familias a cuestas, se les caía el alma a los pies. No había nada, ni carreteras, ni luz, ni agua potable y por la noche los leopardos y los leones merodeaban sus rústicas cabañas y mataban al ganado.

Nairobi recordaba entonces una ciudad salvaje del Lejano Oeste americano. Por sus animadas y polvorientas calles alumbradas con farolas deambulaban colonos ansiosos por comprar tierras, cazadores, prostitutas japonesas, apuestos guerreros masais con sus lanzas y escudos, kikuyus, comerciantes llegados de Goa y un nutrido grupo de hindúes. Todo el mundo iba armado porque en cualquier esquina podía atacarte un león. La ciudad había nacido por casualidad. Los británicos ansiaban alcanzar Uganda, un punto militar estratégico en la cabecera del Nilo, que en 1894 convertirían en Protectorado. Decidieron construir una línea de ferrocarril que partiera desde la costa en Mombasa hasta Kisumu en la orilla oriental del lago Victoria, puerta de entrada a la «Perla de África».

En 1899 la línea, que atravesaba una región inhóspita poblada de leones y tribus guerreras, había alcanzado las llanuras pantanosas de un lugar que los masais llamaban Engore Nyarobe «lugar de las frías aguas» en referencia a un riachuelo donde abrevaba su ganado. Los ingleses establecieron en este sitio un almacén de abastecimiento para las obras del ferrocarril y poco a poco la gente fue instalando allí sus tiendas de campaña atraída por la bondad del clima y las fértiles tierras. Se tardó cinco años en finalizar la titánica obra de ingeniería que costó la vida a dos mil quinientos *coolies* indios —incluidos una veintena devorados por dos hambrientos leones del Tsavo—, contratados como mano de obra barata. Ahora el Gobierno británico tenía que rentabilizar una empresa que le había costado la friolera de cinco millones de libras animando a los colonos a explotar las tierras más fértiles.

Junto a las riadas de emigrantes llegó un puñado de aristócratas y militares ingleses atraídos por la naturaleza salvaje y las emociones fuertes. Aquellos señoritos educados en Eton y Oxford, cuando veían desde el tren que les llevaba a Nairobi las interminables llanuras de Athi, pobladas por miles de animales, creían que se trataba de un espejismo. Las tierras altas africanas, donde Karen Blixen compró su hermosa granja, eran las más solicitadas. A dos mil metros de altitud, el clima era fresco, los cielos de un color azul intenso y el aroma de las flores embriagaba al visitante. Los paisajes eran sublimes, rodeados de montañas tapizadas de bosques y volcanes extinguidos dominados por la silueta del monte Kenia coronado de nieve. Se decía que el aire tan puro de las *highlands* provocaba cierta euforia en los colonos que les ayudaba a desinhibirse y a llevar una vida libertina donde «todos se acostaban con todos». Una pregunta muy recurrente que se hacía entonces en Inglaterra era: «¿Está usted casado o vive en Kenia?», lo que da una idea de la mala reputación que tenía el país.

En la Kenia de aquellos años no existían muchas diversiones. Los cazadores y granjeros se dejaban caer por el único hotel de Nairobi, el Norfolk, donde «se podía entrar en el comedor montado a caballo y saltar desde la silla a una de las mesas preparadas para la cena sin llamar la atención». El hotel Norfolk se construyó en 1904 frente a la cárcel y el día que pusieron la primera piedra el solemne acto fue interrumpido por la presencia de un elefante que causó el pánico entre las damas. Muy pronto se convirtió en el Claridge de Nairobi y para deleite de sus comensales trajeron a un chef francés del Waldorf Astoria de Nueva York. En sus habitaciones los colonos, entre whisky y whisky, compraban y vendían las mejores tierras del país que acababan de conquistar. La misma semana que llegó Karen Blixen a Nairobi abría sus puertas el club Muthaiga, conocido como el Moulin Rouge, un selecto club de golf «sólo para blancos» que se convertiría en escenario de escandalosos romances y parrandas, donde los nobles se entretenían lanzando pelotas de golf a sus arañas de cristal o jugando al rugby en el salón de lectura.

En los años veinte los safaris se pusieron de moda y los colonos descubrieron que se podía ganar mucho dinero apretando el gatillo y disfrutando de la vida al aire libre. Cuando empezaron a llegar clientes ansiosos de pieles, marfil o trofeos para decorar sus mansiones inglesas nació el lucrativo negocio de la caza mayor. Los cazadores blancos eran contratados por buenas sumas de dinero y los millonarios, príncipes y actores de Hollywood, conseguían sus exóticas piezas. La imagen de las caravanas de porteadores, las tiendas de campaña en mitad de la sabana, las veladas junto al fuego, la emoción del rastreo y el acecho a las fieras se convirtieron en sinónimo de aventura y opulencia.

Karen Blixen nunca olvidaría los safaris nocturnos con su amante Denys escuchando a Mozart a la luz de las velas: «Lo bueno que tiene ir de safari es que se te olvidan todas las penas de la vida y te sientes el día entero como si llevases dentro media botella de champán, lleno del más íntimo agradecimiento por sentirte vivo». Las fotografías de aquellos años muestran a hombres y mujeres vestidos de safari, armados con sus pesados rifles posando orgullosos ante hermosos leones o elefantes abatidos. Hoy nos resulta difícil encontrar una pizca de romanticismo en aquellas auténticas carnicerías, pero la caza era un ritual que enfrentaba al hombre blanco consigo mismo y le permitía medir sus fuerzas con la naturaleza. Las mujeres no se quedaron atrás. Karen Blixen se convertiría, al poco de llegar a África, en una fanática cazadora a la que su propio marido, el barón Bror Blixen —considerado uno de los grandes cazadores blancos de la época junto a nombres como John Hunter y Denys Finch-Hatton— tuvo que suplicarle en más de una ocasión que dejara de matar por capricho.

Mucho antes de que la baronesa Blixen descubriera el placer de los safaris, las primas Agnes y Cecily Herbert decidieron desafiar a la opinión pública y demostrar que unas mujeres solas podían organizar sus propias expediciones de caza. A Ernest Hemingway seguramente le hubiera gustado tenerlas de compañeras en sus cacerías africanas. Rara era la vez que estas elegantes damas victorianas inglesas fallaban un tiro. Las dos atractivas solteronas llegaron a África a principios del siglo xx en busca de aventura y ya lo creo que la encontraron. Su libro más famoso publicado en Londres en 1908, *Two Dianas in Somaliland* (Dos Dianas en Somalia), apesta a sangre pero es un relato de aventuras trepidante.

El primer safari de las señoritas Herbert fue en Somalia y durante cuatro meses y medio recorrieron los desiertos rocosos y el interior del ignoto país. Partieron de Berbera en el golfo de Adén en dirección sur acompañadas de cuarenta y nueve camellos cargados con provisiones y una hilera interminable de porteadores. Como buenas amas de casa planificaron el safari hasta el mínimo detalle, cada paquete estaba debidamente etiquetado con la lista de su contenido, así perdían muy poco tiempo en acampar. Las intrépidas cazadoras eran modernas hasta en su forma de vestir, llevaban pantalones de montar, polainas, sólidas botas de caza inglesa y chaquetas de safari de amplios bolsillos donde guardaban sus cuchillos, cuerdas y otros utensilios. No les importaba descalzarse y quedarse en calcetines para seguir a su presa y no hacer ruido. Los nativos que se encontraban a su paso con la caravana guiada por dos mujeres blancas, no daban crédito a lo que veían. En una ocasión hasta llegaron a fabricarse un traje de baño con las capas de sus sirvientes somalíes, que se asombraron al ver sus pálidos cuerpos mientras sus rostros por efecto del sol eran tan morenos.

Los detalles que narran con humor en su libro —en el mejor estilo de la viajera Mary Kingsley— acerca de sus cacerías africanas harían temblar al explorador más curtido. Agnes sufrió heridas en una pierna a causa del ataque de un león y un profundo desgarro en un brazo debido a la cornada de un oryx. Uno de sus mozos de armas fue pisoteado y murió embestido por un rinoceronte, un camellero se ahogó al tragarse una salamandra y su mayordomo somalí de toda confianza huyó dejándolas solas en medio del desierto. Las Herbert nunca perdieron la calma frente a las fieras salvajes, el ataque de los belicosos somalíes o la falta de agua en pleno desierto. Dormían en sus tiendas con una pistola de caza del calibre doce cargada junto a su almohada, escuchando los gruñidos de los leones como música de fondo. Con su viaje demostraron que los campamentos llevados por mujeres estaban mejor organizados, eran más alegres y los sirvientes trabajaban más a gusto. Sus únicos caprichos conocidos eran el té y el champán, dos bebidas que consideraban la mejor medicina en un safari. En una fotografía de aquella época se las ve de regreso en Inglaterra, en su mansión de la campiña rodeadas de trofeos y con un mobiliario que hoy escandalizaría a los ecologistas: mesas de piel de rinoceronte, alfombras de leopardo, taburetes de patas de elefante y delicados reposapiés de piel de oryx. Aún tendrían que pasar muchos años para que la caza mayor fuera prohibida en Kenia y se crearan parques naturales para preservar un buen número de especies amenazadas de extinción tras años de frenética caza incontrolada. La época dorada de los safaris queda ya como un triste recuerdo del África colonial que para muchos aventureros como Bror von Blixen, Denys Finch-Hatton, lord Delamare y Karen Blixen, entre otros, se convirtió en su razón de existir.

KAREN BLIXEN

Una baronesa en Kenia
(1885-1962)

Ya en África, la entrada en mi vida de otra raza, esencialmente diferente a la mía, supuso para mí una expansión misteriosa de mi mundo. Mi propia voz, mi cántico en la vida obtuvo allá su réplica, y el dúo ganó en riqueza y plenitud.

KAREN BLIXEN,
de su libro *Sombras en la hierba*, 1960

Uno de los retratos más conocidos e inquietantes de la escritora danesa Karen Blixen se lo hizo su amigo, el gran fotógrafo Cecil Beaton, en Nueva York hacia 1959. Tenía entonces setenta y cuatro años, le habían extirpado buena parte del estómago tras diagnosticarle una úlcera, estaba prácticamente inválida y pesaba poco más de cuarenta kilos. Su delgadez era tal que en la famosa imagen, donde luce un sombrero de pirata calado hasta las cejas, el rostro de Karen parece una máscara. Hasta sus últimos días le gustó escandalizar y para exagerar su aspecto cadavérico solía vestir de negro, llevaba turbantes en la cabeza, acentuaba su palidez con polvos blancos y mucho kohl alrededor de sus enormes ojos. En aquella época se rumoreaba que sólo se alimentaba de ostras y champán porque apenas podía comer alimentos sólidos.

Karen Blixen vivía entonces junto al mar de Dinamarca, muy lejos de su amada África. En 1931 había abandonado su granja frente a las verdes colinas de Ngong, en Kenia, y se refugió, enferma y arruinada, en su casa natal de Rungstedlund. Allí seis años después recuperó los recuerdos de su pasión africana y publicó *Memorias de África* con el seudónimo masculino de Isak Dinesen.

La vida real de la escritora danesa en Kenia no fue tan romántica como plasmó en su hermoso libro. Es cierto que en África encontró su verdadero hogar pero pagó un alto precio por aquella aventura. Divorciada de su marido, enferma de sífilis, sin poder tener hijos, enamorada del aventurero Denys Finch-Hatton que nunca quiso ser algo más que su amante y enfrentándose sola a la responsabilidad de explotar una plantación de café ruinosa, sólo encontró consuelo en el contacto diario con los nativos y en la grandeza de los paisajes africanos que retrató como nadie. En una carta enviada a su madre en 1919 escribió: «Tengo la sensación de que en el futuro, me encuentre donde me encuentre, me preguntaré siempre si estará lloviendo en Ngong».

Hasta el día de su muerte, en 1962, llevó el recuerdo de África en su corazón. Su secretaria particular, Clara Svendsen, que la conocía mejor que nadie, contó en una ocasión que cuando vivían en Rungstedlund cada noche la escritora antes de acostarse realizaba el mismo ritual. Abría una de las puertas de su mansión que daba al sur, en dirección a África, y se quedaba allí de pie unos minutos pensativa, luego iba a su despacho —donde siempre tuvo un mapa de la granja de Ngong colgado en la pared y una foto de su amante Denys Finch-Hatton sobre el escritorio— y se sentaba en una mecedora mirando hacia la ventana. Terminada esta ceremonia subía a su habitación y se acostaba.

La tierra prometida

Karen Blixen vivió entre dos mundos tan opuestos y distantes como Dinamarca y Kenia. Había nacido en 1885 en el seno de una aristocrática familia danesa y desde niña siempre admiró a su padre, del que heredó su espíritu aventurero y rebelde. El señor Wilhelm Dinesen fue soldado, poeta, cazador y acabó dedicándose a la política. En su juventud y tras la muerte de su primer amor, una hermosa prima suya de dieciocho años, decidió viajar al Lejano Oeste americano para olvidar. En aquellas tierras vírgenes y salvajes vivió como un auténtico pionero junto a los indios, se dedicó a cazar búfalos y a comerciar con pieles. Como más tarde su hija, Wilhelm se sintió muy feliz entre los nativos, respetaba su cultura y admiraba su valor y sabiduría. A su regreso dos años después escribió un buen número de ensayos donde criticaba las pésimas condiciones en que vivían los indios confinados en las reservas.

El capitán Dinesen, que heredó una gran fortuna a la muerte de su padre, acabó casándose con Ingeborg Westenholz que provenía de una familia danesa de la alta burguesía. La joven era una muchacha hermosa y culta de veinticuatro años que hablaba varios idiomas, le gustaba la lectura y había vivido en distintas ciudades europeas para completar su formación. Tuvieron cinco hijos, Karen fue la segunda y la favorita de su padre. Ambos compartían el amor a la naturaleza, la caza y el gusto por la buena vida. Todos nacieron en la finca de Rungstedlund, una posada del siglo XVI al norte de Copenhague que adquirió su padre en 1879, donde años más tarde la baronesa Blixen, convertida en Isak Dinesen, daría vida a sus célebres memorias africanas. A la escritora siempre le gustó ocultarse bajo nombres distintos o seudónimos que le ponían sus amigos. De niña en casa la llamaron Tanne, firmó su primer relato como Osceola, al casarse se convirtió en la baronesa Von Blixen-Finecke, en África para sus amigos ingleses era Tania, su amante Denys la llamaba cariñosamente Titania y los kikuyus Jerie. A su regreso de África firmó todos sus libros con el nombre de Isak —tomado de la Biblia y que significa «el que ríe»— Dinesen, lo que dio lugar a que en Estados Unidos creyeran que se trataba de un hombre.

Karen o Tanne nunca asistió a la escuela y fue educada en aquella solariega mansión junto a sus cuatro hermanos por su estricta y religiosa madre, una institutriz y su tía Bess. Cuando tenía diez años perdió a su adorado padre y confidente en un trágico suceso que la marcó para siempre. En 1895 Wilhelm Dinesen, que entonces trabajaba como diputado en el Parlamento danés, se suicidó ahorcándose en la habitación de un hotel de Copenhague. Su madre, al enterarse de la noticia, cayó gravemente enferma. Durante cuatro años permaneció casi inválida y sin apenas poder hablar. Karen siempre creyó que su padre había contraído la sífilis —la misma enfermedad que ella padecería en Kenia— y que no tuvo el valor de enfrentarse a su familia.

Ya en su adolescencia la joven se dedicó a pintar y a escribir sus primeros cuentos y relatos. Estudió arte en París y Roma, y finalmente se instaló en Copenhague para huir del asfixiante ambiente familiar. Allí comenzó a alternar con jóvenes aristócratas ociosos que dedicaban su tiempo a montar a caballo, jugar al bridge y beber whisky en grandes cantidades. En este ambiente frívolo y aburrido conoció a unos primos lejanos, los gemelos Hans y Bror von Blixen-Finecke, que pertenecían a la nobleza sueca. En un principio se enamoró locamente de Hans, el mayor y más atractivo de los dos, pero éste nunca la correspondió. Unos años después, en 1912, Karen sorprendió a su familia anunciando su compromiso con el hermano menor, Bror, que acabaría siendo su esposo.

El barón Bror von Blixen-Finecke era la oveja negra de la familia. Había estudiado para granjero pero era un irresponsable con el dinero, le gustaba la buena vida, la emoción de la caza y sobre todo las mujeres. Fue un tío suyo quien a su regreso de un safari por el Protectorado británico del África oriental, en la actual Kenia, recomendó a la pareja que viajaran juntos a aquel lugar de promisión donde podrían hacer fortuna. El aventurero Bror se sintió muy atraído al oír hablar de las tupidas selvas y las extensas sabanas africanas pobladas por miles de animales donde los cazadores podían conseguir auténticos tesoros para sus colecciones cinegéticas.

A Karen la idea de «huir» a un país remoto y comenzar una nueva vida como hiciera su padre en las inhóspitas tierras de Norteamérica le atrajo desde el primer instante. Cuando el impetuoso Bror la pidió en matrimonio aceptó encantada y comenzó a hacer las maletas. Con esta unión el barón Von Blixen le ofrecía un título nobiliario aunque no tuviera el dinero necesario para emprender aquella romántica aventura. Fue la familia materna de Karen quien aportó el capital para comprar una granja de setecientos acres en Kenia y dedicarla a la explotación ganadera. Bror decidió partir antes que su prometida para cerrar el trato, amueblar la casa y contratar al personal doméstico. A mediados de 1913 embarcó rumbo a Mombasa, en el Índico, y desde allí llegó en tren a Nairobi. Sin consultárselo a su futura esposa vendió la granja que habían comprado para criar ganado y en su lugar adquirió una extensa plantación de café. «El cultivo del café era lo único que tenía algún futuro; el mundo clamaba por el café de Kenia. Vendí mis setecientos acres y compré a un sueco una compañía de café sueco-africana que tenía cuatro mil quinientos acres, cerca de Nairobi», escribiría el barón Von Blixen en su libro autobiográfico. Por entonces el incauto granjero ignoraba que aquellas tierras no eran aptas para este cultivo y que la lluvia sería insuficiente para mantener las delicadas plantas de café. La escritora Judith Thurman en su biografía sobre la escritora danesa apunta: «Esa compra de la Swedo-African Coffee Company, a la que Bror se lanzó entusiasmado, pagando sin regatear y a toda prisa, fue la semilla de la tragedia de Isak Dinesen en África».

En diciembre de 1913 la señorita Dinesen embarcó en Nápoles en el barco *Admiral* rumbo a la costa oriental africana para casarse con su prometido. No viajaba lo que se dice ligera de equipaje, Karen deseaba verse rodeada de confort y de sus objetos más queridos, aunque fuera en el fin del mundo. Sus pesados baúles contenían alfombras, un reloj de mesa francés, la biblioteca completa de su abuelo con la mejor literatura danesa, cubiertos de plata, copas de cristal finamente talladas, sus tazas de porcelana china, una vajilla de Limoges, un biombo de madera, delicada ropa de cama, trajes de noche y joyas, cuadros, fotografías familiares, cuadernos y su inseparable máquina de escribir Corona. Le acompañaba también un hermoso galgo escocés, regalo de bodas, llamado Dusk.

El viaje a África oriental a principios del siglo pasado duraba unas tres semanas. El elegante vapor *Admiral* surcó las tranquilas aguas del Mediterráneo y el canal de Suez hasta llegar al mar Rojo. Atrás quedaban las largas esperas en puertos sucios y malolientes, el aire caliente del desierto y las repentinas tormentas en alta mar que obligaban a cambiar de rumbo. Karen pasó buena parte del viaje mareada, nerviosa y deprimida. En Adén se encontró con una grata sorpresa, su futuro esposo le había enviado a su mayordomo, un criado somalí llamado Farah para que la acompañara en el último tramo de viaje hasta Mombasa. La escritora ignoraba entonces la influencia que iba a ejercer en ella este hom-

bre musulmán orgulloso, incorruptible y fiel. La recibió vestido
con una elegante túnica blanca, un chaleco bordado y un turbante
rojo. En los siguientes dieciocho años se convertiría en su cómplice, confidente y amigo. «No había cosa que yo hiciera o pensara
de la que él no estuviera al corriente», escribiría la autora en su libro *Sombras en la hierba*.

A partir del golfo de Adén el viaje continuaba siguiendo el sua-
ve perfil de la costa somalí hasta llegar al sur de Mombasa. Ya en
el océano Índico, Karen sintió la humedad del trópico que se pegaba a su piel y los sensuales aromas del clavo y la vainilla que le
llegaban de tierra adentro. A estas alturas del viaje la costa africana mostraba al recién llegado un paisaje evocador de *Las mil y
una noches*. En medio de las playas de arena blanca, salpicadas de
rocas de lava y esbeltas palmeras, sobresalían los altos minare-
tes de las mezquitas. En primera línea de playa los lujosos palacios
de los sultanes mostraban ostentosas puertas labradas de teca y
grandes ventanas enrejadas. En el muelle de la bahía de Kilindini
los faluchos de vela latina que surcaban los mares impulsados por
el viento como en tiempos de Simbad, cargaban sus bodegas de
dátiles, vigas de madera de mangle o de las mejores especias del
mundo procedentes de las plantaciones de Zanzíbar. Para la escritora el puerto de Mombasa que ahora pisaba por primera vez era
su primer contacto con la cultura suajili, antes de adentrarse en el
África negra donde habitaban tribus primitivas y los leones acampaban a sus anchas junto a la vía del tren.

La baronesa Blixen, que entonces tenía veintiocho años, se
adaptaría con aparente facilidad a esta nueva vida de granjera
más dura de lo que seguramente imaginó. Al día siguiente de su
llegada se casó por lo civil con Bror en una sencilla ceremonia que
no duró más de diez minutos, oficiada en la comisaría del distrito.
Por la tarde partieron en tren rumbo a Nairobi y en el vagón comedor particular del gobernador celebraron una improvisada
cena de bodas. Vestidos en pijama disfrutaron de los exquisitos
manjares y de champán servido en abundancia por criados africanos con frac. La pareja pasó su luna de miel sentada en los incómodos bancos —no había entonces coches-cama— del ferrocarril

que les llevaba a las anheladas tierras altas donde pensaban hacer fortuna. Aquella noche, mientras el tren atravesaba las desérticas sabanas del Tsavo, Bror le contó a su esposa la historia de dos leones bautizados como «los devoradores de hombres del Tsavo» que a finales de 1898 atacaban cada noche a los trabajadores hindúes que construían el ferrocarril que uniría el Índico con el lago Victoria. Dos leones que durante nueve meses causaron el pánico entre los *coolies* indios y que obligaron a paralizar las obras del llamado «Tren Lunático» hasta que el coronel Patterson dio muerte a las fieras. No era un mal preludio para la vida de riesgos y aventuras que les aguardaba en el corazón de África.

Cuando llegaron a Nairobi, tras veinticuatro horas de fatigoso viaje en tren, Karen se encontró con una pequeña ciudad polvorienta de barracas con techos de chapa ondulada, aceras de madera y calles pavimentadas con tierra roja por donde circulaban los *rickshaws* llevados por nativos. La baronesa aún tuvo que recorrer treinta kilómetros de baches en un carro tirado por bueyes con su cristalería, cuadros y alfombras persas a cuestas hasta llegar a su granja de M'bagathi. No era la hermosa casa colonial que ella había soñado, se trataba de un sencillo bungalow de ladrillo visto con cuatro habitaciones y un porche rodeado de un extenso bosque. Karen no pudo tener mejor recibimiento que el que le ofrecieron los mil doscientos trabajadores kikuyus que la esperaban formando una larga fila para darle la bienvenida. Fue uno de los momentos más felices de su vida, tras saludarles uno por uno, les dirigió un corto discurso y les prometió regalarles algo de carne. «Entre nosotros construimos un futuro con nuestra imaginación, la tierra prometida que estaba delante de nuestros ojos se llamaba África», recordaría el barón Bror von Blixen.

Una granja en África

Desde el primer día que pisó tierras africanas, Karen se sintió cautivada por la majestuosidad de los paisajes que la rodeaban. «Allí arriba respirabas a gusto y se absorbía seguridad vital y ligereza de corazón. En las tierras altas te despertabas por la mañana y pensabas: "Estoy donde debo estar"», escribiría en *Memorias de África*. Antes de instalarse y verse absorbidos por el trabajo en la granja, los Blixen partieron de safari al lago Naivasha en la que sería su verdadera luna de miel. Durante unos días se alojaron en una rústica cabaña y Karen nunca olvidaría su primer contacto con una naturaleza salvaje, las veladas junto a la chimenea, las cacerías nocturnas y el amor apasionado de Bror. En una carta escrita a su madre Ingeborg Dinesen a principios de 1914 le cuenta: «Me paso el tiempo en la cama, y no por enfermedad, sino por la caza nocturna, en una choza de leños de dos habitaciones, con suelo de tierra apisonada y una chimenea en una de ellas, y nos rodea la naturaleza más maravillosa que es posible imaginar, inmensas montañas azules y lejanas y la gran llanura herbosa ante nosotros llena de cebras y de gacelas, y por las noches oigo rugir a los leones como disparos en la oscuridad».

Al regreso del safari la baronesa Blixen-Finecke dedicó todas sus energías a remodelar la casa y adaptarla a sus necesidades. En menos de un año el bungalow se convirtió en una confortable y amplia vivienda —rodeada de un cuidado jardín de césped con estanque para los patos incluido— que decoró con sus objetos más apreciados traídos de Dinamarca. Mientras, su esposo paseaba a lomos de su caballo, látigo en mano, vigilando la tala de los árboles y dando instrucciones a los capataces. Siempre que podía se escapaba de safari o frecuentaba de noche el club Muthaiga y el hotel Norfolk, donde bebía whisky con otros cazadores hasta altas horas de la madrugada.

En sus primeras cartas a la familia Karen habla muy poco de su relación con Bror y cuando lo hace es para alabar su valor y su espíritu emprendedor. «Pienso que os alegrará muchísimo saber lo bien que habla de Bror toda la gente que he conocido aquí. Todos ellos vienen a decirme que lo que ha hecho en la finca es un trabajo único y un ejemplo para toda África...», diría en su primera carta desde Kenia a la familia. Pero la escritora no podría ocultar por mucho tiempo las desavenencias con un marido al que sólo le interesaba la caza y conquistar a las esposas de los amigos, que lo encontraban irresistible con sus atractivos ojos azules y su robusta constitución. Ni el whisky ni las embestidas de los elefantes ni los violentos ataques de malaria pudieron con Bror Blixen en África.

Al tiempo que el juerguista barón se divertía en sus safaris y cada día se despreocupaba más de la finca, Karen organizaba como podía su nueva vida de granjera. Colaboraba con los nativos en la siembra del café, visitaba a los kikuyus en sus tierras y preparaba a su personal doméstico. Entre sus sirvientes, con los que siempre estableció una relación muy especial y que se convirtieron en personajes entrañables de sus famosos libros, tenía entonces un cocinero y un pinche bien entrenados a los que enseñó a hacer flanes, tartas y una interminable lista de deliciosos postres, dos elegantes somalíes encargados de la limpieza y un mozo de cuadras. Eso sin contar una corte de *totos*, los hijos pequeños de los trabajadores kikuyus, que pululaban a sus anchas por la casa y ayudaban en la cocina o en el cuidado de los perros. Karen en África mantuvo siempre sus mundanas costumbres y recibía a sus invitados igual a como lo hubiera hecho en su castillo de Dinamarca. En M'bagathi se cenaba con cubertería de plata y copas de cristal, en vajilla de porcelana, se bebían vinos franceses y se comía foie y caviar ruso. Los sirvientes vestían de uniforme y atendían la mesa con guantes, algo que les debería resultar bastante incómodo. Nunca faltaban hermosos arreglos florales que ella misma preparaba y con los que decoraba las distintas dependencias. La escritora que siempre fue amante de la buena cocina —su cuento «El festín de Babette» es un espléndido homenaje al placer de los sentidos— aprendió antes de viajar a Kenia de la mano de un chef francés. Con el tiempo se llegó a decir que en su casa se servía la mejor cocina de todo el país. Sus siempre bien elegidos comensales nunca olvidaban sus deliciosos platos que regaba con vinos y champán traídos directamente de París.

En aquellos días la señora Blixen comenzó a encontrarse mal, tenía escalofríos, dolor de cabeza y fiebre muy alta. Había contraído la malaria y durante varias semanas tuvo que guardar cama. Bror, como siempre, se encontraba ausente y su fiel criado Farah no se separó de su lado: «Farah es mi consuelo y mi apoyo, mejor que una doncella blanca, y no sabes lo delicado y sensato que es, y además los somalíes tienen unas maneras que parecen Grandes de España», escribiría en su diario a su madre. Mientras se encontraba convaleciente Farah le enseñó la lengua suajili, la puso al día de todo lo que ocurría en la granja y le habló de sus creencias religiosas y de sus miedos. Desde el principio la escritora sintió una gran admiración y respeto hacia los somalíes a los que consideraba los aristócratas del pueblo africano «superiores a todos en cultura e inteligencia». Muchos colonos ingleses no podían prescindir de sus criados somalíes, gentes de sangre árabe, orgullosas y cultas, que tenían un gran concepto de sí mismos. «Dondequiera que fuésemos, éramos seguidos a metro y medio por aquellas sombras nobles, vigilantes y misteriosas», diría Karen. Farah también se convirtió en su hombre de confianza y confidente, guardaba su dinero, pagaba sus cuentas, salarios, dirigía la cocina y el servicio doméstico, conducía su coche y controlaba los establos. Acabó dependiendo de él para casi todo y llegó a definir su relación como «una unidad tan peculiar como la de Don Quijote y Sancho».

La comunidad blanca que habitaba en Kenia nunca simpatizó con su «esnob y presuntuosa» vecina de las tierras altas. Karen Blixen les parecía una mujer excéntrica que se tomaba demasiadas libertades con sus sirvientes. Cuando se enteraron de que pretendía fundar una escuela para los kikuyus que habitaban en sus tierras pusieron el grito en el cielo. Aquellos colonos apenas tenían contacto con los trabajadores africanos a los que trataban como esclavos o en un tono paternalista como si fueran niños. La escritora siempre mantuvo sus distancias con los representantes de la Kenia colonial a los que tachaba de «incultos, racistas y provincianos». Ella prefería el contacto con los nativos y la naturaleza salvaje a tomar el té con las aburridas *ladys* de la alta sociedad. «A veces la vida en la granja era muy solitaria y en la quietud de los atardeceres, cuando los minutos goteaban del reloj, la vida parecía caer goteando de ti también sólo porque no tenías gente blanca con la que hablar. Pero durante todo el tiempo tuve conciencia de que la existencia silenciosa y apartada de los nativos corría paralela a la mía, en un plano diferente», escribiría recordando la soledad y el aislamiento en los que vivió sumergida durante aquellos años.

Cuando ya se recuperó de las fiebres Karen comenzó a recorrer su finca a lomos de su yegua Aimable y visitó las tierras de sus aparceros kikuyus en compañía de Farah, que le hacía de intérprete. La mayoría de sus peones eran agricultores kikuyus que ya vivían en estas tierras mucho antes de ser vendidas, cultivaban sus acres de tierra y a cambio trabajaban para el dueño de la finca un cierto número de días al año. Durante su estancia en África, Karen lucharía por cambiar estas leyes «feudales» impuestas por los blancos que consideraba injustas y no dudaría en implorar por sus legítimos derechos al príncipe de Gales, que la visitaría en su granja.

Muy pronto los nativos comenzaron a respetarla y acudían a ella con frecuencia cuando necesitaban ayuda o un buen consejo. Las ancianas la llamaban Jerie, que en kikuyu significa «la que escucha» y se admiraban al ver, por primera vez, cómo un blanco cogía en brazos a un niño africano. Su esposo Bror sería bautizado con el apodo de Wahoga «el que anda como un pato», algo que divertía mucho a la baronesa. En aquellas salidas también frecuentaba a sus vecinos masais, que vivían al otro lado del río en los límites de la granja, y comenzó a hacer negocios con ellos comprándoles ganado. En su libro *Memorias de África*, Karen dedicaría hermosas páginas a los masais, una nación de nómadas y ganaderos que no simpatizaban con los colonos blancos que habían puesto fin a sus sangrientas guerras tribales. Sobre los orgullosos guerreros masais escribiría: «Estos jóvenes poseen, en grado sumo, esa forma particular de la inteligencia que nosotros llamamos chic; audaces y salvajes como son, siguen adaptándose de forma implacable a su propia naturaleza y a un ideal inmanente. Su estilo no es una manera asumida, ni la imitación de una perfección extranjera; crece desde su interior y es una expresión de la raza y su historia, y sus armas y sus adornos forman parte de su ser como los cuernos de un ciervo». En los años veinte Karen se dedicó a pintar en su granja algunos retratos de sus amigos kikuyus y masais que todavía se conservan en su casa danesa de Rungstedlund, hoy convertida en museo.

En junio de 1914 ya había seiscientas plantas de café cultivadas, comenzaba la época de lluvias y ahora sólo quedaba esperar a que la naturaleza hiciera el resto. Las plantas no darían su fruto hasta pasados tres o cuatro años si todo iba bien así que los Blixen decidieron darse un respiro. Karen se sentía muy cansada, la malaria la había debilitado mucho y en los últimos meses el trabajo en la finca había sido agotador. Su esposo, que estaba ansioso por cazar de nuevo, la invitó a ir de safari un mes a la reserva masai. Sería la primera vez que Karen acamparía en tierras africanas y practicaría la caza mayor en medio de una naturaleza salvaje. Tras una semana de ejercicios de tiro en la granja había aprendido a manejar las armas con gran habilidad. Bror antes de partir le regaló un rifle con mira telescópica y se pusieron en marcha acompañados por nueve criados y tres carros tirados por mulos. Guías, rastreadores, porteadores de fusiles, cocinero, lavandera y varios criados domésticos con Farah al frente, formaban parte de la expedición.

En aquel viaje Karen Blixen descubriría su auténtica pasión por la caza y su gusto desmedido por la sangre. En una carta a su hermano Thomas le dice: «Pido humilde y realmente perdón a los cazadores, cuyo éxtasis por la caza yo hasta ahora no comprendía. No hay nada en el mundo como la caza». Bror la entrenó para el acecho cercano a las presas y aprovechar así al máximo la munición. Al igual que su padre Karen había encontrado un paralelismo entre la caza y el amor disfrutando del ritual de la persecución: «La caza es siempre una aventura amorosa. El cazador está enamorado de su presa».

El primer safari de Karen Blixen fue una auténtica carnicería donde la escritora no dejó de disparar por placer a todas las especies que se cruzaban en su camino. En una foto que se conserva de aquella cacería aparece junto a su esposo con un salacot que la protege del sol y vestida de safari con una camisa, amplios pantalones de algodón y botas altas. En las manos sostiene su pesado rifle y posa orgullosa junto a sus trofeos, dos imponentes leones abatidos. Karen contempló sin inmutarse cómo los criados desollaban los leones y les arrancaban su apreciada piel. El único comentario que hizo se refirió a sus tendones y músculos ensangrentados que quedaron al descubierto y no tenían «ni una partícula de grasa superflua». En sus memorias Bror Blixen escribiría: «Tanne demostró ser una cazadora implacable y sin pizca de humanidad. Mataba todo lo que se cruzaba en su camino sin distinguir. La caza le pareció un ritual y la matanza le divertía de verdad. En una ocasión disparó a una hermosa jirafa por el simple deseo de verla derrumbarse...». Treinta años después, en Dinamarca, le confesaría a un amigo: «Si deseara revivir algo de mi vida pasada, sería ir una vez más de safari con Bror Blixen...».

Tambores de guerra

Cuando en el mes de agosto de 1914 estalló la Primera Guerra Mundial, la tranquila vida de los granjeros europeos que vivían en el África oriental británica dio un vuelco. Bror, para evitar suspicacias y que le acusaran de progermano, como a Karen por su origen danés, decidió apoyar a los ingleses contra sus enemigos los alemanes. El barón Blixen se alistó como oficial de comunicaciones en la patrulla fronteriza que lideraba lord Delamere, uno de los hombres más poderosos del Protectorado. Al cabo de unos días se despedía de su esposa y partía en una motocicleta cargada con jaulas de palomas mensajeras rumbo a Kijabe, en la cabecera del ferrocarril.

Karen Blixen se quedó sola en su granja pero por poco tiempo. Cuando los oficiales británicos le pidieron que abandonara la casa porque allí no podían protegerla de los nativos y se trasladara a la ciudad con las demás mujeres y niños europeos, decidió escapar. En plena contienda cerró las puertas de M'bagathi y marchó a lomos de caballo seguida de Farah, el cocinero Ismael, algunos sirvientes y veinte kikuyus en dirección a Kijabe. Al llegar acampó en los alrededores de la estación y cuando su marido le envió un mensaje desde el frente pidiéndole que alguien les hiciera llegar un suministro de provisiones para las tropas, ella misma organizó una caravana de tres carros tirados por cuarenta y un bueyes. Partió sola al alba con sus sirvientes y recorrió a pie los ciento cincuenta kilómetros que la separaban del campamento de Narok. Tardó cuatro días en llegar, durante el viaje tuvo que instalar su tienda de campaña en lugares desiertos y peligrosos, cazar para alimentar a su gente y hasta defenderles del ataque nocturno de un león que mató a uno de sus bueyes. Cuando finalmente apareció en el campamento vestida con sombrero, pantalones de montar y botas altas, armada con un látigo de piel de rinoceronte en la mano y llena de polvo y barro, sorprendió al propio Delamere. Karen se debió sentir como una heroína de novela, todos alababan su coraje y querían saber los pormenores de su aventura. Comenzaba a encontrarle gusto a aquella vida nómada no exenta de peligros: «Está muy bien vivir a la manera nómada, y es antinatural, por el contrario tener casa siempre en el mismo lugar; sólo se siente uno verdaderamente libre cuando puedes ir en la dirección que se te antoje por las llanuras, acercarte al río al ponerse el sol y acampar allí y saber que puedes dormir bajo otros árboles, otras vistas a la noche siguiente», escribiría a su madre.

Cuando Karen Blixen pudo regresar a M'bagathi casi no reconoció la casa. Los granjeros blancos la habían utilizado como cuartel general y el desorden reinaba por todos los rincones. La plantación de café había sido abandonada y la selva se adueñó de la tierra cultivada, los peones fueron reclutados para ir al frente, los bueyes habían muerto de fiebre y los carros requisados por los ingleses. La guerra había estado a punto de hundir su compañía cafetera en la que habían puesto todo su dinero e ilusiones.

Unos meses más tarde su esposo Bror apareció en la finca cansado y abatido, los británicos habían sufrido una humillante derrota a manos de las tropas alemanas. Pero a Karen aún le quedaba por librar una batalla más dura. Al poco de llegar a la granja comenzó a encontrarse mal, aunque los síntomas no eran los de la malaria que conocía muy bien. Había perdido mucho peso, se sentía deprimida, le dolían las articulaciones y padecía insomnio. Cuando acudió a la consulta del médico en Nairobi recibió la terrible noticia de que tenía sífilis en estado muy avanzado y debía someterse a un tratamiento en Europa. Seguramente Karen ya conocía las infidelidades de su esposo aunque no su gran promiscuidad sexual que incluía relaciones con mujeres nativas, especialmente masais. Intentó por todos los medios que su familia no se enterara de la noticia, en las cartas que escribe a su madre le dice que no se encuentra muy bien y que seguramente ha contraído una enfermedad tropical desconocida.

Antes de partir a Dinamarca y conociendo el origen de su dolencia, Karen no renunció a salir de safari dos meses con su esposo por las montañas de los Aberdares para cambiar de aires. Se sabe muy poco sobre cómo afectó la noticia de su enfermedad a la relación entre la pareja. Ella quiso seguir casada con Bror a pesar de la vergüenza que debió sentir cuando le diagnosticaron la infección y si años después acabaron divorciándose no fue a causa de la sífilis. En el fondo de su corazón la escritora, educada en una estricta moralidad, admiraba la vida aventurera y escandalosa que llevaba su marido, muy similar a la de su padre. «Cuando vas de safari con Bror Blixen hay que llevar una mujer de repuesto si no quieres que seduzca a la tuya», era un chascarrillo que solía circular entre los cazadores blancos de Nairobi. Quizá Karen nunca le odió ni le reprochó nada porque lo suyo fue un matrimonio de conveniencia —aunque reconocía haberse enamorado de él— y desde el principio se dieron gran libertad el uno al otro. Siempre fueron buenos amigos, incluso cuando Bror se casó por segunda vez con una inglesa a la que conoció en un safari.

En mayo de 1915, Karen Blixen volvía a su país enferma y debilitada tras un año de matrimonio. Su criado Farah la acompañó hasta Marsella para ayudarla pero no quiso que la siguiera hasta Dinamarca porque sabía que se encontraría fuera de su ambiente. En París los médicos a los que consultó, especialistas en enfermedades venéreas, le dijeron que iba a necesitar un tratamiento largo y duro así que partió hacia Copenhague y se internó en un hospital. En los tres meses que permaneció allí sólo recibió la visita de su hermano y confidente Thomas, el único que estaba al tanto de su enfermedad. Cuando gracias a la medicación los sínto-

mas comenzaron a remitir la paciente regresó a su casa de Rungstedlund donde al fin pudo reunirse con su familia. Ahora debía
adaptarse a esta nueva vida de inactividad en un país que le parecía extraño y se sentía temerosa de que su salud no le permitiera
regresar a África.

En el verano de 1916 Bror Blixen llegó a Dinamarca para reunirse con su esposa. Karen lo encontró más ilusionado que nunca
y lleno de nuevos proyectos para la granja. Le contó que la escasez
de café a causa de la guerra había puesto los precios de este producto por las nubes y ahora su compañía cafetera tenía un incal-
culable valor. Bror, persuasivo como siempre, convenció a los tíos
de Karen para que ampliaran el capital y fundaran una nueva sociedad con el nombre de The Karen Coffee Company. Unos meses
después el matrimonio partía de nuevo al África oriental británica
animado ante las buenas perspectivas.

Karen siempre recordaría el año de 1917 en el que una terrible
y prolongada sequía acabó con la cosecha de café dejándoles sin
beneficios. El encargado de la plantación les abandonó porque
veía que aquel negocio era una ruina y Bror se mostraba cada vez
más inepto para llevar la granja. De nuevo tuvieron que pedir ayuda a su familia en Dinamarca para hacer frente a la difícil situación en la que se encontraban. Poco a poco los que hasta ahora les
habían apoyado económicamente se mostraban recelosos con el
futuro de la compañía.

Lo mejor sin duda que les pasó aquel año nefasto fue el cambio a una nueva casa, más amplia y lujosa, situada a dieciséis kilómetros de Nairobi y conocida como M'bogani, «la mansión de los
bosques». Ésta fue la finca que inspiraría sus *Memorias de África* y
en donde pasaría los mejores años de su vida. «Yo tenía una granja en África, al pie de las colinas de Ngong. El ecuador atravesaba
aquellas tierras altas a un centenar de millas al norte, y la granja
se asentaba a una altura de unos seis mil pies. Durante el día te
sentías a una gran altitud, cerca del sol, las primeras horas de la
mañana y las tardes eran límpidas y sosegadas, y las noches frías»,
escribiría Isak Dinesen en la primera página de su libro cargado
de nostalgia. La mansión era un elegante edificio de piedra cons-

truido por un colono sueco que les dejó su magnífico mobiliario original y una biblioteca llena de libros de literatura clásica que hicieron las delicias de Karen. La casa, que gozaba de una privilegiada situación, tenía amplias habitaciones con chimeneas de piedra, un comedor revestido de madera de caoba y el único inodoro de toda el África oriental. A su alrededor se extendían hermosos bosques de árboles centenarios llenos de aves y, como telón de fondo, las colinas de Ngong.

En una de las fotos de aquella época que envió a su familia de Dinamarca para mostrarles la nueva vivienda, se la ve en el porche de pie, risueña junto a sus ocho sirvientes africanos entre los que destaca en el centro Farah, que mira tímidamente al suelo. Su aparente felicidad escondía una honda preocupación por los graves problemas que tenía que afrontar a diario, en la extensa finca de cuatro mil ochocientos acres que habían adquirido y donde vivían cien familias kikuyus con sus miles de cabezas de ganado. La guerra no había terminado, la derrota británica frente a los alemanes era inminente y sus vecinos comenzaron a darle la espalda acusándola de ser espía alemana. Karen se refugió en su granja y se dedicó a pintar, apenas salía a la ciudad para evitar que la gente se apartara de su camino o se levantara de una mesa contigua a la suya en el restaurante del Norfolk. Las lluvias en ocasiones la dejaban incomunicada con Nairobi, el correo tardaba meses en llegar y tenían escasez de alimentos por lo que muchas veces salía de caza en la finca para proveerse.

Un año después las cosas no habían mejorado para la baronesa Blixen. La relación con su esposo era cada vez más tirante, Bror se ausentaba a menudo de la granja, despilfarraba el poco dinero que tenían y seguía con sus conquistas femeninas. Karen había perdido las esperanzas de tener un hijo con él y esto la deprimía aún más. Decidida a olvidar la escritora partió de safari a las llanuras de Tana con un amigo de su esposo, el barón y oficial sueco Erik von Otter. Durante unos días pudo matar búfalos y rinocerontes que hasta ahora no figuraban en su larga lista de trofeos. Por la carta que le escribió a su madre sobre este viaje se desprende que fue inmensamente feliz y vivió un corto pero intenso romance con el veterano cazador: «Llevaba tres años sin sentarme ante un fuego de campamento, de modo que volver a tener esta experiencia y oír lejos a los leones, en la oscuridad, fue como retornar al verdadero y auténtico mundo, donde ya había vivido una vez diez mil años atrás...».

Amor en la sabana

En aquella época de desdichas que parecían no tener fin, Karen conoció al que sería el auténtico amor de su vida. Fue en una divertida cena en el club Muthaiga cuando unos amigos le presentaron a Denys Finch-Hatton, un aristócrata inglés de treinta y dos años del que había oído hablar con gran admiración. Enseguida se sintió atraída por este hombre apuesto, culto e ingenioso que acababa de regresar de Somalia y que les deleitó toda la noche con historias de sus cacerías africanas.

Denys, el hombre que descubriría a Karen el África de los safaris regados con champán y las interminables sabanas desde el aire, era un deportista y un intelectual; «rara avis» entre los brutos colonos británicos de los felices años veinte. Había llegado al África oriental en 1911 con veintitrés años porque, según sus palabras «Inglaterra era demasiado pequeña y necesitaba espacio». El segundo hijo del duque de Winchelsea, educado en Eton y Oxford, cuando pisó tierras africanas por primera vez se encontró como en casa. Él, que odiaba el clima de Inglaterra y la vida aburrida y convencional de los de su clase, aquí encontró la más absoluta libertad. En su primer viaje llegó a Nairobi en el Tren Lunático, descubrió las llanuras de Athi pobladas de antílopes, se alojó en el elegante Norfolk, visitó las tierras altas y adquirió una granja en Eldoret para cultivar lino. Denys amaba los retos y el riesgo, la vida al aire libre y el contacto con la naturaleza. Pronto se convertiría en uno de los más famosos cazadores y organizadores de safaris del país.

Un mes más tarde Denys y Karen se reencontraron en una cacería en su granja y el invitado se quedó a pasar la noche en M'bogani. Ya entonces la escritora siente que ha encontrado a su príncipe azul: «Rara vez encuentra uno a alguien con quien simpatice de inmediato y se lleve tan bien, y qué cosa tan maravillosa son el talento y la inteligencia». Bror estaba al tanto de la relación que mantenían pero seguía viviendo en la granja con Karen y se comportaban como un matrimonio normal ante la gente. El barón, que no era un hombre celoso, aceptó con humor este triángulo amoroso. Se daba la circunstancia de que Denys y Bror eran buenos amigos y en ocasiones habían compartido habitación en Ngong. Los dos eran grandes cazadores, expertos en safaris y amantes de la naturaleza. Dejando a un lado estas aficiones, eran bien distintos. A Bror le interesaban más los rifles que los libros, Denys amaba la poesía, la música y el arte moderno. Cuando en alguna ocasión el barón Von Blixen tenía que presentar a su compañero de cacerías lo hacía de la siguiente manera: «Mi buen amigo y amante de mi mujer, Denys Finch-Hatton».

En verano de 1918 los Blixen partieron a un largo safari al paraíso de Naivasha donde Bror tenía un contrato para labrar unos acres de tierra. Durante este tiempo Karen se dedicó a pintar y a disfrutar de nuevo de las veladas junto al fuego y de la vida nómada. No olvidó sin embargo ni un instante a Denys que por entonces aprendía a pilotar aviones en Oriente Medio. A su hermano Thomas le diría en una carta: «He tenido la suerte de conocer, en mi madurez, a mi ideal personificado en él, y sería divertido que os conocierais...».

De nuevo en la granja comprobaron desalentados que la sequía continuaba y amenazaba con arruinar sus cosechas. Sus vecinos granjeros ya habían tenido que despedir a sus peones pero lo peor estaba aún por llegar. Los pozos se secaron, los nativos se morían de hambre y apareció la peste. Durante días Msabu Karen se convirtió en enfermera, vacunó a los trabajadores contra la viruela, alimentó como pudo a los niños que acudían a la granja en busca de comida y repartió maíz molido entre las familias kikuyus. Fueron tiempos muy duros para la escritora, estaban llenos de deudas, les perseguían los acreedores y su familia danesa responsabilizaba a Bror de todos los desastres.

Por entonces llegó una buena noticia, la guerra había terminado, y los granjeros y peones regresaban a casa. El hermano de Karen, Thomas Dinesen, que había combatido en Europa, fue condecorado con la Cruz Victoria y se convirtió en un héroe. Ahora todos los que antes criticaban a la baronesa se quitaban el sombrero ante su presencia y le llovían las invitaciones a fiestas y cenas en casa del gobernador. Denys Finch-Hatton acababa de regresar de Egipto y durante unos días se instaló en la granja de Ngong para recuperarse de unas fiebres. Con él llegaron las lluvias y Karen abrió las puertas de su casa a los amigos que disfrutaban como de costumbre con sus sabrosas recetas y su animada conversación.

A mediados de 1919, el matrimonio Blixen decidió viajar a Dinamarca para visitar a sus respectivas familias y hablar del futuro de la compañía. La madre de Karen ya estaba enterada de la enfermedad contraída por su hija y de las constantes infidelidades de su esposo. Bror regresó a África tras una larga visita a Suecia ignorando que su futuro en la granja pendía más que nunca de un hilo. Los tíos de Karen que más dinero habían aportado a la compañía ahora querían verle fuera porque ya no le tenían ninguna confianza.

Mientras, el barón Blixen se había instalado de nuevo en la granja de Ngong y, ajeno a lo que se avecinaba, seguía llevando la vida disoluta de siempre. Cuando unos meses después llegó a la casa Karen acompañada de su hermano Thomas descubrió escandalizada que durante su ausencia M'bogani se había convertido en un hotel donde su marido se divertía con sus amantes. La fina cristalería había servido para hacer prácticas de tiro, con la plata se pagó a los hambrientos acreedores y algunos muebles fueron vendidos para saldar más cuentas. Entonces Bror abandonó para siempre la finca y se fue a vivir un tiempo a la reserva masai, pensaba dedicarse a la caza profesional que comenzaba a ser un lucrativo negocio. Durante varios meses Karen no quiso saber nada de él y se metió de lleno en los asuntos de la finca. Thomas se encargaría ahora de dirigir la compañía cafetera que se encontraba en una situación catastrófica. Fue un gran apoyo, invirtió su dinero en M'bogani, aunque sabía que la granja estaba condenada a la ruina y animó a su hermana a resistir.

En los dos años siguientes la aristócrata danesa, ahora única responsable de la granja, vio muy poco a Denys que se pasaba la vida de safari en safari o viajando a Inglaterra. Hacia 1922 Bror Blixen le pidió el divorcio, pensaba casarse con Cockie Birkbeck, una simpática pelirroja divorciada que se ganaba la vida escribiendo cotilleos en el *Daily News*. Karen aceptó sin demasiado agrado, no le gustaban los escándalos y mucho menos perder su título de baronesa.

En medio de todos los problemas su relación con Denys era aún un oasis de paz. El independiente y solitario aventurero cayó rendido ante los encantos de Karen y en verano de 1923 se trasladó a vivir definitivamente a la granja. Aquellos instantes de felicidad que compartieron en Ngong inspirarían a la narradora las páginas más románticas de *Memorias de África*. Cuando el cazador regresaba de un safari a casa, la granja a los ojos de la escritora adquiría una magia muy especial: «Cuando esperaba el regreso de Denys y oía su automóvil acercarse por el camino que llevaba a la casa, oía hablar, a su vez, a todas las cosas de la granja, anunciando lo que realmente eran. Él era feliz cuando estaba en la granja, sólo venía cuando tenía ganas de estar allí. Y la granja conoció algunas cualidades suyas que el mundo, por lo demás ignoraba: su humildad, su gratitud, una amable ternura».

Las visitas de Denys estaban cargadas de romanticismo. Cenaban vestidos de etiqueta a la luz de las velas mientras escuchaban discos de música clásica en el gramófono que él le había regalado. Karen cuidaba todos los detalles, sacaba su mejor vajilla de porcelana, sus copas de cristal y servía deliciosos platos regados con vinos franceses. Tras la cena Denys echaba unos cojines en el suelo, se sentaba junto a la chimenea y le pedía que le contara un relato. A veces fumaban juntos hachís, opio o masticaban *miraa*, una hierba alucinógena utilizada por los nativos. La escritora se convertía entonces en una especie de Sherezade, encadenando un cuento tras otro para mantener el interés de su amado. Denys era su mejor oyente y seguía las historias paso a paso: «Cuando uno de los personajes aparecía en escena me interrumpía diciendo: este hombre murió al principio de la historia, pero vale, sigue». Finch-Hatton la animó a escribir aquellos hermosos relatos sin saber que estaba despertando en ella su extraordinario talento narrativo. La futura Isak Dinesen, cuyo nombre se barajaría en varias ocasiones para el Premio Nobel de Literatura, nació en aquellas veladas junto al fuego en el paraíso de las tierras altas de Kenia.

Con Denys también salía de caza y estos safaris les unieron aún más. Montaban sus tiendas en parajes idílicos, cenaban a la luz de las antorchas con la música de Schubert como telón de fondo y bajo un cielo estrellado que les hacía sentirse insignificantes. Tenían suerte con los leones e incluso los abatían de noche. Cuando esto ocurría regresaban a la granja y se sentaban frente al fuego a beber un buen vino: «No intercambiábamos ni una sola palabra. Durante nuestra cacería de leones habíamos sido uno, y no teníamos nada que decirnos», recordaría Karen. Otras veces Denys se la llevaba a su casa de la costa, cerca de Mombasa, donde se había construido un refugio al estilo local con piedra coralina a un paso del Índico: «Dormíamos con las puertas abiertas al mar plateado, y la brisa juguetona y cálida arrastraba con un largo murmullo un poco de arena suelta hasta el suelo de piedra...».

En las largas ausencias de su amante, Karen pasaba mucho tiempo sola y deprimida. Aunque quisiera disimularlo cada vez dependía más de Denys y se entretenía escribiéndole nuevas historias para sorprenderle a su regreso. «Estoy unida para siempre a Denys, destinada a amar el suelo que pisa, a ser feliz más allá de cuanto pueden decir las palabras cuando está aquí y a sufrir mil muertes cuando se va...», confesaría a su hermano Thomas. Durante aquellos años felices ella siempre tuvo pánico a perder lo que más amaba: Denys y la granja.

Karen tenía entonces treinta y nueve años seguía obsesionada con sus problemas económicos, deprimida por el divorcio de su marido y padecía fuertes dolores a causa de su enfermedad. La idílica vida de la narradora danesa y el solitario aventurero en su refugio de Ngong se iría lentamente desvaneciendo. Hacia 1929 Karen se quedó embarazada de Denys y le envió a éste un telegrama a Londres donde en clave le informaba de su estado y del bebé que esperaba, al que llamó Daniel. Su amante se limitó a responderle con estas escuetas y duras palabras: «Te pido encarecidamente que canceles la visita de Daniel». No se sabe si la escritora perdió a su hijo o si fue una falsa alarma. Karen siempre había deseado ser madre y en una carta que escribió a su hermano Thomas en 1918 le decía: «Si llego a tener un hijo, lo que tan íntimamente deseo, y si no tarda mucho, no me creeré en posesión de toda verdad de este mundo, sino que dejaré que otras personas cooperen a educarle en la misma medida que mis propias ideas...».

Entre la pareja se extendió un manto de silencio y la convivencia a partir de entonces fue cada vez más difícil. Karen se había vuelto una mujer arrogante, celosa y posesiva, algo que él detestaba. Denys Finch-Hatton fue espaciando más sus visitas a la granja con la excusa de algún safari y en 1930 regresó de nuevo a su bungalow del club Muthaiga. Por esas fechas la aviadora Beryl Markham se fue a vivir con él a la «vieja cabaña» que en ocasiones habían compartido.

Denys nunca dejó de visitar a Karen, a veces el cazador se presentaba de improviso con su avioneta y la invitaba a volar con él. Otras se quedaba a pasar la noche y recordaban los viejos tiempos cuando junto al fuego ella le iba desgranando bellos relatos. Mantuvieron siempre una estrecha amistad que estuvo por encima del vaivén de sus sentimientos.

El paraíso perdido

Ocurrió entonces un acontecimiento que rompió la monotonía de la granja. El príncipe de Gales, el futuro rey Eduardo VIII, visitó en 1928 por primera vez el África oriental británica y él mismo se invitó a cenar a la casa de Karen y a asistir a una de sus famosas *ngomas* o danzas rituales de la cosecha. Entre los invitados se encontraban dos extraordinarias mujeres de la Kenia colonial. Una era Vivienne de Watteville, hija de un conocido naturalista suizo y audaz exploradora que acabaría escribiendo emocionantes libros sobre sus vivencias africanas; la otra, Beryl Markham, la atractiva hija del capitán Clutterbuck, entrenador de los caballos de lord Delamere. La joven tenía entonces veinticuatro años, era una mujer deportista y rebelde que muy pronto se convertiría en una experta aviadora. Su agitada vida sentimental tenía escandalizada a la alta sociedad colonial. Karen Blixen la sentó a la mesa junto a su amigo Denys ignorando que acabarían siendo amantes y viviendo juntos en el Muthaiga. La cena fue un éxito gracias al arte de su cocinero Kamante y la *ngoma* reunió a cerca de tres mil personas que danzaron a la luz de la luna llena.

El tiempo pasaba y la vida en la granja seguía siendo muy dura para Karen que ahora luchaba sola contra las heladas, una terrible plaga de langosta que arrasó los paisajes que tanto amaba y los tenaces acreedores. Su vida social era muy reducida, al perder su condición de baronesa los miembros de la alta sociedad británica la dejaron de lado y a las fiestas invitaban a su marido, que acudía acompañado de su flamante esposa Cockie von Blixen. Se sentía tan sola en la casa que dormía todas las noches con Saafe, el hijo pequeño de Farah. Ahora ya no disfrutaba como antes de los safaris, y únicamente disparaba a un animal para conseguir alimento: «Acabó resultándome irrazonable, y hasta feo y vulgar, sacrificar por unas horas de emoción una vida que pertenecía al grandioso paisaje y en el que había vivido diez, veinte o cien años». Sólo la caza del león aún le parecía irresistible.

En 1930 Denys se compró una avioneta que los nativos bautizaron en suajili *Nzige*, que significa «Langosta», y le mostró su granja desde el cielo. Aquella nueva visión de África amplió su universo espiritual. «Claro, he pensado alguna vez, éste era entonces el sentido de la vida y ahora lo entiendo todo», llegaría a decir. A menudo Denys aterrizaba en la pradera de la finca y volaban juntos al atardecer sobre las colinas de Ngong: «Hay veces que puedes volar tan bajo que ves los animales en las praderas y sientes como si Dios acabara de crearlos antes de que le encargara a Adán que les pusiera nombre». Otras ponían rumbo al lago Natrón donde habitaban miles de flamencos rosados y al tocar tierra almorzaban junto al avión rodeados de curiosos guerreros masais ataviados con sus elegantes tocados de plumas de avestruz y sus afiladas lanzas.

Aquellos románticos vuelos sobre las llanuras africanas junto al hombre que amaba fueron el mejor recuerdo de sus últimos años en Kenia. Por entonces Denys ya compartía su vida de manera discreta con Beryl Markham, que pasaría a la historia por ser la primera mujer en cruzar en avión y en solitario el Atlántico de este a oeste. Ambos tenían mucho en común, eran espíritus libres y rebeldes, amaban volar y la imponente naturaleza africana.

A finales de 1930 Karen seguía intentando salvar su granja pero finalmente fue vendida en subasta pública. El comprador le permitió seguir viviendo unos meses en ella para recoger la última cosecha y arreglar el porvenir de sus trabajadores. Fueron unos días muy difíciles para Karen, se encontraba sola en la finca y muy delicada de salud a causa de una disentería. Tuvo que subastar sus muebles y objetos más preciosos, deshacerse de sus caballos y regalar sus queridos galgos. Viajaba con frecuencia a Nairobi para apaciguar a sus acreedores y conseguir para sus aparceros kikuyus un pedazo de tierra donde pudieran permanecer todos juntos con su ganado. En este triste peregrinaje por las calles de la ciudad siempre le acompañaba a una prudente distancia su fiel Farah vestido con un elegante traje somalí. «Ningún amigo, hermano o amante habría hecho por mí lo que hizo mi criado Farah», reconocería Karen en sus memorias.

A principios de mayo de 1931 Denys estaba preparando un safari a Voi en el parque de Tsavo y Karen le pidió que la dejara ir con él. Su amigo se negó porque iba a localizar desde el aire elefantes para sus futuros safaris y le parecía un viaje agotador. Fue la última vez que vio a Denys Finch-Hatton. Dos días después moría en un extraño accidente aéreo cuando regresaba a Nairobi en su avioneta. Karen decidió enterrar a su amante en las colinas de Ngong, muy cerca del lugar que los dos habían elegido para cavar sus tumbas. La escritora siempre conservó una carta que le envió Denys desde Londres en 1925 donde le decía: «Esos crepúsculos de Ngong tienen un ambiente de reposo y contento que no he sentido en ningún otro sitio. Creo que podría morir feliz al anochecer en Ngong contemplando las colinas, con sus preciosos colores desvaneciéndose sobre el cinturón cada vez más oscuro de la selva cercana». El periódico *The Times* publicó la noticia en una emotiva columna que alababa las cualidades del cazador blanco ahora convertido en leyenda: «Murió, como a él le habría gustado, al aire libre, entre los vastos espacios que tanto amó, impávido y libre hasta el final; y el encanto de su maravillosa personalidad y compañía es algo que los que le conocieron atesorarán hasta el final de su días». Karen siempre imaginó que ella moriría en África y ahora envidiaba a Denys porque ya formaba parte de aquella tierra donde se había sentido un hombre «libre y feliz».

La escritora danesa sobreviviría a su amante africano más de treinta años y nunca olvidó a sus sirvientes, con los que mantuvo contacto durante toda su vida. Antes de abandonar Nairobi pidió a sus abogados que todas las Navidades se les entregara una pequeña suma de dinero como regalo. Una vez al año Kamante, Juma, Farah, Ali, entre otros, se reencontraban para recibir el presente de Msabu Leona Blixen, como la llamaba su primer cocinero Ismael. A cambio cada uno de ellos debía enviarle una breve relación de cómo transcurría su vida y la de sus familias.

De regreso a Dinamarca, Karen Blixen se recluyó en la casa que la vio nacer y se entregó por completo a la escritura. Tuvieron que pasar trece largos años para que se animara a abrir las cajas con sus recuerdos africanos que había enviado desde Kenia a su hermano Thomas. Durante un tiempo sintió un gran vacío en su interior, África había desaparecido de su vida y el dolor era tan fuerte que aún no podía escribir sobre ello. «Mi mundo africano se había hundido tras el horizonte, la Cruz del Sur permaneció suspendida en el cielo como un vestigio brillante que me lo recordaba; luego la señal titiló, palideció y acabó por retirarse también», confesaría en sus relatos autobiográficos.

El 7 de septiembre de 1962 Karen Blixen, alias Isak Dinesen, murió en su casa de Rungstedlund en Dinamarca. Tenía setenta y siete años y ese día había escuchado poco antes un aria de Händel que Denys Finch-Hatton solía cantarle en sus visitas a la granja. Tal como había pedido a su familia fue enterrada bajo un gran árbol, como los lugares sagrados de los kikuyus en las llanuras africanas. Nunca se arrepintió de haber viajado a África a pesar de que allí perdió todo lo que más amaba. En una de sus últimas entrevistas le confesó a un periodista: «He mirado a los leones a los ojos y he dormido bajo la Cruz del Sur, y he visto incendiarse la hierba en las grandes praderas, que se cubren de fina hierba verde después de las lluvias, he sido amiga de somalíes, kikuyus y masais, he volado sobre las colinas de Ngong... nunca estaré a África lo suficientemente agradecida por lo mucho que me ha dado».

BERYL MARKHAM

La Dama de los Cielos
(1902-1986)

África es mística, es salvaje, es un infierno abrasador, es un paraíso para el fotógrafo, un Valhala para el cazador, una Utopía de evasión. Es lo que quiere cada cual y soporta todas las interpretaciones. Es el último vestigio de un mundo muerto o la cuna de un mundo nuevo y brillante. Para muchos, como para mí, es sólo el hogar. Es todas esas cosas, menos una: nunca es aburrida.

BERYL MARKHAM,
Al oeste con la noche, 1942

Beryl Markham odiaba el aburrimiento y en tierras africanas encontró el lugar donde saciar su sed de aventura. Esta audaz inglesa hizo cosas insólitas para una mujer de su tiempo, entre ellas, ser la primera piloto profesional de África. En sus memorias escribiría: «Desde mi llegada al África oriental británica a la edad indiferente de cuatro años, donde pasé mi juventud cazando cerdos salvajes descalza con los nandis, luego amaestrando caballos de carreras para ganarme la vida y poco después sobrevolando Tanganika y las tierras de breñas áridas, entre los ríos Tana y Athi en busca de elefantes, me he sentido tan felizmente provinciana que era incapaz de hablar con inteligencia sobre el aburrimiento de la vida hasta que fui a vivir un año a Londres».

De Beryl se decía que podía usar la lanza como un guerrero masai, montar como un jinete irlandés, volar como Charles Lindbergh, seducir como una hurí y escribir mejor que Hemingway. Era una mujer elegante y esbelta, de rubia melena y facciones angulosas, que recordaba a muchos el estilo de Greta Garbo. Su vida privada era motivo de continuos rumores entre los colonos británicos aunque a ella su fama de «devoradora de hombres» le importaba bien poco. Se casó en tres ocasiones pero nunca dejó de vivir apasionados romances, incluido uno con el duque de Gloucester, hermano del príncipe de Gales a quien conoció cuando ambos visitaron el África oriental en 1929.

Cuando en 1936 aceptó en una cena el reto de atravesar en solitario con su avioneta el Atlántico Norte de este a oeste sus amigos creyeron que se había vuelto loca. Markham, aunque no consiguió llegar a Nueva York y realizó un aterrizaje forzoso en Nueva Escocia, fue recibida en la ciudad de los rascacielos como una auténtica heroína. Había volado en la estrecha cabina de su Vega Gull veintidós horas seguidas, más de la mitad por la noche y sobre el océano.

Tras esta experiencia la valiente piloto no volvería a volar, pero unos años después publicaría su libro autobiográfico *Al oeste con la noche* donde narraba su experiencia como aviadora en África. El libro publicado en 1942 se convirtió en un auténtico éxito de ventas. A Ernest Hemingway le pareció, junto a *Memorias de África* de Karen Blixen, uno de los relatos más poéticos y evocadores escritos sobre el continente africano. En realidad las dos autoras coincidieron en la Kenia de aquellos locos años veinte de safaris y aventuras, aunque eran muy distintas. Beryl se había criado entre los nativos y conocía en su propia piel la dura y solitaria vida del pionero en tierras africanas. Era un espíritu salvaje que odiaba los convencionalismos sociales y amaba los retos. Cuando ya era una experta piloto trabajó junto al barón Bror Blixen y a Denys Finch-Hatton localizando manadas de elefantes desde el aire para sus safaris de caza. Karen Blixen, sin embargo, era una aristócrata y terrateniente que tenía una idea muy romántica de África. Vivía en una hermosa mansión de las tierras altas de Kenia rodeada de sirvientes uniformados y todo el confort de los de su clase. Se enamoró de la grandeza de los paisajes pero también supo ver la dignidad y el valor de los nativos. Cuando abandonó el país y regresó definitivamente a Dinamarca, de lo que más orgullosa se sentía era de haber conseguido de las autoridades coloniales nuevas tierras para acomodar a las familias kikuyus que habitaban en su finca. Las dos eran mujeres extraordinarias y atípicas de la sociedad colonial británica. Si tuvieron algo en común fue su amor a África y al mismo hombre: Denys Finch-Hatton. La escritora Errol Trzebinski en la biografía sobre Beryl Markham asegura que fue ella la verdadera «viuda» del solitario cazador inglés. Cuando Denys se mató en 1931 con su avioneta en el parque del Tsavo, Beryl le estaba esperando en su nido de amor del club Muthaiga.

La masai blanca

El capitán Charles Clutterbuck llegó al África oriental británica en 1904 con el sueño de dedicarse a entrenar caballos de carreras. En Inglaterra se había quedado su esposa, Clara Alexander, al cuidado de sus hijos, Richard de cuatro años y la pequeña Beryl de dos. La familia tenía una granja en la campiña inglesa del condado de Leicester y su vida giraba en torno a las temporadas de caza del zorro y los bailes de salón. Vivían en una elegante residencia, Westfield House, pero muy pronto comenzaron a tener problemas económicos. Charles no podía mantener el ostentoso estilo de vida que tanto le gustaba a su esposa y decidió emigrar para hacer fortuna. El destino elegido fue Kenia, entonces un territorio virgen donde se animaba a los colonos europeos a enriquecerse fundando granjas o comprando tierras de pastoreo. Cuando el padre de Beryl Markham, tras una dura travesía de tres meses en barco, llegó al puerto de Mombasa en la costa oriental africana, dos mil blancos compartían el país con cuatro millones de nativos.

Charles compró unas tierras vírgenes cerca de la vía del ferrocarril pero nada le fue fácil. No existían caminos, los suministros escaseaban y los almacenes estaban muy distantes. La mano de obra era insuficiente y las enfermedades tropicales atacaban por igual al ganado y a las personas. Tenía que empezar de cero como un indómito pionero, tal como recordaba su hija: «No hay carreteras. No hay pueblos, ni ciudades, ni telégrafo. Hasta donde alcanza la vista, o el pie, o el caballo aquí no hay nada, excepto hierba y rocas, y unos cuantos árboles, y los animales salvajes que allí habitan». Al poco de instalarse el emprendedor señor Clutterbuck conoció a su vecino, lord Delamere, quien le contrató como capataz de su granja en Njoro donde tenía quinientas cabezas de ganado. El tercer barón Delamere fue el artífice de la Kenia blanca y uno de sus más notables representantes. Le encantaba la caza del león, montar a caballo y admiraba el valor de los guerreros masais como la mayoría de los jóvenes aristócratas ingleses de entonces. Llegó a las tierras altas de Kenia en 1897, a la edad de veintisiete años, y se sintió deslumbrado ante las riquezas naturales de aquel Jardín del Edén. Seis años después se compró su famoso Rancho Ecuador, a treinta kilómetros de Nakuru, donde vivió como un señor feudal hasta su muerte.

A finales de 1905 Clara Clutterbuck se reunió con su esposo en Kenia. La acompañaban sus dos hijos, Beryl aún no había cumplido los cuatro años. El capitán Clutt —como era conocido en el Protectorado— vivía en una granja de Njoro, tres chozas solitarias situadas a más de cien kilómetros de Nairobi. A Clara, que había dejado atrás su confortable mansión de Leicester, este lugar le pareció un «agujero inmundo». Su casa africana estaba construida como todas en barro y el techo era una fina lámina de hierro. Apenas tenía ventilación y carecía de agua potable y luz eléctrica. El baño era una letrina oculta entre unos matorrales a escasos metros de la casa. Por las noches hacía frío y tenían que calentarse junto al fuego de las hogueras abrigados con pieles que compraban a los wanderobo. Había que tener, como la primera esposa de lord Delamere, una naturaleza resistente y gran sentido del humor para soportar esta vida carente de las más mínimas comodidades. Clara dormía con una pistola cargada debajo de la almohada por miedo a las fieras que rondaban la casa y su mayor preocupación era la delicada salud de su hijo, enfermo de tuberculosis, al que llamaban Dickie. El doctor más cercano, Rosendo Ribeiro, se encontraba a ciento sesenta kilómetros de allí y visitaba a sus pacientes a lomos de una cebra domesticada, como muestra una fotografía suya tomada en Nairobi en 1907.

En su libro Beryl recordaba sus primeros años en África con mucho romanticismo cuando en realidad fueron tiempos muy duros para la familia Clutterbuck. Poco a poco su padre consiguió ganar algo de dinero y las condiciones de vida mejoraron. En 1906 pudo al fin dedicarse a su gran pasión, adiestrar los caballos de lord Delamere y su nombre sería muy respetado entre los aficionados a la hípica. A su esposa, acostumbrada a llevar una intensa vida social, la granja le resultaba cada vez más aburrida. Fue entonces cuando en una cena conoció al mayor Henry Kirkpatrick que se encontraba de visita en Nairobi y servía en el Tercer Batallón de Fusileros Reales, un cuerpo de nativos y oficiales británicos creado para proteger a los pioneros. Era un hombre alto y atractivo, excelente jinete y jugador de polo. Clara quedó prendada de él y mientras bailaban juntos se olvidó por primera vez de la granja de Njoro. En los días siguientes la madre de Beryl comenzó a preparar su huida a Inglaterra con la excusa de la mala salud de su hijo. No hubo entre los Clutterbuck malas palabras ni reproches; la pareja decidió que Beryl se quedaría en África con su padre y Dickie viajaría a Inglaterra con Clara y su nuevo acompañante. Beryl nunca perdonó a su madre que la abandonara y tampoco que la hubiera apartado de su hermano mayor al que estaba muy unida.

Cuando Clara se marchó a Europa su hija pasaba buena parte del día con los trabajadores africanos de la granja en Njoro. Aunque era muy pequeña les ayudaba en la limpieza de los establos y en el cuidado de los caballos, por los que ya sentía una gran atracción. Su padre se ausentaba a menudo debido a las carreras hípicas que entonces se habían convertido en el centro de la vida social del país. Las primeras competiciones no estaban exentas de peligro, en más de una ocasión la presencia en la pista de un león o un rinoceronte dispuesto a embestir a un purasangre interrumpía durante unas horas el espectáculo.

Beryl, a diferencia de otros niños blancos, nunca tuvo nanas europeas ni africanas y se crió entre los nandis, algo que fue muy criticado por los otros colonos. Estos nativos, orgullosos guerreros de origen nilótico y emparentados con los masais, no podían entender que una madre abandonara a su hija y adoptaron a Beryl desde el primer día. La llamaban Lakwet que significaba en su lengua «niña pequeña» y ella sabía que siempre podría confiar en sus amigos africanos: «Yo conocía muy bien a los nativos y lo suficiente como para saber que nunca me abandonarían y que me cuidarían como a uno de sus propios hijos».

En sus memorias Beryl escribiría: «Me pasaba el día montada a caballo, cazando animales con los *totos* (hijos de los sirvientes), porque papá no tenía tiempo para cuidar de mí». Seis meses después de que su madre huyera con su amante, apareció en la casa la señora Emma Orchardson. Era una robusta gobernanta inglesa que llegó con su hijo pequeño, Arthur, dejando atrás a un marido mujeriego y alcohólico. Clutt buscaba ayuda para educar a su hija, que ahora tenía cuatro años y medio, y llevar la casa. Emma le pareció la solución más eficaz para resolver sus problemas domésticos y con el tiempo llegaría a ocupar el lugar de Clara en su corazón. La señora Orchardson estaba convencida de que Beryl era una niña salvaje. Hablaba suajili más que inglés, tenía un aspecto descuidado y llevaba en el cuello varios amuletos. Iba siempre descalza, jugaba sólo con los *totos* —en realidad no había otros niños blancos en las tierras de Njoro— y durante todo el día desaparecía de la casa. Beryl se refugió entre sus amigos nandis y abandonó su confortable habitación para vivir en una choza cerca de la cocina, en el área reservada al personal nativo.

Cuando tenía siete años su padre contrató a su primera profesora para que le diera lecciones en la granja. Miss Le May no fue una buena elección porque al no poder controlar a la niña se dedicó a pegarla y humillarla. Beryl se escondía en los establos de los caballos sementales más salvajes donde sabía que nunca la encontraría. Durante un año aguantó sin quejarse las palizas de su profesora que llegó incluso a agredirla con un látigo de piel de rinoceronte como los que se utilizaban para el ganado. Pero un buen día a la señorita Le May se le fue la mano y dejó a Beryl malherida. Para que su padre no se enterase la encerró en una cabaña con las ventanas tapiadas y sólo le daba como alimento pan seco y agua. Una noche la niña echó abajo la puerta y se escapó, cuando su padre se enteró de lo sucedido despidió a la profesora. Desde ese momento Beryl siempre odió a las mujeres —incluida su madre, que le había dejado huérfana— y se refugió en el mundo de los hombres donde se sentía más protegida. Todos los intentos de educar a la niña fueron inútiles.

Beryl Markham en su libro *Al oeste con la noche* dedica sus más hermosas páginas a la relación de amistad que a lo largo de su vida mantuvo con un muchacho nandi llamado Kibii. Durante la Primera Guerra Mundial se refugiaron en su universo particular de Njoro, mientras la granja se quedaba vacía y los peones marchaban rifle en mano a luchar contra los enemigos alemanes. «Kibii era un niñito nandi menor que yo, pero teníamos muchas cosas en común. Creamos un vínculo que se forjó en la guerra y también lo hubiéramos forjado sin ella; pero que para mí, años más tarde en otro hemisferio, todavía existe, como debe existir para él aún en África», escribiría.

Kibii fue introduciendo cada vez más a su amiga blanca en la compleja cultura de su tribu. Beryl durante toda su vida sintió gran admiración hacia las costumbres ancestrales de las tribus africanas y así lo reflejó en su libro: «¿Qué raza de advenedizos, surgida de algún siglo reciente e inmaduro que se arma de acero y presunción, puede igualarse en pureza a la sangre de un solo masai *morani*, cuya herencia puede proceder de algún lugar cercano al Edén?». Los nandis tenían mucho en común con los masais, al igual que ellos a partir de la circuncisión a los trece años entraban a formar parte del grupo de los *morani* o guerreros. Durante un largo período de tiempo vivían segregados en la *manyatta*, donde se forjaba el auténtico *moran*. A los treinta años ya podían casarse y fundar una familia. Bebían sangre y leche cuajada y tenían la obligación de matar un león para demostrar su hombría. Los nandis también creían que Dios les había regalado todo el ganado vacuno del mundo para alimentarse y así justificaban sus robos de reses afirmando que sólo recuperaban lo que su Dios les había dado. De los once a los diecisiete años Beryl pudo participar con sus amigos nandis de todos sus rituales y se sentía una masai blanca. Era entonces una chica de cabello corto y piernas larguiruchas, muy espigada y atlética, que manejaba el arco y las fechas, corría veloz como un guepardo y saltaba más alto que ningún niño. A los doce años se inició sexualmente en los juegos amorosos de los nandis y asistía a las ceremonias de circuncisión que marcaban su paso a la adolescencia. A Beryl el sexo siempre le pareció algo natural y si durante su vida adulta fue tremendamente promiscua, como apunta su biógrafa Errol Trzebinski, se debió a la influencia de la cultura indígena en la que creció.

Para el señor Clutterbuck, su hija Beryl a medida que crecía iba convirtiéndose en un grave problema. A él, como a la mayoría de granjeros, los masais y los nandis le parecían vagos, ladrones y de poco fiar. Su padre decidió apartarla de los «salvajes» y enviarla a un internado de señoritas europeas para aprender buenos modales y algo de disciplina. En realidad quien pagó su educación fue Alexander Purves, apodado Jock, un joven capitán del ejército británico que había servido en la India y cuando estalló la Primera Guerra Mundial fue trasladado a Kenia. Finalizada la contienda decidió quedarse en África y adquirir unos acres de tierra en Njoro donde conoció al padre de Beryl. Jock, que era además un reconocido jugador de rugby, se había enamorado de la muchacha cuando ésta tenía trece años y se comprometió a pagar sus estudios a cambio de casarse con ella cuando acabara su formación. El acuerdo era muy similar a la compra de una esposa entre los nativos africanos por lo que a Beryl no le debió resultar nada extraño. Los masais pagaban como dote tres bueyes por su futura esposa, Jock compró a Beryl a cambio de «civilizarla».

Comenzaba una nueva vida para Beryl, atrás quedaba la indómita Lakwet que había crecido orgullosa en plena naturaleza y sin temerle a nada. Se despidió con tristeza del valle de Rongai y de los bosques de cedros de la escarpadura de Mau, adonde iba a cazar jabalíes con su amigo Kibii. No le volvería a ver hasta un año después cuando ya era un valiente *moran* llamado arap Ruta.

Entrenando caballos

Beryl aguantó dos años y medio la dura instrucción de la escuela pero al final la echaron porque era «una mala influencia» para las demás compañeras. Sus profesores se quejaban de que no acudía a clase, se fugaba por las noches del internado saltando desde la ventana de su habitación y solía pelearse a puñetazo limpio con algunas chicas que se burlaban de ella. Ahora ya estaba libre y podía contraer matrimonio como deseaba su padre.

En 1919 Beryl Markham se casaba en Nairobi con el capitán Jock Purves. Ella aún no había cumplido los diecisiete años y él tenía entonces treinta y dos. En la fotografía de la boda frente al hotel Norfolk se ve a la novia algo desconcertada, vestida con un elegante traje blanco y largo velo de encaje. Junto a ella posa un joven, alto y de aspecto deportista, que fuma un cigarrillo mientras sonríe a la cámara. De viaje de novios partieron rumbo a la India y vivieron un tiempo en Bombay. Lo que al principio fueron unas agradables vacaciones en un exótico país acabó siendo una pesadilla. La flamante señora Purves descubrió muy pronto que su esposo era un «alcohólico, impotente y patán». Cuando se encontraba bajo los efectos de la bebida y se ponía celoso le pegaba sin miramientos o la insultaba en público. La vida junto a Jock resultaba insoportable y aquellos meses de luna de miel la marcaron profundamente. Beryl se vio de pronto inmersa en la estricta y formal sociedad colonial de la India —muy distinta a la excitante vida del África oriental—, y se sentía asfixiada. Los días transcurrían entre partidos de polo, meriendas con las damas británicas y aburridos actos oficiales. A los cuatro meses la pareja regresó a Nairobi y se instaló en una modesta granja propiedad del esposo. A partir de este momento llevarían vidas separadas aunque aún seguían casados. A nadie le extrañó pues nunca habían visto a Beryl «tan triste y deprimida».

Por entonces Beryl se enteró de que su padre había tenido que vender la granja de Njoro porque estaba arruinado. La famosa sequía que en 1920 había azotado sin piedad las tierras del África oriental británica, tampoco había perdonado sus cosechas. Charles Clutterbuck decidió abandonar Kenia y puso rumbo a Sudáfrica, donde pensaba entrenar caballos en la ciudad de Durban.

Fueron meses muy duros, la pérdida de la granja, la marcha de su padre y la desastrosa vida matrimonial habían acabado con sus energías. Entonces apareció su hermano mayor, Dickie, al que no había visto desde 1906. A Beryl aquel muchacho apuesto de veintiún años que había estudiado en Inglaterra en la misma escuela militar de Sandhurst que su padre, le parecía un extraño. No tuvieron mucho tiempo para conocerse pues Richard Clutterbuck moriría pocos meses después en Nairobi víctima de una malaria cerebral.

Beryl Markham comenzó hacia 1921 a tener relaciones con otros hombres, incluido el hijo de lord Delamere. Tom, que era dos años mayor que ella, se encontraba aquellas Navidades en Kenia y Beryl lo «conquistó» en los establos del Rancho Ecuador. La joven tenía entonces su propio caballo, Pegaso, y cuando reñía con su marido —lo que era muy habitual— desaparecía al galope sin rumbo fijo. La casa de Beryl era una sencilla vivienda pero tenía una magnífica puerta de madera labrada al estilo suajili con clavos y remaches de bronce. Circulaba el rumor entre los colonos de que cada vez que Beryl cometía una «indiscreción» su esposo adornaba la puerta con un nuevo clavo.

A su regreso de la India, Beryl decidió seguir los pasos de su padre y dedicarse a entrenar caballos de carreras. Tenía dieciocho años cuando consiguió su licencia y pronto empezó a participar en los más importantes encuentros hípicos de Nairobi. Durante la semana se recluía en una granja de Molo, donde vivía de manera espartana como en su infancia: «Tenía a Pegaso y dos alforjas. Las alforjas contenían la manta del poni, su cepillo, un cuchillo de herrero, seis libras de avena triturada y un termómetro a modo de precaución contra la enfermedad del caballo. Para mí llevaba bolsas con pijamas, pantalones, un cepillo de dientes y un peine. Nunca tuve menos, ni tampoco he necesitado más». Aunque el trabajo era duro, habitaba en una cabaña de paja y hacía mucho frío, aquella vida le encantaba. En los establos la ayudaban los mismos mozos de cuadra que la habían visto crecer en Njoro. También contaba con Ruta, su amigo nandi que una noche se presentó frente a la puerta de su cabaña en Molo y le pidió que le diera trabajo. El pequeño Kibii era ahora un atractivo *moran* alto y silencioso que caminaba unos metros detrás de ella y la llamaba respetuosamente Memsahib.

A medida que pasaban los meses la entrenadora tenía cada vez más caballos y personas a su cargo por lo que decidió mudarse a un lugar más cómodo y menos aislado. Algunos de sus mejores ejemplares ya habían ganado premios tan importantes como el famoso Derby de Kenia y cada vez estaba más solicitada. Beryl trasladó sus establos a Nakuru en pleno corazón del valle del Rift donde el clima era más cálido, las cuadras mayores y los británicos habían construido una modesta pista de carreras. Era un lugar hermoso a orillas de un lago habitado por miles de flamencos rosados y una extensa sabana salpicada de acacias. Cuando unos años después lo sobrevolara en su avioneta pensaría que Nakuru tenía uno de los paisajes más hermosos de África: «Mientras dura el día Nakuru no es un lago, sino un crisol de fuego rosa y carmesí y cada una de sus llamas, de su millón de llamas, brotó de las alas de un flamenco...».

Los días de carreras Nairobi bullía de animación: «Los pequeños hoteles llenos, las calles repletas de ruidos, todos los días las tribunas abigarradas con las ropas y el color de una docena de tribus y pueblos», recordaría Beryl. La ciudad ya no era el barrizal salpicado de tiendas de campaña y carretas tiradas por bueyes que había conocido su padre. Ahora, en 1920, el Protectorado del África oriental británica se había convertido en la colonia de Kenia y la ciudad tenía hermosos edificios. Estaba el hipódromo y la casa de Gobierno con su elegante salón de baile y cuidado jardín de césped donde tenían lugar las más importantes recepciones. En los hoteles New Stanley y Norfolk los cazadores y granjeros seguían divirtiéndose hasta el amanecer. Pero el club Muthaiga, fundado en 1913 por un excéntrico aristócrata para tener un lugar donde se sirvieran de manera adecuada las bebidas, era lo más exclusivo. El edificio principal constaba de una elegante mansión de color rosa, rodeada de un extenso campo de golf, una explanada para jugar al cróquet, varias pistas de tenis y establos para los caballos de polo. Dos chóferes vestidos de librea estaban a disposición de los clientes. Su famoso chef llegado de Goa preparaba deliciosos platos regados con los mejores vinos de las bodegas europeas. Los terratenientes, como lord Delamere, durante la semana de carreras se alojaban en sus cómodas habitaciones «ninguna de ellas tan lujosa como para que un duro cazador dudara en entrar ni tampoco tan confortables como para que una dama se atreviera a lucir sus diamantes», diría Beryl. Aquí cambiaban sus rifles y la ropa de safari por el salacot y el traje de chaqueta de lino blanco.

A Beryl Markham el mundo de los caballos le permitió frecuentar los círculos de la alta sociedad británica. Los propietarios de los purasangre que ella entrenaba eran los hombres más poderosos e influyentes de Kenia. Durante la temporada de carreras Beryl también se dejaba caer por el Muthaiga. Cuando no tenía dinero, porque las habitaciones eran muy caras, se acomodaba en sus establos sin ningún problema. En los diez años siguientes siempre se la podía encontrar dejando un recado en la recepción del club, y llegaron a instalar una tienda de campaña con su nombre en el jardín para que pudiera dormir junto a sus caballos cuando el hotel estaba lleno.

En aquellos días de 1922 el cazador Denys Finch-Hatton compartía una habitación del Muthaiga con lord Delamere. Fue así como Beryl conoció al amante de la famosa escritora Karen Blixen que había llegado a Kenia en 1913 y vivía en su granja de M'bogani al pie de las colinas de Ngong. Denys ya era entonces uno de los cazadores blancos más célebres y guiaba en sus safaris a millonarios que llegaban al país ansiosos de trofeos y excitantes aventuras. Los nativos también le respetaban por su valor y le apodaban Makanyaga, que significa «pisotear», porque según ellos el *bwana* Finch-Hatton era capaz de aplastar a sus inferiores con la palabra.

Beryl tenía dieciocho años cuando conoció a Denys y desde el primer día se sintió muy atraída hacia él. En ocasiones coincidían en las gradas del hipódromo pero el solitario cazador no parecía prestarle mucha atención. Al igual que a su rival Karen Blixen, le atraía su espíritu libre y aventurero, su falta de arrogancia y su fino sentido del humor: «Era un atractivo de intelecto y fuerza, de intuición rápida y humor volteriano. Su forma de recibir el día del juicio habría sido con un guiño y creo que así lo hizo». Beryl llegó a decir de Denys que era «el hombre blanco más masai que había conocido». Seguramente esta cualidad era la que más admiraba en él. Durante ocho años Beryl Markham intentó conquistar el corazón de su amado con la misma perseverancia y paciencia con la que los nandis le enseñaron a cazar jabalíes.

En 1923 Finch-Hatton dejó su refugio en el Muthaiga y se instaló en la granja de Karen Blixen, que ya se había divorciado de su esposo, el barón Bror von Blixen-Finecke. Beryl estaba al tanto de la noticia pero creía que el amor de Denys hacia ella era sobre todo platónico, que no existía pasión entre ellos. La escritora danesa atravesaba una de sus graves crisis y de nuevo la venta de la granja parecía inminente. Sólo las románticas veladas con Denys junto al fuego le hacían olvidar su difícil situación y los dolorosos síntomas de la sífilis que le había contagiado su esposo.

Cuando comenzó la temporada de las lluvias Beryl tenía mucho tiempo libre, las carreras se habían suspendido y tampoco podía entrenar a sus caballos. El amor que sentía hacia Denys le hizo frecuentar la granja M'bogani y hacerse amiga de Karen Blixen, que la acogió con los brazos abiertos. Se quedó un tiempo a vivir con ella y cuando Denys partía a alguno de sus largos safaris las dos mujeres cabalgaban juntas por las colinas de Ngong. La baronesa Blixen sentía compasión por aquella muchacha «descarriada» que se había casado sin amor con un hombre alcohólico. Entonces Beryl tenía veintitrés años, era una rubia atractiva y esbelta, vestía de manera informal casi siempre pantalones, y no había ni una gota de maquillaje en su rostro. La escritora danesa tenía casi cuarenta, se pintaba extremadamente los ojos con kohl y palidecía su rostro con polvos blancos. Solía llevar en la cabeza turbantes —el arsénico con el que combatía su enfermedad le hacía perder el cabello— y envolvía su cuerpo con elegantes chales somalíes que le daban un aire exótico.

En 1923 Beryl y Denys pasaron la Navidad juntos en compañía de unos amigos comunes. Fue entonces cuando mantuvieron su primera relación íntima, aunque Denys continuó unido a Karen. Para Beryl aquella aventura amorosa tuvo su importancia, por primera vez su obstinado amor había caído en sus brazos. En aquel momento en el que se sentía tan dichosa y enamorada, su madre regresó a Kenia. No la había vuelto a ver desde que la abandonara con cuatro años de edad. Ahora Clara Kirkpatrick era una mujer viuda y todavía atractiva, con dos hijos, Ivonne y Alex, de nueve y siete años. Su esposo murió en combate al poco tiempo de casarse con ella y Clara se quedó a vivir en Inglaterra con su modesta pensión de viuda y la ayuda de la familia. Seguramente pensó que en Kenia le sería más fácil —y barato— mantener a sus hijos. Beryl y su madre vivían en Nairobi a escasos kilómetros de distancia pero su relación fue siempre muy fría. Sin embargo la joven disfrutaba de la compañía de los dos revoltosos pequeños a los que llamaba «mis hermanos».

El año acabaría con nuevos escándalos para Beryl. Desde 1921 había obtenido innumerables trofeos con sus caballos pero ahora se cuestionaban los métodos que utilizaba para amaestrarlos. Corría el rumor de que daba a los animales *seketet*, una hierba estimulante que utilizaban los nativos nandis en sus rituales de caza y ceremonias de brujería. Los caballos bajo los efectos de esta droga se convertían en auténticas máquinas de correr pero a los dos años morían o enfermaban. Nunca nadie pudo comprobar que esta acusación de dopaje fuera cierta, pero la fama de Beryl se vio ensombrecida y la fueron apartando del circuito de las carreras.

Mientras, su marido Jock Purves seguía bebiendo y protagonizó en Nairobi un lamentable incidente que a punto estuvo de acabar en tragedia. Se presentó en el elegante club Muthaiga la noche de fin de año dispuesto a atacar a Tom Delamere porque creía que se veía a escondidas con su mujer. Se lo encontró cuando bajaba las escaleras del club y como iba borracho al intentar golpearle le dio por equivocación a su padre y le fracturó el cuello. Lord Delamere salvó la vida de milagro y permaneció convaleciente seis meses en su rancho. La noticia corrió como la pólvora en Nairobi y Beryl decidió desaparecer una temporada viajando a Londres a principios de 1924. Denys Finch-Hatton por estas mismas fechas también tuvo que ir a Inglaterra porque su madre estaba muy enferma. Karen Blixen, que ignoraba lo que había ocurrido entre Beryl y Denys —los amigos comunes guardaron el secreto— se sintió muy apenada cuando se enteró de la precipitada partida de la joven: «Estoy tan apenada por la pobre muchacha, ella es tan inocente y se debe encontrar tan confundida. Prácticamente ha roto con todos sus amigos y encima ahora este escándalo con su anterior marido... Hace un año era la persona más festejada en Nairobi y ahora se encuentra viajando a Londres en segunda clase con tan solo veinte libras en el bolsillo, no sé si se las podrá arreglar...», escribiría en una de sus cartas a su madre Ingeborg.

Una vida de cortesana

Durante unos meses Beryl deambuló sin rumbo fijo por Londres tratando de olvidar los escándalos que la perseguían y la presencia de su madre que había despertado en ella recuerdos muy dolorosos. Seguía pensando en Denys y sabía que podrían encontrarse en cualquier momento en una fiesta o una cena entre amigos. Finalmente recaló en casa de Cockie, la que se convirtiera en segunda esposa del barón Bror von Blixen, porque no se encontraba muy bien de salud. Ella la animó a ver a un médico y el diagnóstico no pudo ser más claro: Beryl estaba embarazada. No lo dudó ni un instante y aunque en su interior estaba convencida de que Denys era el padre decidió abortar. Creía que si él se enteraba se alejaría aún más de ella y no quería más problemas de los que ya tenía.

Tras descansar unos meses en Inglaterra regresó a Kenia en verano y hacia el mes de junio comenzó de nuevo a entrenar caballos para las carreras de Nairobi. Se sentía mucho más animada, había recuperado las fuerzas, tenía a su lado a Ruta y el aire limpio de las llanuras de Athi le hizo olvidar la dolorosa experiencia en Londres. En aquel otoño de 1924 conoció en una cena al hombre que se convertiría en su segundo marido, Mansfield Markham. Era un deportista y millonario aristócrata de veinticuatro años que se encontraba en Nairobi para hacer un safari guiado por Bror Blixen. Cuando conoció a Beryl anuló su cacería de elefantes en el Congo belga y se dedicó a cortejarla. Mansfield, hombre impulsivo y acostumbrado a conseguir lo que quería, unos días después anunciaba a los amigos que se casaba con ella.

La boda se celebró por todo lo alto en el club Muthaiga y entre los invitados se encontraba la madre de Beryl con sus dos niños y la escritora Karen Blixen. Fue Mansfield quien se ocupó de todos los detalles, incluso de elegir el sencillo traje chaqueta de crepé chino de la novia. Lord Delamere —ya recuperado de su «accidente»— se encargó de entregar a la joven a su futuro esposo. Muchos creyeron que Beryl se casaba por su dinero pero en realidad lo hizo atraída por su seguridad y talento artístico. A Mansfield no le gustaban los caballos, ni siquiera las carreras, pero era un hombre refinado, enamorado del teatro y del cine, como su amado Denys.

Tras la ceremonia la baronesa Blixen invitó a los Markham a pasar unos días en su hermosa casa de Ngong. Beryl aceptó encantada con la oculta esperanza de poder despedirse de Denys antes de partir a Londres. El cazador, que había sido invitado a la boda, se encontraba de safari en el Tsavo con un millonario americano y no regresaría hasta unos meses después. En agradecimiento a su hospitalidad Beryl le regaló a la escritora la enorme cama de matrimonio que habían encargado hacer a medida a un carpintero hindú y que instalaron en una de las amplias habitaciones de M'bogani no sin grandes esfuerzos.

La luna de miel de Beryl fue un elegante y lujoso viaje por Europa viviendo en los mejores hoteles como una auténtica princesa. Esta vez le acompañaba su amigo Ruta; en una ocasión le prometió que le enseñaría Inglaterra y ahora por fin podía cumplir su sueño. La presencia de este hombre africano alto y musculoso vestido a la manera tradicional con túnicas y chales causó sensación en las calles de París y Roma. En esta ciudad le llegaron a confundir con un príncipe llegado de la India y en los hoteles el personal hacía reverencias a su paso.

Beryl se había casado esta vez con todo un pigmalión, un hombre dispuesto a pulirla como un diamante en bruto. Le enseñó buenos modales, a vestir a la última moda y a peinarse igual que las estrellas de cine. De su mano recorrió las tiendas y los hoteles más exclusivos de Londres, París y Roma. Antes de presentarle a su madre, Mansfield llevó a Beryl a su primer tratamiento de belleza de Elisabeth Arden, lo último en cosmética. Tras su tour europeo se instalaron en Sussex, en una hermosa mansión de la campiña inglesa con un montón de sirvientes. Pronto la señora Markham comenzó a aburrirse y a añorar su vida africana. Su aspecto sin duda había mejorado, en las fotos parece una actriz, media melena ondulada, cejas perfiladas, vestidos ceñidos al cuerpo que estilizaban su ya esbelta figura y zapatos de tacón alto. En su interior seguía siendo la misma, una mujer indomable y una nómada incorregible.

Después de las Navidades el matrimonio regresó a Nairobi donde compraron la granja de Elburgon porque a Beryl le recordaba los paisajes de su infancia en Njoro. Allí comenzó a entrenar caballos mientras su esposo se aburría en medio del campo. Sólo se veían un momento a la hora del desayuno, después la señora Markham desaparecía entre sus amados caballos y sus conquistas masculinas. Durante cuatro años vivieron bajo el mismo techo aunque todos sabían que su matrimonio era una farsa. Entonces llegó la noticia de que el príncipe de Gales, el futuro rey Eduardo VIII, pensaba visitar Kenia a finales de 1928. Los Markham se alojaron en el club Muthaiga para asistir a todos los actos previstos durante las seis semanas que duraría su estancia.

Denys Finch-Hatton en aquellos días se encontraba muy ocupado. Le habían elegido para organizar el safari de su Alteza Real y no podía descuidar ni un detalle. Aquella visita levantó una gran expectación en Nairobi, era la primera vez que un heredero de la corona visitaba Kenia. El 1 de octubre la ciudad engalanada y con las calles recién pavimentadas para la ocasión daba la bienvenida al ilustre invitado y a su séquito. El príncipe Eduardo tenía treinta y cuatro años y aunque debido a su pequeña estatura pasaba bastante desapercibido era un hombre atrevido, simpático y buen cazador. Le acompañaba su hermano menor, el príncipe Henry, duque de Gloucester, un atractivo caballero que muy pronto iniciaría un tórrido romance con Beryl.

Al día siguiente de la llegada del príncipe se celebró un baile en su honor en el salón de la casa de Gobierno. Beryl asistió con su esposo, iba muy atractiva con un vestido largo de seda y un

chal que cubría sus anchas espaldas. Cuando fueron presentados,
el príncipe Henry le pidió que bailara con ella, hacían una magnífica pareja —según todas las damas presentes— eran altos, apuestos y elegantes. Los dos se sintieron atraídos desde el primer momento y en los días siguientes no se separaron ni una sola noche.
Se les podía ver cabalgando por las llanuras de Athi, cenando a luz
de las velas en el Muthaiga o bailando hasta el amanecer en alguna fiesta privada. El duque de Gloucester pasaba la mitad de su
tiempo en la casa de Gobierno y la otra de juerga con su amante.
Un día la policía le detuvo cuando trataba de descender por el ca-
nalón de la residencia del gobernador para encontrarse con Beryl.
El vigilante pidió disculpas porque en la oscuridad de la noche no
había distinguido al «Kingi Georgis Toto», «el hijo del rey», en
suajili.

Beryl Markham estaba por entonces de nuevo embarazada
pero siguió adelante con su romance. El príncipe de Gales había
partido de safari a Tanganika en compañía de dos guías de lujo,
Denys y Bror Blixen. Estaba feliz cazando leones y tomando el té
de las cinco en medio de la sabana ajeno a los escarceos amorosos
de su hermano. El safari real tuvo que interrumpirse poco después cuando llegó la noticia de que el rey Jorge V de Inglaterra se
encontraba muy enfermo y su vida peligraba. Los príncipes abandonaron de manera precipitada Nairobi el 27 de noviembre y
Beryl quedó con el duque de Gloucester en reunirse poco tiempo
después en Londres.

A principios de enero Beryl Markham, que ya estaba de siete
meses, llegaba al puerto de Londres donde la esperaba ansioso el
príncipe Henry. Su amante estaba al tanto de su situación y le buscó un confortable y discreto alojamiento en una suite del hotel
Grosvenor, que durante los siguientes cinco años se convertiría en
su secreto refugio. Este alojamiento se encontraba cerca del Palacio de Buckingham y tenía varias entradas de servicio por donde
el príncipe Henry podía acceder a la habitación sin ser visto. El escritor James Fox aseguraba que en aquellos años Beryl visitó al
duque en sus aposentos del palacio y que en una ocasión tuvo que
esconderse tras una cortina para evitar encontrarse con la reina

Mary. En otras la vieron correr descalza por los pasillos «como un veloz guerrero nandi».

En una carta que Karen Blixen escribió en aquellas fechas comentaba que en Kenia todo el mundo «contaba con los dedos para saber si el hijo que esperaba Beryl podía ser del príncipe Henry». Las cuentas estaban muy claras, el padre no era otro que su segundo marido Mansfield Markham. El niño, al que bautizó con el nombre de Gervase, nació muy delicado de salud y tuvo que someterse a varias operaciones. Beryl tardó dieciséis meses en registrarlo porque no creyó que sobreviviese. En aquellos difíciles momentos el duque de Gloucester, que estaba muy enamorado de Beryl, no se separó de ella. El escándalo llegó a oídos de la reina madre Mary que ya había conocido a la joven en una recepción oficial en palacio y no estaba dispuesta a permitir semejante idilio. Por lo pronto mandó de viaje a su hijo Henry de visita oficial a Japón para tratar de distanciarlos. Lo que ignoraba la reina es que también el príncipe de Gales frecuentaba a Beryl —algún biógrafo afirma que eran amantes— y cuando su hermano partió de viaje se veían en el Real Aeroclub de Piccadilly adonde le hacía llegar carros llenos de flores blancas. Los dos compartían muchas aficiones entre ellas los caballos y los aviones. Siete años después, su amigo el príncipe de Gales, se convertiría en el rey Eduardo VIII de Inglaterra. A los pocos meses de asumir el trono, el monarca abdicaría para casarse con una divorciada americana, Wallis Simpson.

Cuando su hijo se encontró fuera de peligro Beryl le pidió a su esposo que se hiciera cargo del pequeño. Ella quería mantener su relación con el príncipe Henry y aquel hijo era un estorbo en su vida. Mansfield Markham aceptó pero le pidió el divorcio; a cambio de que el nombre del hijo del rey de Inglaterra no apareciera en los papeles se llegó a un acuerdo para que Beryl recibiera del duque de Gloucester una modesta pensión de por vida de quinientas libras anuales. A mediados de 1929 Beryl se encontró de nuevo en Londres con Denys que había ido a renovar su licencia de vuelo y pensaba comprarse una avioneta para sobrevolar África y utilizarla en sus safaris. Ella también había comenzado a tomar clases de vuelo y en dos años comenzaría a pilotar su propio aeroplano.

A principios de 1930 Beryl Markham regresó sola a Kenia, su hijo se había quedado en Inglaterra donde sería educado por su padre. En el mes de febrero el príncipe de Gales y su hermano regresaron al África oriental británica para hacer otro safari. El cazador Finch-Hatton acompañó de nuevo en su cacería al príncipe aunque ahora se mostraba más interesado en tomar fotografías de las fieras salvajes que en abatirlas con su rifle. Denys estaba muy preocupado por la difícil situación que atravesaba su amiga Karen Blixen y la visitó en varias ocasiones en la granja de Ngong. La encontró desmejorada, estaba excesivamente delgada y muy nerviosa, apenas tenía vida social y su única preocupación era conseguir que sus trabajadores kikuyus no fueran expulsados de la granja si finalmente se vendía. En primavera Denys Finch-Hatton viajó a Londres con el príncipe de Gales y se quedó allí hasta septiembre. Regresó a Nairobi en barco con su nueva avioneta, una Gypsy Moth de color amarillo que pensaba utilizar en sus safaris para avistar desde el aire a los animales. Sabía que este servicio lo pagarían muy bien sus exclusivos clientes que no disponían de mucho tiempo para conseguir trofeos tan difíciles como el búfalo o el elefante.

Mientras, Beryl alquiló durante los siguientes cinco años el apartamento que solía utilizar Denys en el club Muthaiga. Se instaló con su fiel amigo Ruta dispuesta a dejar atrás su agitada vida sentimental en la corte real inglesa. El duque de Gloucester siguió viajando en misión oficial a exóticos países hasta que se casó con una refinada dama de su posición, lady Alice Montagu-Scott, para tranquilidad de la reina Mary. No volvieron a verse hasta 1950, cuando Beryl tenía cuarenta y ocho años. El duque y su esposa se encontraban de visita oficial en Kenia y Beryl acudió a saludarle. Entró en el salón de baile del club Muthaiga, se acercó a él y le dio un beso en la mejilla al tiempo que le decía delante de todos los presentes: «Hola, cariño». Su antiguo amante hizo como que no la conocía y la expulsaron del club de malas maneras.

Beryl, que siempre mantuvo el apellido Markham, tenía ahora veintiocho años y deseaba dar un giro a su vida. Abandonó temporalmente el adiestramiento de caballos y se dedicó por entero a la aviación comercial. Sabía que podía ganarse muy bien la vida llevando pasajeros y correo desde los puntos más remotos de África. Esta pasión, inspirada por Denys, le descubriría un mundo nuevo y le permitiría seguir cerca de él: «Frente a mí se extendía una tierra desconocida para el resto del mundo y sólo vagamente conocida para los africanos, una mezcla extraña de prados, maleza, bancos de arena del desierto como grandes olas del océano. Una tierra llena de vida...».

Licencia para volar

Hacia 1931 Denys Finch-Hatton vivía con Beryl y volaban juntos a lugares remotos hasta ahora inaccesibles. Donde las carreteras no llegaban el liviano aeroplano aterrizaba espantando manadas de ñus y de impalas ante la mirada atónita de los nativos. Él la animó a que se sacara la licencia de vuelo para ayudarle a localizar manadas de elefantes desde el aire. Denys, que siempre fue muy respetado entre los cazadores profesionales de su época, sabía que esta práctica no era muy ética y de hecho poco tiempo después se prohibió en Kenia.

En su libro *Memorias de África*, Karen Blixen cuenta cómo le pidió a Denys Finch-Hatton que le permitiera acompañarle a un safari que tenía planeado al Tsavo. Estamos en el mes de marzo de 1931 y la escritora ya había subastado buena parte de sus muebles y objetos más preciados porque regresaba a Dinamarca. Aquel vuelo con Denys le parecía una hermosa manera de despedirse de este país que se había convertido en su auténtico hogar. Denys se negó a llevar a su amiga con la excusa de que iba a ser un viaje agotador para su delicada salud. Por su parte Beryl Markham en *Al oeste con la noche* da una versión bien distinta de los hechos. Al parecer Denys le pidió que la acompañara para ver si era posible ojear manadas de elefantes desde el aire. Beryl en un principio aceptó pero en el último momento cambió de planes porque su instructor de vuelo, Tom Black, tuvo una mala premonición. Finalmente Denys partió en compañía de su criado Kamau y juntos encontraron la muerte el 13 de mayo cuando el aeroplano, al despegar de la pista de Voi, dio dos vueltas en el aire y se estrelló contra el suelo.

Arap Ruta fue el primero en saber que «Makanyaga» había muerto. Aquél fue un duro golpe para Beryl quien, tras largos años obsesionada con Denys, ahora compartía su corazón. Después tuvo que asistir al entierro de Denys Finch-Hatton en las colinas de Ngong y comprobar en silencio cómo «Karen Blixen escenificaba el papel de viuda», según sus propias palabras. Beryl Markham no recibió ningún pésame ni telegramas de condolencia por parte de los miembros de la colonia británica, aunque todos sabían que la pareja mantenía una relación íntima. Recogió las pertenencias de Denys que tenía en su apartamento y las envió a Londres, a la dirección de su hermano mayor lord Winchelsea. En las páginas de sus memorias la aviadora escribiría: «Denys era la piedra angular de un arco en el que las demás piedras eran otras vidas. Si una piedra angular tiembla, toda la curva del arco recibe el aviso y, si la piedra angular se rompe, el arco se derrumba, deja a las piedras secundarias amontonadas y, por un momento, carentes de diseño. La muerte de Denys dejó algunas vidas sin diseño, pero, como las piedras, se construyeron de nuevo con otra forma».

Las dos mujeres que más amaron a Denys Finch-Hatton diseñaron de nuevo sus vidas y emprendieron caminos bien distintos. Karen Blixen en el mes de julio partió rumbo a Dinamarca, donde en poco tiempo se convertiría en la famosa escritora Isak Dinesen. Beryl comenzó a volar y llegó tan lejos como nunca hubiera imaginado. De la mano de su instructor de vuelo Tom Black aprendió a pilotar un D.H. Gipsy Moth. Dieciocho meses después, en 1933, le concedieron la licencia de piloto comercial, la primera que se otorgaba a una mujer en el África oriental británica. Tenía a sus espaldas más de mil horas de vuelo y este permiso le permitía poder trabajar para pagarse su cara pasión por el vuelo. «Aprendí a observar, a confiar en otras manos que no fueran las mías. Y aprendí a vagar. Aprendí lo que cualquier niño soñador necesita saber, que no hay horizonte lo bastante alejado como para no poder superarlo o sobrepasarlo», escribiría en sus memorias.

Beryl, ayudada por Ruta que trataba con igual mimo a un avión que a un purasangre, pasaba sus días viajando a remotos rincones de Sudán, Tanganika (Tanzania), Kenia y Rhodesia (Zimbabwe). Para ella el volar se había convertido «en una escapatoria momentánea a la eterna condena de la tierra». Trabajaba como piloto independiente y se ganaba bien la vida, aunque era una empresa muy arriesgada en aquellos tiempos pioneros de la aviación en África. Los mapas mostraban grandes espacios en blanco aún sin cartografiar, con la palabra «inexplorado». Estaban las tormentas que llegaban de la costa al interior, las enfermedades como la disentería, la mosca tse-tse, la malaria y los riesgos del aterrizaje. Las pistas de tierra se improvisaban con botes de gasolina como única señalización y de noche se alumbraban con antorchas o lámparas de queroseno. Y estaba la altitud, las tormentas de arena, las espesas junglas y bosques donde si caías eras hombre muerto y las verdes llanuras infestadas de leones. Beryl viajaba siempre con su frasco de morfina en la chaqueta por si acaso necesitaba acabar con su vida.

Con el tiempo Beryl Markham se convirtió en una experta piloto y en ocasiones sola o en compañía de su amigo Bror Blixen, volaba desde Nairobi a Londres. «Yo he hecho todo el recorrido entre Nairobi y Londres un total de seis veces —cuatro de ellas en solitario tras convencer a las autoridades de mis capacidades— y otras mujeres también lo han conseguido», solía decir orgullosa. El 24 de abril de 1932 consiguió completar esta distancia en solitario a bordo de su Leopard Moth en tan sólo veintisiete horas de vuelo. Fue un viaje lleno de incidentes, primero tuvo que aterrizar por problemas técnicos cerca de Jartum (Sudán). En El Cairo, una tormenta de arena la obligó a realizar un peligroso aterrizaje y los pilotos de la RAF la ayudaron a reparar el maltrecho motor. Una vez recuperada del susto siguió rumbo a Trípoli, Malta, Sicilia hasta alcanzar Londres. Llegó justo dos días después del aniversario de la muerte de Denys y cuando la nube de periodistas que la recibió en el aeródromo le preguntó por qué se había arriesgado a un viaje tan peligroso contestó: «Hacía mucho tiempo que no venía de vacaciones a Inglaterra y ahora era el momento». En aquella ocasión pudo conocer a su hijo Gervase, que ya tenía cuatro años, al que no había vuelto a ver desde que lo abandonara en manos de su segundo marido.

Beryl comenzó a localizar desde su avioneta a los animales para los safaris que guiaba su amigo Bror Blixen. Durante meses sobrevoló las sabanas africanas en busca de elefantes con buenos colmillos de marfil, era un trabajo emocionante pero muy arriesgado: «A veces vuelo en círculo durante casi una hora, e intento determinar el tamaño del macho mayor. Si al final decido que lleva suficiente marfil empieza mi trabajo. He de trazar la ruta de la manada hasta el campamento donde se encuentran los cazadores y apuntar en un cuaderno todos los detalles del terreno, distancias, animales que se encuentran en los alrededores, puntos de agua y la forma más segura de aproximación por tierra...». A Beryl le gustaba ese tipo de vida que le permitía ser nómada e independiente: «Al término de cada safari los cheques eran narcóticos agradables contra los recuerdos perturbadores, el trabajo era excitante y la vida no resultaba aburrida». Aunque a diferencia de otras mujeres de su tiempo —como su rival Karen Blixen— a Beryl nunca le gustó salir de safari y tampoco matar animales por capricho. Consideraba que había que ser un «estúpido» para querer abatir un animal tan primitivo y majestuoso como el elefante, pero ahora no le hacía ascos al dinero aunque estuviera manchado con la sangre de los animales que ella descubría desde el cielo.

En 1936 Beryl Markham iba a pasar a la historia de la aviación en un solo día. Un amigo le propuso el reto de cruzar el Atlántico en solitario volando desde Londres hasta Nueva York sin escalas, una aventura de casi seis mil kilómetros. Antes que ella quince mujeres piloto de distintas nacionalidades lo habían intentado. Ninguna hasta el momento lo había conseguido, tres se estrellaron con su avioneta y murieron en el acto y cinco desaparecieron en algún lugar del océano. Durante tres meses Beryl supervisó la construcción de su nuevo avión, un Vega Gull de color turquesa y alas plateadas al que bautizó como *La gaviota*. Un avión con autonomía para mil seiscientos kilómetros que podía soportar tanques adicionales de aceite y gasolina, que se fijaban a las alas y en la propia cabina.

Beryl sabía que aquella travesía era una locura. Debería despegar con una carga muy grande de combustible y estaría sola durante todo el vuelo porque su Gull no tenía un equipo de radio. Volaría de este a oeste con el viento en contra y casi la mitad del recorrido de noche, si calculaba mal su rumbo caería inevitable al mar. El 4 de septiembre de 1936, a las ocho de la mañana, despegó del aeropuerto de Abingdon en Inglaterra. Comenzaba su aventura: «Nos dirigimos a un lugar tres mil seiscientas millas de aquí, dos mil de las cuales son océano ininterrumpido. La mayor parte del recorrido será por la noche. Volamos al oeste con la noche». Durante horas interminables Beryl Markham voló a ciegas, muerta de frío, encajada entre tanques de combustible y luchando contra el sueño. En medio de una terrible tormenta se le paró el motor cuando a lo lejos ya divisaba las costas de Norteamérica. Más tarde descubriría que la toma de carburante del último tanque se había congelado.

Aterrizó con gran dificultad en una ciénaga de la costa de Nueva Escocia tal como recordaba en sus memorias: «El morro del avión se hundió en el barro y yo avanzaba golpeándome la cabeza en el cristal delantero de la cabina hasta que se hizo añicos y sentí cómo la sangre corría por mi cara». Había volado casi veintidós horas seguidas pero llevaba cuarenta sin dormir. Con gran dificultad salió como pudo de la cabina y caminó perdida durante dos horas con el cuerpo magullado y el barro hasta la cintura. Un pescador de Cape Breton la rescató del barrizal y la acompañó a su granja donde pudo llamar por teléfono y dar al mundo la noticia. Sólo tenía un corte poco profundo en la frente, pero a estas alturas todos la creían muerta. En sus memorias recordaría los duros momentos que pasó sola, volando en plena noche: «Permanecer solo en un aeroplano durante tan poco tiempo como pueden ser una noche y un día, irrevocablemente solo, sin nada que observar excepto los instrumentos y tus manos en la semioscuridad de la cabina, sin nada que contemplar excepto el tamaño de tu pequeño valor, sin nada que cavilar excepto en las creencias, los rostros y las esperanzas enraizados en tu mente, es una experiencia tan sobrecogedora como cuando una noche te percatas por primera vez de que hay un desconocido caminando a tu lado. Tú eres el desconocido».

A pesar de su frustración inicial por no haber conseguido su sueño, en Nueva York fue recibida como una auténtica heroína. Más de cinco mil personas la esperaban en las calles para saludarla y en los días siguientes se sucedieron las fiestas, discursos y entrevistas. La foto de su avión con el morro embarrancado en el fango dio la vuelta al mundo. Cuando después de su extraordinaria aventura regresó a Londres nadie la esperaba, la prensa ignoró su hazaña y en el más completo anonimato se refugió como antaño en su suite del hotel Grosvenor. La noticia de la trágica muerte de su instructor de vuelo, Tom Black, en un aparatoso accidente en el aeródromo de Liverpool, la deprimió aún más. Beryl no volvería a pilotar un avión a pesar de las tentadoras ofertas que recibió tras su temerario vuelo transoceánico. Antes de partir visitó una vez más a su hijo Gervase, que ya tenía siete años y vivía en la mansión de los Markham en Sussex. Era un niño solitario y rebelde, muy parecido físicamente a Beryl, que vivía rodeado de una corte de sirvientes y profesores particulares. Con el tiempo se convertiría en un brillante estudiante de Eton, y aunque su madre lo rechazaba él siempre intentó ganarse su cariño.

Beryl permaneció en Londres hasta junio de 1937, entonces se trasladó a vivir a Estados Unidos y desapareció un tiempo. En Los Ángeles conoció a Raoul Schumacher, un escritor y guionista de películas, cinco años menor que ella, al que le gustaba la buena vida y trabajar poco. Era el soltero más codiciado de la ciudad, apuesto, buen cocinero, divertido y asiduo a las fiestas más glamurosas de Hollywood. De su mano Beryl entró en el circuito de las grandes estrellas de cine, alternó con Rodolfo Valentino, Dolores del Río y Gloria Swanson. Se fueron a vivir juntos y en una de aquellas veladas Beryl le contó a Raoul algunas anécdotas de su anterior vida en tierras africanas. El escritor la animó a recordar su infancia en Kenia con los nandis, su vida como entrenadora de caballos y su pasión por volar. En 1942 Beryl Markham publicaba su primer —y único— libro titulado *Al oeste con la noche* que muy pronto se convirtió en un *best seller* y tuvo excelentes críticas. Sólo los amigos más cercanos sabían que el libro no lo había escrito ella. Su por entonces marido Schumacher ya había trabajado anteriormente como «negro» literario para otros autores americanos. En la mentalidad de Beryl el hecho de que ella hubiera relatado la historia de su vida a un amigo y éste hubiera dado forma a sus palabras no tenía la menor importancia. Hasta la muerte de Beryl se guardó silencio en torno a este tema y el libro siguió reeditándose y dando dinero a su supuesta autora.

En 1943 Beryl y su esposo se trasladan a vivir a Nuevo México y dilapidan los generosos anticipos editoriales que les ofrecen. Alquilaron el rancho The Monastery, en Santa Bárbara, una elegante mansión rodeada de palmeras y jardines de la que se había encaprichado también Greta Garbo. A Beryl le cautivaron los paisajes desérticos de aquella región porque le recordaban las sabanas africanas. Pasaban sus días ociosos jugando al tenis, montando a caballo y organizando fiestas a las que acudían excéntricos millonarios y artistas de cine. Su marido no volvió a escribir un libro. A los cuatro años comenzaron los problemas, Raoul era un alcohólico que despilfarraba el dinero y a Beryl aquel ambiente tan superficial la llegó a cansar. Seguía pensando en regresar a Kenia y en 1950 se separó de su marido dispuesta una vez más a comenzar una nueva vida.

Llegó a Nairobi sola, enferma y sin apenas dinero. Su amigo de infancia Ruta se enteró de la noticia y acudió a recibirla. Al principio se instaló en la granja Forest de unos conocidos hasta que en 1956 pudo entrenar caballos y ganar otra vez importantes carreras. Beryl brillaba de nuevo, pero las acusaciones de dopar a sus animales deslucieron una vez más sus triunfos. Por entonces había conocido a un joven danés llamado Jorgen Traen al que animó a trabajar como capataz de su granja. Lo amó durante más de una década y a pesar de que Beryl tenía cincuenta y cuatro años y él apenas treinta, disfrutaron de algunos momentos de intensa felicidad. En aquellos días estalló en Kenia la rebelión Mau-Mau, una organización formada por kikuyus que perseguía a los colonos blancos propietarios de las mejores tierras y fincas donde trabajaban los nativos en condiciones miserables. Beryl, viendo que atacaban las granjas, se trasladó a vivir con Jorgen a una modesta finca en Naivasha y siguió adiestrando caballos. Allí recibió la visita inesperada de su hijo Gervase y su esposa Viviane que se encontraba embarazada de siete meses. Hacía veinte años que no le veía y Beryl se mostró como siempre muy distante. La presencia de Gervase le recordaba tiempos pasados que quería olvidar. Le resultaba molesto que la gente aún hiciera comentarios de mal gusto sobre el parecido o no del muchacho con su amante, el duque de Gloucester. No lo volvió a ver, Gervase murió en un accidente de carretera quince años después, mientras vivía en París.

En 1964 Beryl y su amante danés pusieron rumbo a Sudáfrica instalándose en la granja Broadlands cerca de Port Elizabeth. La señora Markham había convencido a unos amigos para que se hicieran socios y compraran esta finca destinada a la cría de caballos de carreras. Consiguió llevarse a sus mejores jockeys y caballos de Kenia aunque no fue una etapa brillante en su vida. Aún era una mujer dinámica y atractiva pero durante su estancia en California había empezado a beber y ahora dependía cada vez más del alcohol. Acabó peleándose con sus socios y con Jorgen que la abandonó y se instaló por su cuenta en una granja de Nairobi. Hacia 1969 regresó a Kenia y su marido Mansfield Markham la tuvo que ayudar económicamente para que pudiera seguir trabajando. Por entonces le deniegan definitivamente la renovación de su licencia como entrenadora. Fue el más duro golpe de todos los que recibió en su vida, según ella misma confesaría.

En 1977 se presentó en Nairobi la biografía de Denys Finch-Hatton escrita por Errol Trzebinski donde se contaba la relación que Beryl mantuvo con el legendario cazador. Desde ese instante su nombre quedó unido al de Karen Blixen y a la granja al pie de las colinas de Ngong. Cuando se filmaba en Kenia la película *Memorias de África* basada en el libro de la escritora danesa, los periodistas acudieron a entrevistar a Beryl, que vivía en una habitación del Muthaiga. Tenía entonces ochenta y dos años, era una mujer alcoholizada pero no había perdido ni un ápice de su sentido del humor y de su rebeldía. Aún pretendía que le renovasen su licencia de entrenadora y se quejaba amargamente de que la hubieran apartado de lo único que amaba en el mundo, sus caballos. Cuando alguien le preguntó acerca de Karen Blixen respondió: «Estaba bien, pero tampoco es que pueda decir cosas maravillosas de ella. No era exactamente mi tipo. En primer lugar era mucho mayor que yo y tampoco le gustaban las mismas cosas que a mí. A veces salía a cabalgar con ella pero siempre estaba un poco enfadada e infeliz. Siempre esperaba ansiosa a que Denys volviera. Obviamente no tenía mucha fortuna seleccionando a los hombres, después de todo ella había elegido a dos y continuaba dependiendo de ambos».

Beryl Markham mantuvo siempre en secreto su romance con Denys Finch-Hatton. Su vida africana no fue, como la de Karen Blixen, un lecho de rosas, pero había conseguido huir del aburrimiento y la monotonía que tanto odiaba. Cuando murió el 4 de agosto de 1986 su cuerpo fue incinerado y las cenizas esparcidas junto a la pista de carreras del hipódromo de Nairobi, tal como ella deseaba. «Era vieja y estaba cansada del tiempo. Y había aprendido a dejar que el mundo diera vueltas a mi alrededor.»

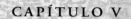

CAPÍTULO V

Enamoradas de la vida salvaje

«Nunca olvidaré mi primer encuentro con los gorilas. El ruido precedió a la vista, y el olor precedió a ambos en forma de un penetrante hedor de establo y de almizcle, pero que también recordaba el olor humano. De pronto, una serie de gritos agudos rasgaron el aire y les siguió el sonido rítmico producido por los golpes secos que un gran gorila de espalda plateada se daba en el pecho, escondido tras un muro de impenetrable vegetación.» En 1963 la zoóloga norteamericana Dian Fossey se encontraba por primera vez frente a frente con un imponente gorila en las brumosas selvas africanas. No sintió miedo, al contrario, se mostró fascinada por estos grandes primates que le sorprendieron por su nobleza y timidez, y que con el tiempo la aceptaron como un miembro más.

Fue Louis Leakey, el célebre antropólogo keniata, quien animó a Dian Fossey a estudiar a los gorilas en su hábitat natural. Leakey siempre sostuvo que las mujeres estaban más capacitadas para realizar estudios de campo con los simios y que nadie las podía igualar en paciencia, entrega y valor. En 1967 Dian sentó las bases de su campamento entre los volcanes dormidos de Karisimbi y Visoke, en Ruanda, y vivió durante dos años en una tienda de campaña en condiciones muy precarias. Apenas tenía dinero para comprar comida, hablaba tan sólo unas palabras de suajili para entenderse con sus empleados, trabajaba sola, alejada de la civilización y en un medio muy duro. Al principio cada encuentro con los gorilas era una peligrosa aventura, los machos se mostraban hostiles y solían arremeter contra ella exhibiendo sus largos colmillos y chillando coléricos. Dian, en su huida, acababa rodando por empinadas pendientes montaña abajo, llena de magulladuras y rasguños.

Para seguir el rastro de las familias de gorilas la intrépida californiana tenía que gatear ladera arriba por encima de los tres mil metros de altitud y ella, que tenía pánico a las alturas, se quedaba con frecuencia paralizada por el miedo. Dian Fossey, cuando llegó a África la primera vez se estaba recuperando de uno de sus frecuentes ataques de pulmonía y en su liviano equipaje, de apenas treinta kilos, llevaba sobre todo medicinas para los bronquios. Para una mujer propensa a los ataques de asma los bosques tropicales de Virunga, fríos y brumosos, donde viviría los siguientes dieciocho años se convirtieron en un infierno.

La escritora Carole Jahme, en un libro revelador sobre la vida de las más celebres primatólogas del mundo, cuenta que en el verano de 1967, cuando Dian Fossey trabajaba en el antiguo Zaire, fue secuestrada por soldados de Mobutu y encerrada durante dos semanas en una jaula. Aunque en vida nunca quiso hablar de aquellos días de cautiverio —por miedo a perder su empleo— se supo que fue maltratada psicológicamente y violada repetidas veces. El premio a tanto dolor y sacrificio fue el día en que uno de los gorilas más juguetones del grupo, Peanuts, le tendió la mano para tocar la suya apenas un instante. La imagen rodada por el cámara y fotógrafo Bob Campbell dio la vuelta al mundo. Era la primera vez que se veía a un gorila relajado y confiado entrando en contacto con un humano. Dian Fossey distinguía a todos los gorilas de su entorno, les puso nombres, aprendió a comportarse como ellos y se ganó su confianza. Emprendió una lucha sin tregua y en solitario contra los cazadores furtivos y los ganaderos sabiendo que con este osado gesto firmaba su sentencia de muerte. El 27 de diciembre de 1985 fue asesinada mientras dormía en su cabaña del centro de Karisoke. Nyiramachabelli «la mujer mayor que vive en la selva sin un hombre», como la bautizaron los nativos, fue enterrada junto al cementerio de gorilas y se convirtió en un símbolo para los conservacionistas de todo el mundo. Lejos de la imagen romántica que durante años vendió la revista *National Geographic* de las mujeres consagradas al estudio de los grandes primates, como Jane Goodall o Biruté Galdikas, sus vidas fueron muy penosas. Tenían que tener algo más que paciencia para vivir solas en las lluviosas junglas tropicales, aisladas de la civilización, amenazadas por los cazadores furtivos, las guerrillas, las enfermedades, el ataque de los leones y el miedo a la violación. Si soportaron todas estas penalidades fue por la estrecha relación que establecieron con los animales, por el amor desmedido a su trabajo y la independencia que tenían siendo investigadoras de campo.

Como Dian Fossey otras mujeres que dedicaron su vida al estudio y defensa de la fauna africana también fueron brutalmente asesinadas. A Joy Adamson, extraordinaria pintora de los paisajes y tribus de África y autora de la famosa novela *Nacida libre*, la mataron en Kenia en 1980. Ella y su marido George, guarda de caza y ardiente conservacionista, eran una pareja legendaria en Kenia, lucharon contra la caza furtiva y se dedicaron con éxito a la reinserción de leones cautivos en la vida salvaje. A los nueve años de la muerte de Joy, su esposo fue asesinado por unos bandidos en la reserva de Kora, cerca del Parque Nacional de Meru. Tenía ochenta y tres años y los nativos lo apodaban Baba Simba «el padre de los leones».

Otras científicas, incluso tranquilas amas de casa con sus hijos a cuestas, trasladaron su hogar a inhóspitas regiones africanas para llevar a cabo sus estudios de campo. Lorna Marshall encontró la felicidad en el desierto del Kalahari, en el África meridional, conviviendo con los bosquimanos. Esta singular mujer nacida en Arizona en 1898, se licenció en literatura inglesa en la Universidad de Berkeley y más tarde estudió antropología en Harvard. Mientras sus hijos crecían se ocupó de las labores domésticas hasta que en 1950 su esposo, Laurence Marshall, se jubiló y decidió dar un giro a su vida. El señor Marshall, magnate de la Corporación Raytheon de Estados Unidos, se trasladó en 1951 con toda su familia a la región del Kalahari entre Botswana, Namibia y Sudáfrica. Les acompañaban sus dos hijos, Elisabeth de veinte años y John de diecinueve, dispuestos a vivir un tiempo como unos modernos robinsones. Así a los cincuenta años Lorna pudo por fin trabajar como antropóloga y estudiar la organización tribal de los bosquimanos, últimos representantes junto a los pigmeos de la «civilización del arco». Durante los siguientes veinte años los Marshall realizaron ocho expediciones al Kalahari, donde pasaban largas temporadas filmando y estudiando las costumbres de estos cazadores nómadas que en pleno siglo xx aún utilizaban el arco y las flechas envenenadas y vestían sus cuerpos desnudos con apenas un pedazo de tela. Los hijos de Lorna también contribuyeron a dar a conocer al mundo la forma de vida de otras antiguas tribus africanas. Elisabeth siguió los pasos de su madre, se instaló con su esposo, el escritor Sthephen Thomas, y sus dos hijos pequeños entre los dodoth, una tribu de pastores guerreros de Uganda para estudiar sus costumbres tribales. Mujer infatigable y buena observadora llegó a ser una reconocida antropóloga y sus libros resultan tan emocionantes como la mejor novela de aventuras. Durante treinta años Elisabeth Marshall Thomas mantuvo contacto con sus amigos bosquimanos, los kung de Nyae Nyae, y denunció la batalla que mantenían por preservar su cultura frente al avance de los granjeros y de las compañías mineras. Lorna Marshall, la matriarca del clan, falleció el 8 de julio de 2002 a la edad de ciento tres años, cuando los bosquimanos ya habían sido condenados a vivir en reservas y «podían contarse con los dedos de la mano».

La arqueóloga Mary Leakey, segunda esposa de Louis Leakey, trabajó toda su vida a la sombra de su famoso marido en busca de las huellas del hombre primitivo. A ella nunca le gustaron las cámaras ni la popularidad como a él y siempre se mantuvo en un discreto segundo plano, sorteando sus infidelidades y las sonadas polémicas con su hijo Richard Leakey, actual director del Servicio de Vida Salvaje de Kenia. El matrimonio Leakey tuvo tres hijos —Johnathon, Richard y Philip— a los que inculcaron de niños su pasión por la paleontología. Los pequeños se entretenían jugando a encontrar fósiles mientras su madre rastreaba los yacimientos del valle del Rift como un verdadero detective. «El trabajo que realizaban mis padres entonces no me parecía nada fascinante. Casi siempre andaban a gatas, excavando en el duro suelo de roca, a pleno sol y en un paisaje árido lleno de moscas a su alrededor», escribiría Richard Leakey en sus memorias cuando ya era un reconocido paleontólogo y defensor de la fauna salvaje. Tras más de treinta años de excavaciones juntos fue Mary Leakey quien realizó uno de los descubrimientos más extraordinarios en la garganta de Olduvai, en Tanzania. En 1959 encontró el primer fósil de un homínido en el este de África al que bautizaron como *Australopythecus boisei*, un antepasado nuestro que vivió en la región hace 1,7 millones de años. Tras este hallazgo el trabajo de Louis Leakey —descubridor junto a Mary de África como la cuna de la humanidad— apareció en *National Geographic* y comenzó a ser una figura muy conocida en el mundo entero. Con el tiempo el matrimonio se fue distanciando, aunque continuaron trabajaron juntos y viviendo bajo el mismo techo. Cinco años después de la muerte de su esposo en 1977 Mary Leakey desenterró en Laetoli su descubrimiento fósil más espectacular, las huellas humanas más antiguas encontradas hasta la fecha, preservadas en cenizas volcánicas durante 3,6 millones de años. Mary sobrevivió veinticinco años a su marido realizando valiosos descubrimientos y consiguiendo con su rigor y meticulosidad el respeto de la comunidad científica internacional. Hasta su muerte, en diciembre de 1996, con ochenta y tres espléndidos años, siguió trabajando en el que fue su auténtico hogar, las llanuras áridas y ventosas de la garganta de Olduvai. Ni el calor sofocante, ni la dura y solitaria vida de campamento ni la amenaza de bandidos o serpientes venenosas pudieron con esta mujer tenaz que gracias a sus extraordinarios descubrimientos hizo más comprensible al gran público la evolución humana. En un homenaje a su madre, Richard Leakey declaró: «En las décadas de 1950 y 1960, mi padre consiguió la mayor parte de la notoriedad, probablemente a causa del machismo de la época. Sin embargo, Mary era el motor de las investigaciones, la auténtica buscadora de fósiles».

Antes que Mary Leakey o Dian Fossey otras pioneras de la antropología o la etnología, hoy olvidadas, recorrieron el continente africano en busca de pueblos primitivos, adentrándose en regiones donde nunca habían visto a una mujer blanca. La exploradora Delia Akeley, siguiendo los pasos de su antepasada Mary Kingsley, en 1925 se instalaba sola en la selva del Ituri, en el Congo belga, para estudiar a los pigmeos. Durante meses vivió como ellos en sus pequeñas chozas, se alimentó de nutritivas termitas y orugas, y aprendió todos los secretos de su bosque encantado. Poco tiempo después una muchacha de pequeña estatura y rostro risueño llamada Osa Johnson, se convertía de la mano de su esposo Martin en la estrella indiscutible de sus películas de aventuras. Las imágenes en blanco y negro que filmaron en sus expediciones africanas mostraron al público la belleza de un África romántica que recordaba el Jardín del Edén.

DELIA AKELEY

La amiga de los pigmeos
(1875-1970)

Siempre tengo miedo a la jungla y estoy preparada para una muerte violenta. Nunca viajo sin llevar conmigo los medios más adecuados para acabar con mi vida rápidamente si recibo alguna herida mortal. Pero este tipo de vida salvaje me encanta.

DELIA AKELEY,
Nueva York, 1924

En el año 1924, una norteamericana llamada Delia Akeley se empeñó en cruzar sola el continente africano de costa a costa sin ayuda de guías, cazadores blancos o especialistas en safaris. La noticia que ella misma anunció en Manhattan causó una gran expectación y fue tomada a broma por los exploradores más veteranos. La prensa escrita le dedicó grandes titulares explotando hasta la saciedad la historia de la elegante dama que en su plena madurez emprendía un peligroso viaje al África más salvaje. Delia tenía entonces casi cincuenta años y en una fotografía publicada en la portada de un periódico antes de su partida de EE.UU., se veía a una atractiva y refinada mujer de pelo blanco —recogido en un delicado moño— piel muy pálida y ojos de un intenso color azul, luciendo unas antiparras en la nariz. El Museo de Artes y Ciencias de Brooklyn le había encargado capturar ejemplares de la fauna africana para su colección y realizar estudios antropológicos de las tribus locales. Era la primera vez que una institución científica financiaba una expedición liderada por una mujer. La señora Akeley, que más parecía una institutriz que una exploradora, a estas alturas de su vida era ya una curtida viajera y había participado en importantes expediciones científicas africanas. Tenía fama de ser valiente, infatigable y una tiradora de élite. Nunca le tembló el pulso a la hora de cazar un elefante o un búfalo por encargo de algún museo americano.

Si Delia Akeley se enfrentaba ahora sola a este temerario reto era porque añoraba la aventura de los safaris y además necesitaba dinero. Durante veintiún años había sido la esposa en la sombra del famoso científico y explorador Carl Akeley, director del Museo de Historia Natural de Nueva York y toda una institución en Estados Unidos. Juntos viajaron en dos ocasiones al África central —en 1905 y 1909— y algunos de los elefantes más imponentes que hoy el público puede admirar en la gran sala africana de este museo de Nueva York los cazó la propia Delia. Se divorciaron en 1923, cuando Carl Akeley la abandonó por otra exploradora y aventurera llamada Mary Jobe. Delia entonces se alejó del museo y del mundo de la exploración y durante un tiempo se dedicó de manera obsesiva al estudio del comportamiento de un mono africano al que llamó J. T.

Ahora, en el ecuador de su vida, quería retomar sus investigaciones sobre los pueblos primitivos y convivir en la selva con los pigmeos que desde siempre le habían interesado. En la misma línea que sus antecesoras, como Mary Kingsley o su compatriota May Sheldon, Delia sabía que una mujer sola era mejor recibida que un hombre entre las tribus africanas: «Finalmente en el verano de 1924 me encontré en disposición de organizar una expedición propia y volver a África con el propósito de vivir con los nativos. Desde mi primera experiencia con las tribus primitivas del África central hace ya veintidós años, he tenido la firme convicción de que si una mujer se aventurara sola, sin escolta armada, y viviera en los poblados, podría hacer amistad con las mujeres y conseguir información muy valiosa y auténtica sobre sus costumbres tribales». Le esperaban por delante once duros meses de travesía partiendo desde la costa oriental africana, atravesando Kenia, Uganda, el Congo belga (Zaire) y llegando finalmente a Boma, en la costa atlántica. El famoso explorador David Livingstone había realizado el mismo viaje en 1854 en dirección contraria, desde Luanda, en Angola había alcanzado Quelimane, en el océano Índico. En esta ardua travesía, que le convirtió en una leyenda, tuvo que enfrentarse al hambre, las enfermedades y el continuo acoso de los nativos. Casi setenta años después Delia Akeley repetiría la hazaña y demostraría al mundo que una mujer podía atravesar el continente negro armada únicamente de mucho valor y la voluntad de entender a los africanos.

Un espíritu rebelde

La independencia y esa fuerza de voluntad que Delia Akeley demostró a lo largo de su vida sólo se explica conociendo sus orígenes, de los que siempre se negaba a hablar. Se sabe que nació el 5 de diciembre de 1875 en una granja del estado norteamericano de Wisconsin. Fue la menor de nueve hijos y la relación con sus padres, un granjero de carácter violento y una inmigrante irlandesa estricta y autoritaria, fue siempre muy distante. Su infancia no debió ser muy feliz a tenor de lo que declaró a un periodista en 1932 recordando aquellos años: «Lavar montañas de platos y hacer las camas para una familia que criticaba continuamente mis esfuerzos, era en mi opinión una pérdida de tiempo». A los trece años huyó de casa y nunca más les volvió a ver. Más tarde, cuando ya se convirtió en una célebre exploradora dedicó a su madre el segundo de sus exitosos libros de aventuras, el único rasgo de sentimentalismo que tuvo hacia su familia en toda su vida. Decidida a acabar con su pasado nunca utilizó su verdadero nombre, Delia Julia Denning y conservó el apellido Akeley hasta su muerte.

Tras abandonar el hogar llegó a la ciudad de Milwaukee donde conoció a un hombre llamado Arthur Reiss, barbero de profesión, que la ayudó a encontrar trabajo y con el que al poco tiempo se casó sin muchas ceremonias. Ese período de su vida también lo borró de su memoria; para Delia su auténtica existencia comenzó el día en el que le presentaron a Carl Akeley, un joven científico escultor y taxidermista del Museo de Arte de Milwaukee. No sabemos cómo una chica de granja sin apenas educación y esposa de un barbero pudo conocer a un hombre como Akeley. Al parecer cuando Delia salía a cazar con su marido al norte de Wisconsin en ocasiones coincidían con él. La caza, la pasión por la naturaleza y la vida al aire libre les debió de unir desde el primer momento.

Durante un tiempo Delia se convirtió en la asistente de Carl ayudándole en sus experimentos taxidermistas en el museo, preparando a los animales disecados para ser expuestos en las salas. Cuando le ofrecieron trabajo en el Museo Field de Historia Natural de Chicago, ella no se lo pensó dos veces y se fue con su compañero. Se casaron en 1902, Delia tenía veintisiete años y su esposo treinta y ocho; ella siempre le llamó señor Akeley.

Ya instalados en Chicago, Carl seguía trabajando en perfeccionar la presentación de los animales en las salas de los museos para que parecieran más vivos y los ambientes más naturales. En aquellos años los ejemplares que se exponían carecían de realismo y se les colocaba en posturas forzadas y casi ridículas frente a un decorado pintado o rodeados de vegetación artificial. Carl Akeley creía que si viajaban a África podrían aprender más sobre el comportamiento de los elefantes, traer nuevas piezas y estudiar su hábitat. El investigador ya había estado cinco meses cazando en un safari por Sudáfrica en 1896 y ahora el museo le daba la oportunidad de regresar encargándole nuevas piezas para una gran exhibición. A Delia le permitieron acompañarle únicamente para «recolectar mariposas y pájaros», desconocían que esta emprendedora joven de sangre irlandesa muy pronto aprendería todos los secretos de la caza mayor y pasearía con paso firme por la sabana poblada de leones y leopardos.

Llegaron a Kenia en 1905 y en Nairobi contrataron a más de un centenar de porteadores, compraron provisiones y partieron a los pocos días rumbo a las llanuras de Athi, acampando junto al río. Delia vestía por entonces sofisticadas prendas de safari: chaquetas hechas a medida, faldas largas de algodón, botas, camisas de seda china, pantalones de amazona, polainas, sombreros de paja y delicada lencería: «Yo siempre llevo ropa interior de seda cuando voy a la selva», solía decir con humor. La chica de campo se había convertido en una deportiva mujer de treinta años, un tanto fondona pero muy estilosa, que recogía su larga melena en sofisticados moños. Muy pronto sería una excelente cazadora aunque Delia nunca mató animales por capricho sino únicamente cuando necesitaba alimento, por defensa propia y para las colecciones de los museos. Carl comprobó satisfecho cómo su esposa se adaptaba con facilidad a esta vida nómada al aire libre y jamás la oyó quejarse en las agotadoras marchas —de hasta treinta kilómetros diarios— bajo un sol implacable en busca de animales.

Para Delia este viaje fue el descubrimiento de los cielos infinitos y los rebaños de miles de animales salvajes en las planicies sin fin. Durante dieciocho meses recorrieron el África oriental desplazándose con un pequeño ejército de porteadores, rastreadores, guías y sirvientes. Entre los años 1905 y 1906 el matrimonio recorrió de campamento en campamento las grandes áreas de caza mayor y las junglas meridionales de la colonia británica. Carl Akeley quedó muy impresionado al ver las manadas de elefantes que habitaban en las laderas del monte Kenia y llegó a renunciar a su trabajo en el museo para dedicarse exclusivamente a capturar estos paquidermos. Tras cinco semanas en el monte Kenia los exploradores viajaron al río Tana en busca de su presa más peligrosa y difícil, el búfalo. Carl, con ayuda de su esposa, consiguió cazar seis corpulentos búfalos y el 22 de noviembre de 1906 regresaron con ciento setenta y cinco porteadores a Nairobi llevando consigo su valiosa colección de animales. Allí estos «tesoros» fueron cuidadosamente empaquetados para enviarlos por tren a Mombasa, lo que suponía una difícil tarea por la necesidad de conservar las pieles en buen estado en un clima húmedo y caluroso como aquél. Milagrosamente, las ochenta y cuatro cajas que pesaban en total cerca de diecisiete toneladas llegaron a Nueva York en buenas condiciones. Entre las piezas más llamativas que consiguieron destacaban las obtenidas por la señora Akeley: dos elefantes de monumentales colmillos que mató en el monte Kenia —y que se convirtieron en la joya del Museo Field de Chicago— y un búfalo al que derribó de un solo tiro en el río Tana.

El año y medio que el matrimonio Akeley había pasado en África les permitió descubrir que buena parte de la vida salvaje estaba condenada a la extinción por culpa de los desaprensivos cazadores y de los colonos blancos. Los safaris de caza mayor se habían puesto de moda y se mataba un número de piezas ilimitado sin pensar en las consecuencias. En un futuro no muy lejano Carl estaba convencido de que el público sólo podría admirar a algunos de estos soberbios animales salvajes en las salas de los museos y estaba decidido a proveerles de los mejores ejemplares.

En 1909 Carl y Delia se trasladaron a vivir a Nueva York, allí el Museo de Historia Natural les encargó que fueran a cazar más elefantes a África y ese mismo año partieron de nuevo a Kenia. Delia se sentía eufórica y preparó a fondo su equipaje de safari sin olvidar los rifles de precisión, los afilados cuchillos para desollar a los animales y los polvos de quinina para luchar contra la temida malaria. Carl sólo tenía en mente una idea, conseguir un grupo familiar completo de elefantes, dos machos, una hembra y una cría. La búsqueda duró dos largos años y les obligó a recorrer muchas millas de la sabana y las escarpadas junglas montañosas. En aquella ocasión no estarían solos, durante unos días les acompañó el presidente de Estados Unidos, Theodore Roosevelt, y su hijo Kermit a los que conocieron en una cena en la Casa Blanca. Roosevelt se quedó tan impresionado al escuchar las aventuras de los Akeley que cuando viajó a Kenia en su famoso safari de 1909 les visitó en su campamento junto al monte Kenia y abatió dos elefantes para el Museo Nacional de Washington.

De regreso al África oriental británica reunieron a su equipo de porteadores y guías nativos en Nairobi y comenzaron el viaje por las llanuras pobladas de ñus, cebras y antílopes. Los safaris de los Akeley no eran un pasatiempo como para los clientes millonarios que recorrían entonces África en busca de trofeos y aventuras. Había que rastrear a diario polvorientos caminos, permanecer largas horas al acecho en silencio bajo un calor insoportable y en ocasiones escondidos en reducidos escondrijos hasta la noche. Después, si se conseguía dar caza al animal había que desollarlo y curar las pieles para su conservación. Los riesgos que corrían eran grandes, podían ser atacados por una fiera salvaje al menor descuido o ser abandonados a su suerte por los porteadores.

En su segunda aventura africana todo fue bien hasta que Carl

Akeley cayó gravemente enfermo a causa de una meningitis. No gozaba entonces de buena salud, los continuos y violentos ataques de malaria le habían dejado muy débil y ahora se veía obligado a guardar reposo en su tienda de campaña. En medio de la sabana, a cientos de kilómetros de Nairobi, Delia se convirtió en su enfermera cuidando de él día y noche. Su esposo se negaba a regresar a la ciudad para recibir asistencia médica, sólo quería seguir con la expedición y conseguir los anhelados elefantes para el museo. El viaje de los Akeley se fue alargando más de la cuenta y tuvieron que vender su granja a las afueras de Nueva York para poder continuar con sus proyectos.

Las cosas se complicaron más cuando Carl, que aún estaba convaleciente, estuvo a punto de perder la vida en un grave accidente de caza. Una mañana salió temprano del campamento base para tomar unas fotografías de un grupo de elefantes que había visto cerca de un río. Delia se quedó con los porteadores trabajando en una colección de conchas que tenía que enviar al museo. Pasaron tres angustiosos días y no tuvo noticias de su marido, hasta que una noche se presentaron dos *boys* y le dijeron que el jefe blanco había sido atacado por un elefante. Sin pensarlo un instante seleccionó a los veinte hombres más fuertes del campamento —a los que sacó literalmente a la fuerza de sus tiendas— preparó su botiquín, una improvisada camilla y les pidió que la llevaran junto a su esposo. La exploradora tardó un buen rato en convencer a los nativos para que partieran con ella sola en medio de la noche, pero debió de ser muy persuasiva porque finalmente la siguieron.

Delia había tomado una decisión muy audaz, en cualquier momento alguno de sus hombres podía matarla si se sentía amenazado por un león o por el intenso frío de la noche. Aun así sacó fuerzas para seguir adelante y durante varios días buscó desesperada algún rastro de su marido. Por las noches, como confesaría en una ocasión, tuvo que atar a los porteadores más rebeldes para que no la abandonaran. Cuando ya había perdido todas las esperanzas y se disponía a regresar disparó tres tiros al aire y escuchó por fin la respuesta, Carl se encontraba no muy lejos de allí gravemente herido. Tenía un profundo corte en el cuero cabelludo, va-

rias costillas fracturadas y un pulmón perforado. Al parecer estaba fotografiando a un gran macho cuando éste cargó repentinamente contra él, Carl agarró el rifle para defenderse y se le encas-
quilló; si pudo salvar la vida fue porque se agarró a sus poderosos
colmillos y salió lanzado al aire varios metros hacia atrás. Los
porteadores, en su mayoría supersticiosos kikuyus, huyeron despavoridos porque creían que había muerto y ellos nunca tocaban
los cadáveres. Delia le curó las heridas superficiales y mandó llamar a un médico de una misión escocesa cercana para que le
atendiera con más medios. Su esposa le había salvado la vida y
durante los tres meses siguientes se convirtió en su enfermera,
asumió la dirección del safari y cazó antílopes y aves para alimentar a los setenta hombres del campamento.

Carl Akeley tuvo más suerte que otro célebre naturalista suizo,
Bernard de Watteville, que en 1923 recorrió la región del lago Victoria con su hija Vivienne de sólo veinte años de edad, en busca de
grandes especímenes para el Museo de Berna. Vivienne era una
buena cazadora aunque en los safaris sólo se dedicaba a la limpieza, curado y preservación de las pieles. En sus relatos de viaje la
joven recordaba la dificultad de conseguir una buena piel de elefante o de un cocodrilo de cinco metros de largo, al que había que
sacar del agua una vez muerto con ayuda de treinta hombres. La
historia de Vivienne es trágica porque en uno de aquellos safaris
perdió a su padre. Bernard fue atacado por un león mientras ella
descansaba en el campamento. El explorador consiguió llegar
hasta su tienda con el cuerpo ensangrentado y las ropas destroza-
das. Durante tres horas interminables Vivienne intentó curarle las
heridas pero eran demasiado graves y falleció aquella misma noche. La joven, de aspecto tímido pero muy decidida, tomó el mando de la expedición con la idea de acabar el trabajo de su padre.
En los meses siguientes en compañía de un grupo de masais cazó
un búfalo, varios ciervos y hasta un rinoceronte blanco. Tras esta
experiencia y ya de regreso a su país descubrió que se había enamorado de la vida salvaje africana. Cuatro años después regresaría sola a Kenia, sin rifles y en la única compañía de sus libros, sus
cámaras de fotos, sus libretas de notas, sus prismáticos, un gra-

mófono, provisiones de té y su pequeña perrita Siki. «Antes viajé con mi padre al África oriental para cazar ejemplares para las colecciones del Museo de Berna, pero mi sueño era escaparme a la selva, sin armas y sin planes de antemano y conseguir ganarme la amistad de los animales salvajes», escribiría en una carta a unos amigos suizos. Sus libros sobre Kenia son un canto a la libertad y a la soledad en las sabanas africanas.

Un mono llamado J. T.

Si a Mary Kingsley los gorilas que tuvo ocasión de ver en las selvas de Gabón le parecieron «los animales salvajes más horribles», a la señora Delia Akeley siempre le fascinaron los primates. Al inicio de su segundo y azaroso viaje africano mandó a unos porteadores que capturaran en el río Tana a un pequeño mono vervet, juguetón y muy descarado, que se convirtió en su mascota y lo bautizó como J. T. Delia quería demostrar que podía comunicarse con él y que estos monos salvajes eran más limpios y nobles que los que se encontraban en cautividad. Aunque nunca pensó en llevárselo a Estados Unidos le cogió tanto cariño que se lo quedó. La exploradora, algo excéntrica, contrató a un niño suajili de nueve años como *boy* del mono y le vistió como un paje con un fez de color rojo, traje de safari y un collar de cuentas al cuello. Le pagaba un dólar al mes para que atendiera a J. T. y a cambio el impertinente animal le hacía mil y una trastadas. Delia nunca castigó al mono porque quería estudiar su comportamiento natural entre los humanos sin condicionarlo por los castigos. Así J. T. fue creciendo como un niño consentido y se fue tomando cada vez más confianzas con su protectora.

En noviembre de 1911 los Akeley regresaron a Nueva York y se instalaron en un amplio apartamento cerca de Central Park, en Manhattan. Allí Delia destinó una habitación a su querida mascota aunque a su esposo le disgustaba la presencia de «esta criatura ruidosa, malvada y destructiva» como él la definía, que destrozaba cortinas, alfombras y vestidos con igual pasión. El explorador empezó a preparar su gran exhibición en la sala dedicada a África del Museo de Historia Natural de Nueva York, lo que le permitía pasar muchas horas fuera de casa y no tropezar con el indeseado inquilino.

Durante nueve largos años J. T. fue «el niño mimado» de la señora Akeley aunque por entonces ya había crecido y sus juguetones mordiscos resultaban muy peligrosos. En una ocasión el mono le mordió en el tobillo con tan mala suerte que tuvieron que operarla y como no quiso dejarle solo fue intervenida en el salón de la casa, según cuenta la escritora Elisabeth Fagg Olds en su divertida biografía sobre la exploradora americana. Permaneció en la cama tres meses recuperándose y después otros tantos caminando con la ayuda de un bastón. Más tarde recibió otro mordisco en la muñeca y Delia admitió entonces que J. T. era demasiado peligroso para vivir en familia y con todo el dolor del mundo lo envió al zoológico de Washington D.C. Como ella misma reconocería la influencia de este animal en su vida fue tremenda: «Abandoné la vida social, no salía con los amigos y sólo estaba dedicada a la observación de esta pequeña e interesante criatura». En 1928 publicó un libro titulado *J. T., The Biography of an African Monkey* (J. T., biografía de un mono africano), donde aseguraba, anticipándose treinta años a Jane Goodall, que los primates tenían su propio lenguaje y podían comunicarse con los humanos.

Si bien el mono J. T. no fue el único culpable de que Carl se fuera distanciando de Delia, sí tuvo mucho que ver. Desde que el caprichoso animal llegó a su casa la viajera apenas pisaba la calle. Pero hubo algo más, Carl Akeley había conocido en 1921 a Mary Jobe, una curtida exploradora americana de cuarenta y cinco años que ya tenía a sus espaldas cerca de diez expediciones a las montañas rocosas de Canadá y era miembro de la Real Sociedad Geográfica de Londres. Carl encontró en ella a una magnífica socia y se convirtió como Delia en su asistente más eficaz. En 1923 los Akeley se divorciaron y un año después el investigador se casaba con Mary y comenzaban a planear la que sería su última gran expedición a África. En esta ocasión Carl quería completar la sala de mamíferos africanos del Museo de Historia Natural de Nueva York con nuevos ejemplares y visitar a los exploradores Osa y Martin Johnson contratados por el museo para filmar la fauna africana en Kenia y Tanzania. La luna de miel de los Akeley duraría poco ya que en 1926 cuando llegaron al Congo belga y se encontraban visitando el santuario de los gorilas en los montes Virunga, Carl murió repentinamente de neumonía. El hombre que persuadió al gobierno belga a crear el Parque Nacional Alberto para la protección de los últimos gorilas de montaña fue enterrado junto a ellos en las praderas de Kabara a los pies del monte Mikeno. Mary Jobe continuó sola al frente de la expedición y capturó con la ayuda de guías nativos los ejemplares que faltaban para completar la gran sala africana del museo que su marido nunca vería acabada.

Mary Jobe regresó a EE.UU. tras la inesperada muerte de su esposo y los responsables del museo de Nueva York le pidieron que siguiera con los proyectos y estudios iniciados por Carl Akeley. Este encargo fue un duro golpe para Delia que pensaba que ella había aportado mucho al museo de Nueva York —incluidos los ejemplares más importantes y largas horas de trabajo— y provocó una gran enemistad entre las dos mujeres que duraría hasta el final de sus vidas. Además Carl en su testamento nombró heredera universal de su obra a su segunda mujer con la que apenas había vivido cuatro años. Fue una etapa muy dura para Delia que se sentía «maltratada» por todos. Nadie parecía recordar cómo ella había contribuido a los éxitos profesionales de su esposo y se sentía rechazada por una sociedad que consideraba el divorcio como un escándalo. Sin embargo el destino quiso que la obra que Carl Akeley comenzó fuera acabada con gran éxito y de manera independiente por sus dos emprendedoras mujeres; ambas tras su muerte regresaron a África para capturar nuevos especímenes y seguir estudiando su rica vida salvaje.

Así que cuando el Museo de Artes y Ciencias de Brooklyn en 1924 le pidió a Delia que viajara de nuevo a África y consiguiera más ejemplares para sus salas, no lo dudó un instante y se preparó para una larga y dura expedición. Como el museo sólo podía financiar una parte del safari, pues los fondos no llegaban a más, se equipó en tiendas de Londres especializadas en ropa del ejército de segunda mano. Por aquella época vestía prácticas y masculinas prendas de safari, saharianas de color claro, chalecos de grandes bolsillos, pantalones bombachos y botas de cordones altas hasta las rodillas. La delicada ropa interior de seda que usó en sus primeros viajes africanos demostró no ser muy práctica en las húmedas selvas tropicales.

En agosto de 1924 una Delia Akeley rejuvenecida partió desde Nueva York a Londres, allí se quedó unos días ultimando los detalles de su viaje. Embarcó en un correo francés rumbo a Mombasa en el océano Índico adonde llegó un mes después tras una movida travesía. Delia quería organizar su expedición como una caravana clásica del siglo XIX y una vez en tierra firme contrató a un pequeño grupo de porteadores suajilis y varios burros para transportar su pesado equipaje, las tiendas y sillas de campaña, los instrumentos de cocina, el equipo fotográfico, los víveres para varios meses de viaje y algunos caprichos como su bañera plegable de caucho. Los africanos no aceptaban de buen grado que una mujer blanca les diera órdenes y tampoco confiaban en su fuerza para defenderles en caso de algún peligro. Sólo cuando vieron el coraje y la puntería que tenía la señora Akeley con su rifle comenzaron a respetarla.

Tras varios días de marcha por las desiertas llanuras keniatas llegó al río Tana, que tuvo que remontar en canoa para seguir con la búsqueda de los animales que le había encargado el museo. Viajó en compañía de cinco canoas y un grupo de expertos remeros que mientras navegaban cantaban bien alto y alegres. Delia se enteraría mucho después de que aquellos hombres con sus cantos avisaban —como el mejor tam-tam— a los poblados de su inminente llegada. La letra de las canciones hablaba de una mujer blanca que viajaba sola en busca de elefantes y como les encantaba exagerar más parecía que acompañaban a la reina de Saba a su encuentro con el rey Salomón. Las mujeres africanas acudían a las orillas envueltas en sus mejores telas y los músicos tocaban sus flautas y tambores. En cada aldea que se detenía la comitiva le obsequiaban con una baile en su honor y cestas de frutas tropicales. Delia era una auténtica atracción para los indígenas, era para muchos la primera vez que veían a una mujer con pantalones y el pelo blanco, algo que les llamaba poderosamente la atención. La bautizaron con un nombre nativo que traducido significaba «la mujer vieja en un cuerpo joven».

El viaje por el río Tana duró diez largas semanas durante las cuales Delia se mantuvo todo el tiempo ocupada cazando, conservando las pieles, tomando fotografías y revelando los negativos. Por la noche en su tienda, a la luz de un quinqué, escribía en su diario a lápiz las impresiones del día, como la poca comida de que disponían y la falta de higiene que la rodeaba. «Mis porteadores no lavan sus ropas sucias así que tienen chinches, pulgas, garrapatas... y me ocupa casi medio día mantenerme yo misma libre de estos parásitos ya que los hombres tienen que estar todo el día manejando mis cosas. Keroseno, yodo, sal, cenizas de cigarrillo son sustancias que utilizo en gran cantidad y aun así no hay quien se libre de estas malditas criaturas...», anotaría el 21 de noviembre de 1924 a orillas del Tana.

A pesar de todos los contratiempos Delia intentaba viajar lo más confortablemente posible y con un cierto estilo, le gustaba ser recibida con todos los honores por los jefes locales, intercambiar regalos a lo largo de interminables ceremonias y sacarse fotos junto a ellos. Como la comida de la que disponían era muy escasa y mala y a punto estuvo de morir envenenada por probar un alimento en mal estado, aprendió a hacer pasteles y pan en un horno de barro. Su único lujo posible en aquella dura travesía por la selva era al anochecer cuando uno de sus *boys* le preparaba un buen baño caliente en su querida bañera.

Finalmente Delia llegó exhausta al puesto militar británico en San Kuri, donde los rápidos impedían seguir la navegación por el río Tana. Tras disfrutar unos días de la hospitalidad de los oficiales, más descansada y con un nuevo grupo de porteadores, se lanzó a cruzar el desierto somalí a lomos de camello dirigiéndose hacia Abisinia, en la actual Etiopía. Muy pocos viajeros blancos habían atravesado esta remota región debido a la presencia de las enemigas tribus somalíes. Delia viajaba de noche para evitar el sofocante calor del día, cazaba por las tardes o al alba y no tuvo ningún percance durante los tres meses que tardó en alcanzar el puesto militar de Muddo Gashi. Cuando llegó los soldados no daban crédito al ver que una mujer sola hubiera llegado viva hasta allí; el día anterior unos somalíes habían matado a uno de sus hombres y le prohibieron a Delia continuar más adelante.

La exploradora cambió su idea inicial de viajar al interior de Abisinia y se dirigió con su caravana hacia Meru, cerca del monte Kenia. Desde allí continuó en un camión hasta Nairobi donde pudo por fin enviar su colección de ejemplares a América. Una vez liberada de su encargo, decidió buscar una tribu primitiva que hubiera tenido poco contacto con los blancos y estudiar sus costumbres más ancestrales.

Cazando con los pigmeos

Delia Akeley sabía que en Kenia y en Uganda iba a ser muy difícil encontrar tribus aisladas y auténticas. Los masais y los kikuyus ya habían tenido mucha relación con los europeos, así que tomó la decisión de viajar al interior del Congo belga, el antiguo Zaire. Sus amigos de Nairobi intentaron disuadirla, el Congo era un país de clima insano y peligrosas selvas habitado por caníbales y brujos; no le iba a resultar nada fácil encontrar a los huidizos pigmeos que trataban de evitar cualquier contacto con el exterior.

Sin escuchar a nadie Delia se puso en marcha y tomó el tren que unía Kenia con Uganda en dirección a Kisumu, junto al lago Victoria. Desde la ventanilla la exploradora pudo contemplar las interminables llanuras del Tsavo pobladas de cebras y gacelas que tanto impresionaron a famosos viajeros como Ernest Hemingway o la escritora Karen Blixen. Por entonces ella también se sentía atrapada por el romanticismo de África y al llegar a Kisumu envió varios telegramas a los periódicos de Estados Unidos —que la creían muerta— describiéndoles sus aventuras en el río Tana y el desierto somalí. En una carta a un editor le decía: «Hice la primera parte de mi viaje en cayuco, viajando tierra adentro desde el océano Índico remontando el río Tana. Cacé en la maleza a lo largo de la orilla buscando elefantes y antílopes, conservando y curando yo misma las pieles. Hice muchas fotografías y revelé los negativos como pude. Compré camellos a los somalíes, una tribu nómada y poco amistosa, y continué atravesando la árida tierra del desierto entre el río Tana y Abisinia, avanzando siempre a la luz de la luna para evitar morir de insolación».

En el vapor que cruzaba el lago Victoria hasta llegar a Jinja, en Uganda, Delia conoció a un oficial sueco que le recomendó que se dirigiera hacia el norte del Congo belga, a las regiones de los ríos Ituri y Aluwini donde habitaban los mbuti, los pigmeos más pequeños de todos, que vivían aún en estado primitivo. Durante unos días la señora Akeley se dedicó a hacer turismo recorriendo lugares míticos como el lago Alberto y las espectaculares cataratas Murchinson antes de internarse en las sombrías profundidades de la selva.

Cuando Delia Akeley pisó por primera vez el Congo belga descubrió un África muy distinta a la que hasta ahora había conocido. Estos territorios habían sido poco explorados desde las penosas expediciones de Henry Stanley en 1870. En su camino sólo encontraría oficiales de la administración belga poco amistosos que no mostraron ningún interés en ayudarla y prefirió dormir al aire libre a tener que pernoctar en las miserables y sucias casas de descanso del gobierno que le ofrecían llenas de cucarachas y pulgas. Las escenas que tuvo ocasión de presenciar en su viaje por el norte del Congo no las olvidaría nunca: en las carreteras y vías de tren los africanos eran obligados a trabajar como esclavos a golpe de látigo. Delia, como su antepasada Mary Kingsley, criticaría abiertamente a los administradores belgas que vivían en confortables mansiones y no tenían ni idea de la rica y compleja cultura africana.

A finales del mes de marzo de 1925 la viajera y sus porteadores navegaron el río Epulu en una barcaza rumbo a la más impenetrable de las junglas del Zaire. No fue una travesía fácil, sus nativos se negaban a obedecerla, eran desconfiados y poco amistosos. Los veintiún años de terror —de 1885 a 1906— que vivió este país, bajo el mandato del rey de los belgas Leopoldo II, cuando era llamado Estado Libre del Congo, habían convertido a la mayoría de sus habitantes en acérrimos enemigos de los blancos. Delia había conseguido contratar con grandes dificultades a veinticinco nativos y a otros ocho más para que la transportaran en su *tepoy*, una silla colocada entre dos largueros de bambú donde viajaba cómodamente si el suelo se volvía intransitable a causa de las lluvias. Incluso en este viaje tan complicado no renunció a sus pequeños caprichos como un servicio de té de plata, una mantelería fina de lino blanco y su inseparable bañera plegable.

Cada día al atardecer los hombres encendían un fuego, montaban las tiendas y preparaban su comida en los pucheros. Delia prefería improvisar un tentempié porque ya había sufrido una intoxicación y desconfiaba de su cocinero que casi siempre estaba ebrio. En su diario de viaje anotaría: «Una tiene que sufrir mucho de las extrañas pócimas preparadas por los cocineros nativos y yo ya había sufrido las consecuencias de un envenenamiento por comida en mal estado mientras navegaba el río Tana y casi me cuesta la vida».

A medida que avanzaban el paisaje era cada vez más lúgubre y misterioso. En estas junglas tropicales de enormes helechos, lianas retorcidas y gigantescas ceibas la oscuridad resultaba inquietante. John Hunter, uno de los más importantes cazadores blancos del África oriental británica, en su biografía describía el ambiente de la selva a la que Delia se dirigía sola y sin escolta: «La verdadera selva es un lugar de embrujo, donde reina una perpetua penumbra, incluso cuando el sol está en lo más alto. En ella viven los diminutos pigmeos y tribus de caníbales junto con extrañas bestias que jamás se han visto en campo abierto». Hunter, como otros viajeros admiraba las técnicas de caza de los pigmeos, su habilidad para construir trampas invisibles. Era muy peligroso recorrer la selva del Ituri porque el suelo estaba sembrado de trampas cubiertas de hojas que ocultaban profundas fosas donde los pigmeos colocaban afiladas estacas envenenadas. Para llegar hasta los pigmeos había que dejarse conducir por guías que sabían esquivar estos pozos mortales.

Al igual que le ocurrió en el río Tana, Delia a su paso por el interior del Congo fue recibida con gran algarabía. Las mujeres y los niños salían de sus chozas cuando oían a los porteadores que anunciaban cantando la llegada de la mujer blanca y se quedaban totalmente impresionados al verla desembarcar sola. En cada parada se veía rodeada de gente que quería tocarla o acariciar su larga cabellera blanca. Las ancianas eran las que mostraban más curiosidad hacia ella: «Eran las mujeres más viejas las que querían saber cosas como por qué tenía poco pecho o dónde estaba mi marido, o si estaba o no casada... Al final me di cuenta de que era muy difícil que entendieran mi situación de divorciada así que les dije en su idioma que tenía cinco hijos y me dejaron en paz».

La primera familia de pigmeos que conoció Delia se la trajo al campamento un amistoso y algo caradura sultán walese. La viajera les dio sal y tabaco pero para su sorpresa lo único que les llamó la atención fue un globo rojo que infló para jugar con los niños. Cuando se dispuso a fotografiarlos y vio que todos se ponían en línea recta posando con aire solemne ante la cámara comprendió que aquellos pigmeos ya estaban muy civilizados. Si quería encontrar a los auténticos «hijos del bosque» debería aún caminar muchos kilómetros por la húmeda selva. Se despidió del sultán y le pidió que un guía de su confianza la acompañara a las aldeas de pigmeos más remotas e inaccesibles.

Tras varios días de fatigosa marcha abriéndose paso a golpe de machete a través de la tupida vegetación se encontró por fin cara a cara con un grupo de mujeres pigmeo. Vestían apenas un pedazo de tela de corteza de árbol y cargaban en sus espaldas a sus hijos. Al ver a la viajera huyeron todas atemorizadas, era una buena señal: había llegado por fin al territorio de los mbuti. Antes de seguir avanzando Delia envió un mensaje a los jefes del poblado anunciándoles que su visita no era oficial y que traía magníficos regalos para todos. Con precaución siguió caminando guiada por unos nativos hasta que llegó a un claro de la selva. Allí había dispersas algunas pequeñas chozas en forma de colmena habitadas por hombres y mujeres de muy baja estatura —medían en torno a un metro treinta— que la observaban en silencio. Tuvo que armarse de mucho valor para acercarse al que parecía ser el jefe del poblado y sentarse junto a él. Al principio el hombre no se movió, ni siquiera levantó la mirada para observar a la recién llegada, pero tras unos minutos de tensa espera finalmente tocó la mano de Delia y le pasó una calabaza de vino de palma en señal de hospitalidad. A partir de este instante los pigmeos se mostraron muy amables con la viajera y se convirtieron en hospitalarios anfitriones dispuestos a mostrarle los secretos de sus bosques.

En aquella época los pigmeos que habitaban las selvas vírgenes del África ecuatorial atraían poderosamente la atención de los exploradores y antropólogos por su primitiva forma de vida. De ellos se sabía entonces muy poco y circulaban leyendas inverosímiles sobre sus orígenes y poderes mágicos. En los tiempos de los faraones los pigmeos o negrillos eran capturados más allá del Nilo Blanco y enviados a la corte en calidad de bufones para divertir a los reyes. Cuando en 1860 el excéntrico viajero Paul Du Chaillu recorrió las selvas de la actual Gabón y describió a unos hombres extraños y muy pequeños que habitaban esas tierras, nadie le creyó.

Durante los meses siguientes Delia Akeley habitó con los pigmeos en el bosque y se adaptó sin problemas a su vida nómada. Se sentía feliz a pesar del cansancio, las nubes de mosquitos y la excesiva humedad. Con su cámara de fotos plasmó la belleza de aquella jungla encantada llena de ardillas voladoras, loros chillones y diminutos pájaros de llamativos colores. Nunca había visto mariposas tan grandes y delicadas, orquídeas salvajes que colgaban de las lianas y árboles cuyas copas no alcanzaba su vista. Las anécdotas de su estancia en la selva del Ituri ocupan las páginas más divertidas de sus libros. Delia atraía poderosamente la atención de los pigmeos que no dudaban en meterse en su cama cuando ella dormía o en fisgar indiscretamente a la hora de su baño nocturno. En realidad sólo querían saber si el resto del cuerpo de la mujer era tan blanco como su cara y sus manos. La exploradora fue testigo de excepción de un tipo de vida que muy pronto desaparecería ante la masiva llegada de científicos dispuestos a estudiar a estos hombrecillos de los bosques africanos.

La viajera se instaló en una choza tradicional construida en forma de iglú con un armazón de ramas flexibles y recubierta con grandes hojas. Cuando comenzaron las lluvias torrenciales, muy abundantes en aquellas latitudes, descubrió con asombro que ni una gota de agua penetraba en su refugio. El abrupto terreno no le había permitido instalar su confortable y amplia tienda de campaña pero a los pocos días se acostumbró a dormir en estas cabañas sobre un jergón de hojas a ras del suelo. Por las mañanas, muy temprano, acompañaba a las mujeres pigmeo a través de las sendas abiertas por los elefantes a recoger frutos, recolectar miel y acarrear leña para hacer fuego. Se acostumbró a sus manjares predilectos como las termitas, orugas y saltamontes aunque siempre que podía prefería cazar ella misma algún pequeño antílope o jabalí. Por las noches se reunía con los hombres en torno a la hoguera cuyo fuego siempre mantenían encendido para combatir la humedad y alejar a los mosquitos. Algunos bebían vino de palma y otros fumaban marihuana en sus pipas de calabaza mientras los músicos tocaban sus flautas de bambú y tambores de piel de elefante. Delia les veía felices y saludables, se dio cuenta de que su pequeña estatura nada tenía que ver, como se pensaba entonces, con su deficiente alimentación.

Uno de los momentos más inolvidables para ella fue el día en que les pudo acompañar a cazar un elefante, una auténtica fiesta para la comunidad. El jefe le pidió antes de partir que se desnudara como ellos —algo que rehusó con amabilidad— pues el ruido de sus ropas entre la vegetación podía asustar a las presas. Los pigmeos tenían fama de ser astutos cazadores y magníficos rastreadores. Estos hombres de pequeña estatura eran capaces de matar con una jabalina a un enorme paquidermo cortándole los jarretes y clavando en su vientre un arpón con púas para que el elefante quedara empalado al caer. Después el jefe de la partida de caza cortaba su trompa y el animal moría desangrado. Delia les acompañó en varias ocasiones en sus cacerías y en una de ellas a punto estuvo de morir embestida por un elefante macho. Ocurrió que sus amigos pigmeos llevaban horas persiguiendo a un elefante herido y ella les pidió que la acompañaran de regreso al poblado. Los cazadores, excitados ante el festín que se les avecinaba, se negaron. Consiguió a duras penas seguir su frenética marcha hasta que de repente oyó el barritar de un elefante muy cercano y todos los pigmeos desaparecieron en un instante. La mujer se quedó sola y entre la maleza pudo ver dos grandes colmillos que se dirigían hacia ella. Por fortuna el viento estaba a su favor y el animal no la olió regresando con su manada. En otra ocasión encontraron un elefante muerto y los cazadores llamaron a su gente para que lo despiezaran. Tras varias horas de meticuloso trabajo no quedó ni un gramo de carne y los pigmeos encendieron una hoguera. Le pidieron a Delia que mantuviera el fuego mientras ellos descansaban un rato en el interior de la piel del animal recién abatido. Al ver que anochecía y tendría que dormir en el suelo húmedo de la selva la exploradora les lanzó piedras para despertarlos. Sólo consiguió que se movieran cuando gritó que había visto un leopardo y entonces a regañadientes la acompañaron a la aldea. Tras la captura de un elefante los pigmeos solían cambiar su carne por vino de palma o cerveza, y durante varios días permanecían borrachos durmiendo en sus chozas. Delia aprovechaba entonces para visitar otras tribus y fotografiar a los sultanes que posaban con sus característicos tocados de piel de gato salvaje y su rostro pintado con originales dibujos, rodeados de sus incontables esposas.

Una nueva vida

Cuando comenzó la época de lluvias Delia Akeley tomó la decisión de continuar su viaje rumbo a la costa atlántica. Se encuentra agotada, enferma y deprimida, le resulta muy difícil revelar su material fotográfico porque los negativos no se secan con la extrema humedad que reina en el ambiente. La exploradora escribe una carta a sus amigos que refleja su estado de ánimo: «Esta jungla es horrorosa, mórbida, insana y me temo que me está empezando a atacar los nervios. Sobre todo sufro por las noches, duermo en cabañas plagadas de hormigas, arañas, ratas, murciélagos y serpientes. Para trabajar dentro de ellas tengo que cubrirme con varias toallas para que los bichos no me ataquen y además tengo que revelar mis negativos en estas condiciones...». Aún le quedaban por delante muchos kilómetros de selva para poder alcanzar la aldea de Poko, en este instante veinte porteadores tuvieron que llevarla a hombros en su silla porque las altas hierbas y las ciénagas les impedían el paso. Desde esta aldea descubrió como un espejismo una carretera construida por los belgas donde cogió un autobús que la llevó a Niangara, en el río Uele.

Delia Akeley tuvo que pasar seis semanas en la remota aldea de Niangara mientras conseguía arreglar los permisos para importar munición y los productos químicos que necesitaba para su trabajo fotográfico. Sin embargo no perdió el tiempo, se dirigió a Bafuka donde el sultán le ofreció un guía para que la acompañara a cazar. Aún no sabía que en esta región del norte del Congo belga, muy cerca de la frontera con Sudán, habitaban tribus caníbales. En los días siguientes partió de safari con su pequeña expedición y pudo comprobar que el canibalismo era una práctica habitual: «El sultán envió un puchero con comida para mis *boys* y cuando me acerqué con la linterna para ver lo que era descubrí un antebrazo bien cocido. Como los nativos en la selva comen habitualmente mono creí que se iban a dar un festín. Pero para mi horror la siguiente pieza que descubrí fue una mano de buen tamaño que desde luego pertenecía a un ser humano. Me puse bastante enferma y lo peor es que descubrí que mis dos *boys* de confianza eran caníbales». Los encuentros de viajeros europeos con nativos aficionados a la carne humana ocupan muchas páginas en la literatura de viajes del siglo pasado. El propio John Hunter en su viaje a la selva del Ituri cuenta en su libro *El cazador blanco* cómo su cocinero había preparado un delicioso guiso del que dio buena cuenta porque estaba muy hambriento. Cuando el cazador quiso repetir uno de sus sirvientes horrorizado le dijo: «No, *bwana*, esta carne es tabú para usted». Al poco se enteró de que había comido «Makono», palabra indígena que designa a un brazo humano.

A diferencia de Mary Kingsley, a la que le gustaba bromear sobre los caníbales, Delia se quedó muy impresionada con su descubrimiento y nunca habló de este incidente en sus libros ni en las entrevistas que le hicieron a su regreso. Poco después cayó enferma en Bafuka a causa de las fiebres y durante varios días permaneció en la cama tal como recordaba en sus diarios sobre su expedición al Congo: «Cuando no estaba delirando podía oír al cocinero y a mi *boy* discutiendo cómo debían preparar mi cuerpo cuando muriera y cómo se iban a repartir mis pertenencias. Cada mañana uno de ellos entraba en mi tienda y me preguntaba educadamente si pensaba morirme ese día. Yo le contestaba que aún no lo tenía pensado...». Tras recuperarse del azote de la malaria, emprendió el regreso a casa por el camino más corto y rápido. Estaba muy desanimada y su idea original de atravesar el África ecuatorial francesa hasta el lago Chad y luego cruzar Nigeria hasta el río Níger y descenderlo hasta la costa se quedó en un sueño. Sabía que en el estado en que se encontraba podría perder la vida en cualquier momento o caer fatalmente enferma. La exploradora viajó en autobús desde Niangara hasta Stanleyville (hoy Kisangani) y desde allí en barco navegó el río Congo rumbo a Leopoldville (actual Kinshasa). Un tren la llevó finalmente a Boma, en la desembocadura del río Congo, adonde llegó el 3 de septiembre de 1925, había pasado casi un año desde que partió de la isla de Lamu y alcanzó la costa atlántica.

Cuando por fin la intrépida aventurera regresó a Nueva York descubrió satisfecha que su colección de animales —más de doscientos treinta ejemplares, algunos muy raros y apreciados— había llegado en perfecto estado al museo de Brooklyn. Los periódicos siguieron muy de cerca sus hazañas africanas y Delia se convirtió en un personaje muy admirado por el público americano. En las conferencias de prensa contaba sorprendentes anécdotas, como la visita que hizo a un brujo local en el Congo pintada totalmente de negro y vestida como una nativa.

En los siguientes cuatro años, antes de su nueva expedición africana, se dedicó a publicar por primera vez libros e infinidad de artículos en la prensa. El periódico *The New York Times* la describió como «una mujer encantadora y esbelta, de voz agradable y piel delicada que cazaba leones y parecía una duquesa...». En este tiempo escribió la famosa biografía de su mono J. T. y dedicó el libro a la memoria de su ex marido, Carl Akeley «cuya vida compartí durante muchos años y que supo comprender y amar igual que yo a este mono». Toda una ironía cuando se sabía que el célebre científico acabó odiando al impertinente primate y obligó a su esposa a entregarlo al zoológico.

Delia volvió por última vez a África en 1929 para seguir estudiando a los pigmeos del Congo belga. Antes de partir recibió un buen número de cartas de entusiastas mujeres que querían acompañarla en su safari, pero prefirió partir sola. En aquel viaje no llevó un diario pero se sabe que entró por Sudán, llegó a Jartum y desde allí en un vapor remontó el Nilo hasta Rejaf para cruzar al Congo belga en autobús. Se instaló en Avabuki, un antiguo puesto gomero junto al río Ituri que se convirtió en su centro de operaciones. Durante cinco meses filmó miles de metros de película sobre las tribus pigmeas de la zona y realizó más de mil quinientas fotografías. Pudo además recoger un buen número de herramientas, ornamentos y armas primitivas que los nativos le entregaban a cambio de que se cepillase delante de ellos su larga cabellera blanca que consideraban un auténtico talismán.

Sin embargo en este viaje Delia Akeley no pudo encontrar a sus amigos pigmeos del río Ituri y mostrarles las fotos que les había hecho. Parecía que la tierra se hubiera tragado a los alegres mbuti con los que compartió experiencias únicas como la peligrosa caza del elefante. No había elegido la mejor época para visitarlos y las lluvias torrenciales la obligaron a regresar. Tras este viaje comenzó a escribir su libro *Among the Pigmies in the Congo Forest* (Entre los pigmeos en la selva del Congo) y no paró de dar conferencias por Estados Unidos. *The New York Times* le dedicó en 1930 una página entera de su periódico donde se publicaron sus fotografías de los pigmeos y se reconocía el valor de esta mujer americana que había realizado cuatro grandes expediciones a África y explorado sola el misterioso Congo belga. También se convirtió en miembro distinguido de la Sociedad de Mujeres Geógrafas desde donde animó a otras féminas a estudiar tribus primitivas y a liderar safaris en solitario.

Delia se sentía querida por el público pero era consciente de que la comunidad científica no la tomaba en serio. Mientras, su «contrincante» Mary Jobe Akeley no había perdido el tiempo. Tras dos años de matrimonio con Carl y apenas unos meses de expedición en África se la consideraba una autoridad sobre la obra del célebre explorador americano. Los artículos que aparecían en las más prestigiosas revistas científicas siempre mencionaban el valor de su segunda esposa pero nunca los méritos de Delia, que le ayudó mucho en sus inicios.

Cuando ya pensaba visitar a otras tribus de pigmeos en remotos rincones del mundo se encontró por azar con un viejo amigo al que había conocido en Chicago, el médico viudo Warren G. Howe y al poco tiempo decidió casarse con él. Delia tenía sesenta y cuatro años —que nunca aparentó— y era aún una inquieta y elegante mujer. Tras su inesperada boda se marcharon a vivir a una hermosa granja que su esposo tenía en Vermont. Finalmente la valiente señora Akeley cambió las lejanas selvas africanas por una vida cómoda y mucho más segura. En invierno viajaban a su mansión de Captiva, en Florida, donde Delia se dedicada a escribir, cuidar de su jardín y dar paseos. Cuando el doctor Howe falleció en 1951, ella se trasladó a un lujoso hotel de la playa de Daytona donde vivió hasta el final de sus días. Murió apaciblemente a la edad de noventa y cinco años y poco antes quiso reencontrarse con su familia e invitó a un sobrino y a las hijas de éste a que la visitaran. Era ya una frágil anciana que andaba con la ayuda de un bastón debido al mordisco de su adorado J. T. pero aún tenía una memoria prodigiosa y le gustaba recordar sus hazañas en África. La chica rebelde que se escapó de casa con trece años y las manos vacías, dejó a su familia una herencia de un millón y medio de dólares, y el legado de sus valiosas colecciones de animales en los museos más importantes de Estados Unidos.

OSA JOHNSON

Filmando en el Paraíso
(1894-1953)

Toda nuestra vida ha sido una búsqueda de lo inesperado, de lo desconocido, y sobre todo de la libertad. La búsqueda de este tesoro escondido al pie del arco iris, y poco importa si no lo hemos encontrado; buscándolo hemos hecho de nuestra vida la más bella de las aventuras.

MARTIN JOHNSON,
del prólogo de su libro *Over African Jungles*
(A través de la selva africana), 1935

Osa Johnson se convirtió en una estrella de Hollywood el 21 de julio de 1918 cuando se estrenó en Nueva York su primera película rodada en los Mares del Sur. Su esposo Martin tuvo la genial idea de incluir en el film algunas escenas donde se la veía sonriente junto al jefe caníbal Nihapat y sus fieros guerreros desnudos. En aquellos años del cine mudo donde el público reía las gracias de Charles Chaplin y las mujeres suspiraban por su galán Rodolfo Valentino, la irrupción en las pantallas de una película rodada enteramente en exóticos escenarios naturales y protagonizada por una mujer que se enfrentaba sola a todo tipo de peligros, causó una revolución.

Martin Johnson acababa de encontrar un auténtico filón cinematográfico. Osa se convierte, gracias al talento del gran cineasta, en una heroína de carne y hueso para el público americano. Su feminidad, la naturalidad que mostraba ante las cámaras, su fotogenia y extraordinario coraje hacen que miles de mujeres americanas la consideren un ídolo y sueñen con parecerse a ella. Era la chica rubia en el corazón del mundo salvaje, «la bella y la bestia» un cliché que el cine de Hollywood explotaría hasta la saciedad años más tarde en películas como *King Kong* o *Tarzán*. Pero el valor y la tenacidad de esta risueña muchacha de Kansas convertida en la más glamurosa de las exploradoras no eran ficción. En todas sus expediciones africanas Osa Johnson, armada con su rifle, era la encargada de cubrir las espaldas a Martin cuando filmaba a los leones en medio de la sabana y en el campamento ella salía a cazar a diario para alimentar a sus porteadores. En medio del desierto africano, en su refugio de lago Paraíso, sería capaz de crear un confortable hogar y ejercer de ama de casa durante cuatro años mientras su esposo rodaba magníficas escenas de la vida de los elefantes.

El escritor Ernest Hemingway dijo en una ocasión: «Ese continente al que llaman "continente negro" dejó de serlo cuando los Johnson nos lo mostraron lleno de luz en sus extraordinarias imágenes». Nadie como Martin, siempre con la ayuda de Osa, supo retratar la belleza y la fuerza de la vida salvaje africana. Fueron los pioneros del documental y aún hoy sus imágenes en blanco y negro emocionan porque nos muestran un África legendaria que ya ha desaparecido. «África el día de la Creación», diría Osa Johnson extasiada la primera vez que pisó Kenia en 1921 y pudo contemplar las manadas de cebras, antílopes, jirafas y elefantes desfilar ante sus ojos. «Hemos dedicado toda nuestra vida a retener lo que todavía había de belleza en la naturaleza y los animales salvajes. Nuestras imágenes serán un testimonio cuando toda esta grandeza desaparezca», confesaba la estrella de la gran pantalla poco antes de morir en Nueva York cuando ya era una leyenda. No hubo una pareja de exploradores y aventureros como los Johnson tan unidos que compartieran los mismos sueños, peligros y afán de libertad. Quizá Samuel Baker y su amante Florence von Sass, que pasearon con igual intensidad su amor por el corazón de África y protagonizaron alguna de las aventuras más extraordinarias en la época de las grandes exploraciones.

Los amantes de la aventura

Osa nació en 1893 en Chanute, Kansas, y era hija de un empleado de la mítica compañía de ferrocarriles de Santa Fe. Los primeros años de su vida en aquella apacible ciudad del oeste americano en nada presagiaban el futuro de peligrosas aventuras que compartiría junto a Martin Johnson. A los dieciséis años las fotos de su álbum familiar nos muestran a una muchacha bajita —poco más de metro y medio de estatura—, algo rolliza, de mirada pícara y siempre risueña. Como todas las jóvenes de su edad soñaba en casarse con un buen hombre, tener una casa y fundar una familia numerosa.

El inquieto Martin era el polo opuesto a Osa. Este hijo de emigrantes suecos que vivía en la localidad vecina de Independence antes de cumplir los dieciséis ya se había escapado de casa varias veces y lo habían expulsado del instituto. En la tienda de su padre, un comerciante que vendía artículos fotográficos, Martin se inició en la que sería su gran pasión, la fotografía. Con los primeros ahorros que consiguió trabajando de botones y como fotógrafo itinerante se embarcó en un buque mercante rumbo a Londres. Tenía dieciocho años y un dólar en el bolsillo, lo suficiente para descubrir que no había nada más interesante en la vida que viajar a lugares remotos. Un buen día se enteró de que el famoso escritor norteamericano Jack London estaba preparando un viaje alrededor del mundo en su barco, el *Snark*. El novelista, que fallecería en 1916 a la edad de cuarenta años, era un incansable aventurero que a lo largo de su vida había sido marinero, buscador de oro en Alaska y corresponsal de guerra. El joven Martin lo admiraba más que a nadie y soñaba con llegar tan lejos como él. Ahora se le ofrecía la oportunidad de trabajar a su lado y no pensaba dejarla escapar. Ni corto ni perezoso Martin le escribió ofreciéndose para acompañarle y a los pocos días le llegó un telegrama de tan sólo cinco palabras que decía así: «¿Sabe usted cocinar?, Jack London». Aunque sus dotes culinarias eran más bien escasas, respondió con un rotundo «Sí».

En abril de 1907 el *Snark* partía de la bahía de San Francisco rumbo a los Mares del Sur en una travesía legendaria que ocupa-

ría las páginas de todos los periódicos del mundo. En los meses siguientes Martin, que tenía veintitrés años, recorrería Hawai, Tahi-
tí, Bora Bora, las Fidji, Nuevas Hébridas y las islas Salomón. Un
nuevo mundo se abría ante sus ojos y lo retrató con su cámara de
fotos. El barco en poco tiempo se convirtió en un hospital, las
enfermedades, las tormentas tropicales y el agotamiento casi aca-
ban con la tripulación. Regresaron exhaustos a finales de 1908;
los siete años previstos de aventura se habían reducido a un penoso periplo de poco más de un año. De nuevo en Independence
Martin se refugió en su tienda de fotografía, pero estaba decidido
a regresar a las islas del Pacífico y continuar su aventura.

Fue un amigo quien le animó a que proyectara en un teatro de
la ciudad de Kansas las imágenes de la travesía del *Snark*. El local
se rebautizó como Snark Theatre y su interior fue decorado como
un barco. El 3 de noviembre de 1909 el espectáculo itinerante *Viaje por los Mares del Sur con Jack London* comenzaba su andadura.
Martin explotaría hasta la saciedad en sus exhibiciones el nombre
de quien fuera su maestro, Jack London. En la función las impactantes imágenes de caníbales e islas desiertas proyectadas en una
gran pantalla se alternaban con números musicales. En 1910 Osa
viajó a Independence invitada por su amiga Gail Perigo que actua-
ba como cantante en el espectáculo del Snark. Así fue como conoció a Martin y aunque en un principio no se sintió muy atraída
hacia él, le sorprendió lo famoso que era en su ciudad donde lo
trataban como a un héroe. En las semanas siguientes Martin visitó varias veces a Osa en su casa familiar de Chanute y la pareja
tuvo ocasión de descubrir que tenían más cosas en común de las
que imaginaban. La muchacha, que hasta el momento no conocía
más mundo que el de esa ciudad de la América profunda donde
había nacido, escuchaba embelesada al apuesto fotógrafo de viajes que le hablaba de islas solitarias donde se realizaban sacrificios humanos.

Cuando Gail Perigo se casó con Dick Hamilton, operador del
teatro Snark y amigo de Martin, éste le propuso a Osa que ocupara el puesto de su amiga en el espectáculo. Con dieciséis años la
muchacha se subió por primera vez a un escenario para cantar

unos himnos acompañada al piano. Aunque no se sabía la letra tenía una voz muy potente y se sorprendió a sí misma venciendo su timidez ante una sala repleta de público. Ahora Osa ya sabía lo que quería ser en realidad, una glamurosa actriz de la gran pantalla. Si entonces alguien le hubiera dicho que en pocos años se convertiría en una aclamada estrella de Hollywood, que su nombre brillaría en rótulos de neón en los cines de Broadway, no lo hubiera creído.

Aquel mismo día en que Osa debutó como cantante Martin le pidió en matrimonio. En su ameno libro de memorias *Casada con la aventura*, Osa recordaba que tras la representación Martin la acompañó a coger el tren de regreso a casa y mientras esperaban sentados en un banco de la estación le preguntó: «¿Te casarás conmigo?» y ella tras un silencio le respondió «Sí». Claro que el impetuoso Martin se refería a casarse al día siguiente sin notificárselo a sus respectivas familias. Martin tenía veintiséis años y a Osa aún le faltaban unos meses para cumplir los diecisiete. Tras una precipitada ceremonia donde la novia se casó con el mismo traje que llevó para actuar en la función del teatro, los Johnson partieron en tren a la ciudad de Kansas. Como Osa era menor de edad su precavido esposo decidió que era conveniente volverse a casar en otro estado para que su suegro no pudiera anular el matrimonio. A regañadientes Osa volvió a dar el «sí quiero» esta vez en Missouri y de ahí viajaron a Chanute para comunicárselo a la familia. No hubo problemas, los señores Leighty, padres de Osa, estaban encantados de tener a un yerno como Martin. Aún no sabían que entre los ambiciosos proyectos del joven fotógrafo figuraba organizar una nueva expedición al Pacífico y que su hija le acompañaría.

Tras la boda, la pareja comenzó a hacer planes aunque bien distintos. Martin soñaba con dar la vuelta al mundo y completar el viaje inacabado de Jack London, Osa con adquirir una parcela en Kansas para construir una casita con jardín donde ver crecer a sus retoños. Cuando su esposo le dijo seriamente que no iba a echar raíces en ningún sitio, que pensaba vender los regalos de boda y los muebles si hacía falta para pagar sus billetes, Osa sólo le preguntó: «Cariño, donde pretendes ir, ¿hay caníbales?». Como aún les faltaba mucho para reunir los cuatro mil dólares que necesitaban para su proyecto, siguieron con su espectáculo itinerante a lo largo y ancho de Estados Unidos. Martin enseñó a su esposa a cantar y bailar canciones hawaianas para amenizar las proyecciones del Snark. El público cayó rendido ante el encanto y la simpatía de esta chica de provincias que se movía en el escenario como «un auténtico torbellino». En una foto de aquella época se ve al matrimonio Johnson en Colorado cargados de pesados baúles y maletas a punto de iniciar su gira. En ocasiones para anunciar su espectáculo se vestían con sus mejores trajes y desde un coche tirado por caballos saludaban a los transeúntes y les invitaban a su show. Durante siete años recorrieron pueblos perdidos y polvorientos de Canadá, Nueva York y Chicago durmiendo en míseros hoteles y viajando en coches destartalados y vagones de segunda. Nunca se quejaron y cuando consiguieron ahorrar el dinero que necesitaban partieron rumbo a las islas Salomón, las más peligrosas de los Mares del Sur.

En el mes de julio de 1917 los Johnson embarcaban en un buque de carga en la bahía de San Francisco. «Una locura, decían nuestros amigos, vais a perderlo todo, hasta la camisa, repetía mi padre, y mi madre estaba convencida de que moriríamos de fiebres o en una olla hervidos, o peor, que los caníbales nos comerían crudos», comentaba Osa con humor. En aquella ocasión su equipaje era muy reducido en comparación con el que llevarían años después en sus famosas expediciones por África. Viajaban con una cámara de manivela, dos cámaras fotográficas con placas, el rifle de Jack London regalo de su esposa Charmain, dos revólveres automáticos y apenas dos mil metros de película para filmar. El presupuesto no daba para más y Osa metió en su maleta un traje de lana fina, un vestido de algodón, unas botas altas, unas cuantas camisas, un chubasquero y ropa interior. Cuando Martin cerró uno de los baúles se dio cuenta de que su esposa había metido dentro una lata de levadura y un saco de harina.

Aquellas islas esparcidas en el inmenso Pacífico adonde se dirigían los Johnson hacían volar como antaño la imaginación de los viajeros. En los atolones rodeados de aguas color turquesa habita-

ban tribus cazadoras de cabezas y antropófagos que apenas habían tenido contacto con el hombre blanco. «Estábamos decididos
a demostrar al mundo la existencia de caníbales ya fuera en fotografías o filmados. Plasmaríamos en imágenes su vida cotidiana, y
con un poco de suerte, un verdadero festín caníbal», diría una entusiasta e ingenua Osa Johnson. El capitán Trask, al mando del
barco, era un tipo autoritario y solitario lobo de mar que ya había
acompañado a Jack London por aquellas temidas regiones. Tras
una serie de escalas en Honolulu, Samoa y Pago Pago llegaron finalmente a Sidney, en Australia. Allí los Johnson cambiaron de
barco y subieron a un pequeño vapor que les dejaría en las islas Salomón, donde se interrumpió la vuelta al mundo con Jack London.

Durante unos meses recorrieron estos paisajes paradisíacos
de islas tapizadas de cocoteros, volcanes extinguidos y aldeas de
chozas de paja protegidas por muros de piedra de coral. En las Salomón filmaron la vida de los nativos, los coloristas mercados, sus
fiestas y rituales de tatuaje. Osa se maravilla ante todo lo que ve,
bromea con las mujeres, coge a los niños en sus brazos y en las situaciones más peligrosas su sonrisa infunde tranquilidad. Martin
filma sin parar y aunque es la primera vez que maneja una cámara de cine se revela enseguida como un magnífico cineasta. Las
imágenes que obtiene son un documento de un valor excepcional
sobre un mundo que está desapareciendo. Pero a él todo le parece
«demasiado civilizado», quiere filmar la película más espectacular de cuantas se hayan hecho en los Mares del Sur. A estas alturas
conoce bien los gustos del público que ansía espectáculo, escenas
de peligro y mucha aventura.

Su obstinación por conseguir imágenes más impactantes les
hace adentrarse cada vez más lejos en islas perdidas donde las autoridades británicas sólo se atreven a desembarcar armadas. Finalmente encuentran lo que buscan: en una pequeña isla de las
Nuevas Hébridas sus habitantes les muestran las cabezas corta-
das que conservan en el interior de sus chozas. Martin filma a Osa
sosteniendo varias cabezas disecadas sujetas a un palo como «te-
rroríficas obras de arte». Alguien les habla entonces de una isla
cercana llamada Malekula donde sus habitantes, los big nambas o

grandes nambas, la tribu más poderosa de la isla y su sanguinario jefe Nihapat practican el canibalismo. Martin decidido a continuar le propone a Osa que se quede en la isla de Vao, el único puesto civilizado en la zona donde existe una misión de los padres blancos. Pero su esposa nunca le dejará solo y mucho menos ahora que están a un paso de conseguir su gran película.

En el mes de noviembre de 1917 los Johnson abandonan Vao en un barco ballenero de ocho metros de eslora en compañía de cinco nativos y ponen rumbo a la vecina Malekula. A partir de este momento el matrimonio de exploradores comenzará a labrarse su propia leyenda. Cuando llegan a la exuberante isla, un grupo de guerreros big nambas armados con lanzas les reciben en la playa. Los hombres tienen un aspecto inquietante, en sus rostros lucen un cartílago —presumiblemente humano, como apuntaría Osa— que a modo de adorno les atraviesa la nariz. Martin, al que nunca le faltó el sentido del humor incluso en las situaciones más peligrosas, le dijo a Osa: «¿No querías auténticos salvajes?, pues aquí están». Los guerreros les invitan a conocer a su temido jefe Nihapat que habita en un lugar del interior de la isla. Ningún hombre blanco ha regresado con vida en los últimos meses de las selvas de Malekula y aun así la tentación es muy grande y aceptan el reto. Los Johnson se internan a través de la enmarañada vegetación y cuando se dan cuenta sus guías y porteadores han salido huyendo. Al llegar a un claro en lo alto de la isla un hombre de aspecto terrorífico, alto, barbudo y musculoso sale a su encuentro, era el gran jefe Nihapat en persona. «Su presencia era aterradora y a la vez magnífica, era consciente de su poder y nos miraba con curiosidad y recelo», escribiría Osa. Martin trata de tranquilizar a su esposa mientras él no deja de filmar unas secuencias que muy pronto darán la vuelta al mundo. Tras unos minutos de tensa espera los nativos empiezan a dar señales de una gran hostilidad. Es entonces cuando Martin se da cuenta de la imprudencia que han cometido. Los big nambas tocan enloquecidos los tam-tam y les rodean amenazantes con sus lanzas para hacerles prisioneros. La pareja consigue escapar corriendo a través de la jungla y rodando por el suelo los últimos metros antes de llegar a la playa. Una patrulla británica de vigilancia por la bahía les auxilia cuando los hombres de Nihapat están a un paso de asesinarlos con sus lanzas. Han salvado milagrosamente la vida y apenas unos metros de película que «harán temblar al mundo civilizado».

A su regreso a Nueva York la película de los Johnson, *Among the Canibal Isles of the South Pacific* (Con los caníbales en los Mares del Sur) estrenada el 21 de julio de 1918 se convierte en un éxito de público y taquilla. El documental tiene una extraña mezcla de humor, aventura y peligro que será a partir de ahora el inconfundible «sello» de los Johnson. El fiero rostro del jefe Nihapat aparece en todas las pantallas de Broadway junto a Osa, que sonríe a la cámara tratando de quitar tensión al ambiente. Durante varios meses promocionan la película por las principales ciudades del país, asisten a los multitudinarios estrenos, publican libros de sus aventuras que se convierten en éxitos de ventas, dan conferencias y sus rostros están en todas partes. Osa y Martin son aclamados como auténticas estrellas del espectáculo y encarnan como nadie el espíritu de aventura. La pareja decide entonces viajar a Borneo, el público quiere sobre todo imágenes de animales salvajes y allí las podrán encontrar. En 1920 llegan a Sandakan, la capital y principal puerto del Borneo británico. En esta ciudad «pintoresca y maloliente» se instalan durante cuatro meses en la casa de un misionero que se encuentra de vacaciones en Europa. Una hermosa vivienda situada en una colina donde Osa armada con su rifle del calibre veintidós se dedica a mantener a raya a las cobras que buscan refugio en su salón.

El entusiasmo de Martin Johnson pronto se convirtió en decepción. En las junglas de Borneo habitaban muchos animales, monos, cocodrilos, elefantes, búfalos pero resultaba muy difícil filmarlos. La selva era un medio hostil y lúgubre, había mucha humedad y poca luz para conseguir buenas imágenes. A Martin aún le quedaba mucho por aprender sobre las técnicas de rodaje, y los animales al ver su cámara huían despavoridos o le embestían. Pero lo que en un principio pareció un fracaso, no lo fue tanto. Un día Osa compró en una aldea a un simpático mono gibón que tenían encadenado y lo bautizó como Kalowatt. Le hicieron una cama en una caja de zapatos y muy pronto se convirtió en el miembro más importante y mimado de la expedición. Martin decidió a partir de este momento filmar a los animales cautivos como Kalowatt en los espectaculares escenarios naturales de la isla de Borneo. Esto, unido a las imágenes de Osa vestida con un llamativo pareo, paseando por playas desiertas y navegando en cayuco le proporcionó la película que deseaba. Había filmado en cuatro meses dieciséis mil metros de película en condiciones muy duras pero era, hasta ahora, su mejor documental sobre la vida salvaje.

En 1920 los Johnson regresaron a Londres enfermos y agotados. Les acompañan sus dos mascotas, Kalowatt y Bessie, una cría de orangután que les causaría muchos problemas. Hacía tanto frío en la ciudad que vistieron a los animales con ropa de muñecos y el único día que les dejaron solos en el hotel destrozaron la elegante habitación y huyeron por la chimenea. En el barco de regreso a América, Bessie se escapó de su jaula y en mitad de la travesía tocó la alarma de incendios. Todos los pasajeros se subieron precipitadamente a los botes de salvamento para lanzarse al mar y Martin tuvo que pagar una buena suma de dinero por los daños ocasionados. Ya en Nueva York alquilaron un apartamento en la Quinta Avenida donde Osa instaló a sus mascotas africanas en los amplios cuartos de baño. La nueva película rodada enteramente en Borneo *Jungle Adventures* (Aventuras en la jungla) fue una vez más un éxito y los grandes periódicos como *The New York Times* la calificaron como «una obra maestra del documental». A Martin le esperaba todavía un honor mayor, en 1921 el Club de los Exploradores le elige como uno de sus miembros más distinguidos, entre los que figuran exploradores de la talla de Rasmussen, Shakelton o Peary.

Martin Johnson conoció entonces al hombre que cambiaría el curso de su vida, Carl Akeley. Era el alma del Museo de Historia Natural de Nueva York, un respetado explorador y un visionario. Carl tenía un sueño en mente, completar la gran sala africana del museo antes de que fuera demasiado tarde y las grandes manadas salvajes de África desaparecieran. Akeley conocía el trabajo de Martin, admiraba la calidad de sus películas y sabía que él era la persona más adecuada para filmar la vida salvaje del continente africano. No fue difícil convencer a los Johnson para que viajaran al África oriental británica, un lugar que aún no conocían. El museo se ofreció a pagar los gastos de su expedición y con lo que recaudaran de la película se financiaría la sala africana del museo. Carl Akeley les daba la oportunidad de convertirse en respetados exploradores africanos. Todo un reto para los Johnson; comenzaba la mayor de sus aventuras que durante catorce años les mantendría alejados de América.

En el Arca de Noé

Los Johnson llegaron a Kenia en 1921 con el encargo de realizar un documental científico sobre las especies más amenazadas por la caza mayor. En Mombasa tardaron tres días en descargar y organizar su equipaje, que constaba de ochenta y cinco baúles, cajas y paquetes, enviados en tren a Nairobi. El pequeño gibón Kalowatt les acompañaba en su viaje, no así el orangután Bessie, que tras una serie de altercados con la policía tuvieron que regalar al zoológico de Nueva York. Carl Akeley les había descrito una y otra vez la grandeza de los paisajes africanos y ahora descubrían un mundo que les parecía un sueño: «Es como si acabara de llegar al Arca de Noé y hubiera abierto todas sus puertas de par en par para dejar paso a sus habitantes», exclamaría Martin.

En la ciudad les esperaba Blaney Percival, un veterano conservacionista que llevaba veinte años en África como guarda de caza mayor y era un gran conocedor de la fauna africana. Curiosamente Blaney era hermano de uno de los más famosos cazadores blancos de la época, Phil Percival, quien guió al presidente americano Theodore Roosevelt en su sangriento safari de 1909, donde mató sin rubor a más de quinientos animales. Phil representaba la época dorada de las grandes cacerías cuando se mataba de manera indiscriminada a miles de indefensos animales por puro negocio. Ahora los Johnson querían retener en imágenes lo mejor de la fauna africana mostrando al público por primera vez la nobleza y majestuosidad de sus animales amenazados.

La pareja instaló su cuartel general en un confortable bungalow a veinte minutos de Nairobi donde Martin montó un gran laboratorio para revelar sus películas. Todas las personas que en
Kenia se sentían preocupadas por la protección de la vida salvaje
acudían a entrevistarse con ellos y a prestarles su apoyo. Blaney
les recomendó que empezaran practicando en las llanuras de Ka-
piti y en el río Athi, distante apenas cincuenta kilómetros de Nairobi y adonde se podía llegar en coche. Los Johnson tenían mucho que aprender en África, un continente del que desconocían
casi todo. Lo primero que hicieron fue adaptar sus coches Willis
—traídos por piezas desde América y ensamblados en Mombasa— a las necesidades de sus rodajes. Osa conducía por senderos
de piedras y baches mientras detrás Martin filmaba con su cámara fijada a un trípode. Después tuvieron que aprender a manejar
un rifle para defenderse del ataque de las fieras y conseguir carne
para alimentar a los porteadores a quienes el gobierno prohibía
llevar armas. Si querían contratar a un cazador blanco para estos
servicios deberían pagarle cerca de mil dólares mensuales y no se
lo podían permitir. Osa, que ya había mostrado su buena puntería
matando cobras en Borneo, se reveló como una magnífica cazadora. Armada con su rifle en los rodajes cubriría siempre las espaldas de Martin mientras éste filmaba a los animales a escasos
metros de distancia. La señora Johnson salvaría la vida a su esposo en más de una ocasión disparando en el último instante a un
león o un rinoceronte. «Nunca matamos animales por placer o
para conseguir un récord, sólo para salvar nuestras vidas. Nunca
hemos tirado un solo tiro que no fuera absolutamente necesario»,
diría Osa en más de una ocasión a los periodistas atraídos por su
imagen de cazadora.

En los meses siguientes los Johnson van conociendo los secretos del safari y cómo ganarse la confianza de los porteadores. Acu-
den a los puntos de agua de las desérticas llanuras del Tsavo donde se dan cita miles de animales al atardecer. Montan refugios de
barro y hojas donde, camuflados, esperan pacientes horas y horas
hasta obtener las mejores secuencias. Martin cree que por fin han
encontrado su verdadero hogar: «¿Qué podría ofrecernos el mun-

do civilizado comparable a un amanecer en la sabana africana?».
Con medios irrisorios consiguen unas imágenes extraordinarias
que muestran por primera vez África en todo su esplendor. Reco-
rren el lago Victoria y el nacimiento del Nilo Blanco en Uganda,
las espesas selvas del Congo belga y Ruanda, las verdes llanuras
de Kenia y Tanzania. Pasan sus días de continuo safari, viven al
margen de la comunidad blanca de Nairobi, aprenden el suajili y
prefieren montar su tienda junto a los kikuyus, masais y samburu.
En su contacto directo con los nativos africanos descubren un
pueblo de guerreros y pastores nómadas, nobles y orgullosos. A
Martin le apodan «Bwana Picture», «el señor de las imágenes» y
sus retratos de las primitivas tribus africanas con las que conviven
tienen una fuerza extraordinaria.

Osa se adapta con facilidad a su nueva vida de exploradora en
tierras africanas. Vestida de safari, siempre bien maquillada, luciendo cómodos pantalones y botas altas de caza sin separarse de
su rifle, se ha convertido en la compañera indispensable de Martin y parece no temerle a nada: «Ella disfrutaba de los viajes al desierto y se entendía de maravilla con los indígenas. Si hubo alguna
vez una mujer ideal para acompañar a un hombre, ésa fue Osa
Johnson».

Fue Blaney Percival quien les habló por primera vez de la existencia de un lago en el cráter de una montaña al norte del país que
no aparecía en los mapas. A principios del siglo XIX un misionero
escocés describía en su diario de viaje este lugar maravilloso donde abundaban los animales, sobre todo los elefantes. Martin se
sintió cautivado por la historia, imaginaba que el verdadero santuario de la vida salvaje podría estar allí, donde aún no habían llegado los cazadores blancos. Por los datos que tenían el punto de
agua debería encontrarse en una región cercana a la frontera con
Abisinia, a unos ochocientos kilómetros en línea recta desde Nairobi. El camino era muy duro y peligroso pero los Johnson saben
que allí pueden filmar un extraordinario documental, lo que Carl
Akeley soñaba.

Osa y Martin Johnson partieron de Nairobi en la que sería su
primera gran expedición africana en busca del misterioso lago con

más de cien porteadores, dos coches Ford y cuatro carretas de bueyes cargadas de suministros. Además llevaban tiendas, municiones, artículos de caza, fotografía y provisiones como para seis meses. El viaje fue una epopeya que casi les cuesta la vida. Atravesaron los territorios de pastores kikuyus para alcanzar con mucha dificultad las escarpadas rutas de Meru en dirección al monte Kenia. El tramo más duro fue la penosa travesía del desierto de Kaisoot y los ríos de lava de las colinas de Shaba. Los porteadores estaban cansados y sedientos porque no habían cargado sus cantimploras de agua tal como les indicara Martin. Tenían los pies en carne viva de caminar descalzos por las rocas y algunos comenzaron a abandonar la caravana. Cuando llegaron a los alrededores de la montaña Marsabit se encontraron a Boculy, un veterano rastreador de elefantes que se conocía la región como la palma de su mano. Boculy, tras varios días de agotadora marcha y sin mediar palabra, les condujo hasta la cima de la montaña Marsabit. Allí, bajo sus pies estaba el tesoro que andaban buscando: un extenso lago cristalino en forma de cuchara rodeado de bosques. Era un lugar maravilloso, que a Osa le hizo exclamar «Martin, esto es el Paraíso».

Así bautizaron al lago que en realidad ya había sido descubierto mucho antes por un americano llamado Arthur Donaldson Smith, el 9 de septiembre de 1895. Era un lugar apartado de la civilización y de muy difícil acceso por lo que se había conservado intacto como un pequeño Edén en medio de la nada. Durante tres meses acamparon en sus orillas para explorar los alrededores. El lago Paraíso era el único punto de agua en decenas de kilómetros de árido desierto y miles de animales acudían a diario a beber en sus orillas. Era sobre todo el hogar de las grandes manadas de elefantes. Martin sabía que aquí podrían filmar imágenes de estos paquidermos nunca vistas hasta ahora y Boculy su guía y amigo estaba dispuesto a ayudarles. Así que Martin le preguntó a Osa si le gustaría vivir unos años en este paraíso terrenal y ella, como de costumbre, sólo respondió «Claro, cariño».

Osa y Martin Johnson regresaron a Estados Unidos con una única idea en la mente, conseguir financiación para regresar al lago Paraíso y poder vivir allí cuatro años filmando a los elefantes.

La película rodada en su primera expedición africana de 1921 a 1922 y titulada *Trailing African Wild Animals* (Tras la pista de los animales salvajes) no fue lo que esperaban. Se trataba de una sucesión de imágenes de la vida salvaje muy espectaculares y hermosas pero les faltaba el «toque» Martin Johnson. No había emoción, ni aventura y sólo resultaban impactantes las escenas donde Osa mataba de un solo tiro y sin temblarle el pulso, a un enorme rinoceronte para proteger a Martin mientras éste le filmaba. En el cartel de la película de la Metro, Osa aparece en 1923 por primera vez como la absoluta protagonista vestida de safari con su rifle en la mano y sentada encima de un león abatido.

Martin Johnson sabía que para realizar la película que ambicionaba y construir además un campamento permanente en el lago Paraíso necesitaban financiación. Fue entonces cuando se les ocurrió visitar a George Eastman, el millonario y magnate de la compañía fotográfica Kodak. El persuasivo Martin le convenció para que aportara diez mil dólares al proyecto. El empresario no sólo se implicó económicamente en la segunda expedición africana de los Johnson sino que se hizo amigo de ellos y los visitó en su campamento del lago Paraíso para celebrar su setenta y dos cumpleaños.

En diciembre de 1923 los Johnson parten de nuevo a Kenia aunque esta vez con una expedición a lo grande que en nada recuerda a las anteriores. «Llegamos a Nairobi con doscientas cincuenta y cinco cajas de equipo, pensábamos que este safari iba a ser maravilloso ya que teníamos por primera vez todo lo que necesitábamos. De lo que no nos dimos cuenta es de que la dificultad para transportar tanto equipo estuvo a punto de derrotarnos», comentaría Osa en sus memorias. Seis coches Willis adaptados para safari, cinco camiones y otros tantos vehículos dotados de sistema de refrigeración para conservar la película y cuarto oscuro; siete carros tirados por mulas y bueyes, tanques de agua, material fotográfico valorado en más de cincuenta mil dólares; diez cámaras con sus juegos completos de objetivos, dieciocho fusiles, un generador y un laboratorio completo digno de un estudio de Hollywood. Además viajan con ellos más de doscientos porteadores, cocineros, mozos de armas y sirvientes domésticos. Las tiendas, sillas y el equipo de campamento han sido hechos a su medida en Londres así como sus ropas de safari confeccionadas en Nairobi con telas de algodón inglesas especiales para reducir el calor.

Los Johnson instalan su base permanente a orillas del lago Paraíso, que muy pronto se convierte en una pequeña ciudad en medio del desierto con un confort desconocido hasta ahora en una expedición. Las casas tienen electricidad, agua filtrada y hasta cuarto de baño. En los edificios anexos están la cocina independiente, las viviendas para el personal, tiendas, talleres, garajes y el laboratorio de Martin que domina desde lo alto el campamento. Las casas se construyen con arcilla mezclada con excremento de búfalo y elefante que al secarse adquiere una solidez como el hormigón y el color del adobe mexicano. Osa decora los interiores para que sean más acogedores, cuelga cortinas de las ventanas, extiende alfombras en los suelos y hace a medida rústicos muebles de madera. Después llegarían los jardines, las huertas, los gallineros y los establos para las vacas. La carretera se acondiciona para que los coches puedan transitar mejor y se construye una torre de observación para contemplar a los rinocerontes, búfalos y elefantes que se acercan a beber.

Osa Johnson es la encargada del campamento y supervisa hasta los más mínimos detalles. Esta nieta de pioneros del Lejano Oeste americano, se encuentra más que nunca en su papel. Cuida la huerta, se encarga de las comidas y hace pan en el horno de barro. Es ella la que caza y pesca para avituallar el campamento. La exploradora comprobará sorprendida que el paraíso donde se encuentran les provee de todo lo que necesitan: «Había en Paraíso gran cantidad de espárragos y espinacas salvajes, excelentes zarzamoras, café, setas, frutas similares a la manzana y el albaricoque, unas ciruelas amargas ideales para hacer mermelada y gran cantidad de miel de color marrón, deliciosa. Era increíble». Mientras Martin pasa la mayor parte del día fuera del campamento filmando animales y cuando regresa se encierra largas horas en el laboratorio revelando el material. Se ha impuesto a sí mismo una dura disciplina, se levanta antes del amanecer y se instala con su pesado equipo de filmación en refugios camuflados con hojas y ramas donde espera, casi inmóvil, que los elefantes se acerquen.

Durante los siguientes cuatro años los Johnson viven con los nativos africanos en este santuario natural. «Somos rey y reina por voluntad propia. Así nos sentimos en nuestro pequeño principado, en la cima de la montaña picuda donde duerme nuestro lago», exclamaría satisfecho Martin. El cineasta se hace muy amigo de Boculy al que los nativos llaman «el hermano pequeño de los elefantes» y que tiene una relación casi mística con estos primitivos animales. Gracias a sus conocimientos Martin Johnson descubre al gran público el mundo de los elefantes como nadie lo había hecho hasta la fecha.

«Me parece muy difícil anotar todo lo que nos ocurrió a orillas del lago Paraíso. En medio de la naturaleza nuestras vidas están marcadas por las estaciones y las idas y venidas del trabajo», diría Osa. Para entonces la infatigable compañera de Martin se ha convertido en la protagonista absoluta de todas sus películas. La joven es una extraña mezcla de pionera y estrella de cine pero lo que el público admira de verdad en ella es su audacia para enfrentarse a situaciones tan peligrosas. Para obtener buenas imágenes en los inicios del cine documental había que acercarse mucho a los animales salvajes corriendo todos los riesgos. Y allí está la esposa de Martin siempre alerta y protegiéndole de cualquier ataque armada con su rifle: «En una ocasión estábamos filmando una manada de elefantes y vi que el macho se giraba y venía hacia nosotros. Le pedí al mozo de armas mi rifle, esperé un instante porque sabía la magnífica escena que estaba filmando Martin pero si no le detenía nos mataría a los dos. Sólo recuerdo que apunté y disparé, el elefante se desplomó y el resto de la manada salió huyendo. Cuando esto ocurrió di media vuelta y comencé a correr tras ellos hasta que me caí en una charca de cerdos. Martin me sacó de ahí riendo...».

En 1925 Georges Eastman y Carl Akeley visitan a los Johnson en su santuario natural del lago Paraíso. Osa les recibe con honores reales, les aloja en las confortables casas de huéspedes que ha hecho construir y se convierte en la perfecta anfitriona. Eastman, el inventor de la cámara fotográfica portátil y una leyenda para el público americano, es la primera vez que realiza un safari africano. Con el tiempo declararía que los días pasados en Paraíso fueron los más felices de toda su vida. Carl Akeley, por su parte, quiere cazar los últimos especímenes para completar sus colecciones de la sala africana. De hecho la expedición Eastman-Akeley-Pomeroy será una de las últimas grandes capturas de ejemplares africanos organizada por un museo de historia natural. Las previsiones de Akeley no se hicieron esperar y poco tiempo después se prohibió la caza mayor y se crearon las reservas para proteger la fauna africana amenazada de extinción.

En aquel viaje Akeley anima a los Johnson a filmar al verdadero rey de las sabanas africanas, el león. Como intuyendo que su final estaba próximo, el veterano explorador se despedirá de Martin unos días después con estas palabras: «Quiero que gracias a vosotros todo el mundo sepa lo poco deportivo y lo horrible que es matar animales simplemente por el placer de matar». Carl, que ya se encontraba gravemente enfermo, viajaba con su segunda esposa Mary Jobe. La pareja siguió su safari como tenía previsto rumbo al Congo belga para capturar en los montes Virunga un ejemplar de gorila para el museo. Martin nunca volvería a ver a su amigo y mentor pues el explorador moriría días después en las laderas del monte Mikeno y sería enterrado junto a los gorilas que tanto defendió.

Durante un año los Johnson se instalaron en el Serengeti, en la actual Tanzania, una extensa región de más de ochocientos kilómetros cuadrados donde obtienen magníficas imágenes de los leones. Pero sus escenas más famosas serán las de la caza tradicional del león por los guerreros kipsigis que Martin filma por primera vez y desde un coche. La película se anunciaría en las carteleras como «la más emocionante jamás filmada». El cine sonoro comienza en aquellos años su andadura y la Warner causa sensación con *El cantante de jazz*, su primera película sonora. *Simba*, el film sobre los leones del Serengeti del matrimonio Johnson se estrenó en Nueva York en enero de 1927 en una versión sonorizada y tuvo una magnífica acogida. Por primera vez una película mostraba a este noble felino en su medio natural y no como un animal dañino y sanguinario. En las carteleras de los cines de Broadway el nombre de Osa destaca en letras mayúsculas. *The New York Times* dice con cierto humor: «El día que la señora Johnson deje de acompañar a su marido por las junglas africanas tendremos a una gran actriz...». La escena final en que Osa mata a un soberbio león cuando éste se encuentra a menos de cuatro metros de su esposo dispuesto a atacar, son los «ochenta y cinco segundos de mayor suspense» que el público ha visto hasta el momento en la gran pantalla.

El fin de un sueño

La muerte de Carl Akeley y el final de su estancia en el lago Paraíso dejó a los Johnson desorientados y sumidos en la tristeza. En su libro *Four Years in Paradise* (Cuatro años en el Paraíso), Osa recordaba con nostalgia la magia de aquel lugar único: «Las brumas del amanecer traen el olor del jazmín salvaje, la noche describe las siluetas de los elefantes junto al manantial, el mediodía, adormecido en el silencio sólo roto por el soplo del viento entre los árboles, la sensación de una gracia dada por algún privilegio de vivir en un santuario, entre los elefantes y los rinocerontes, los leones y leopardos, sin cazador alguno para romper el encanto... Si algún lugar fue jamás un hogar, fue aquél».

A la espera de un nuevo proyecto que les devuelva la ilusión se instalan en 1927 en Nairobi, su primera vivienda fija tras trece años de vida nómada y cuatro a orillas del lago Paraíso. Frente a la casa principal Martin monta su laboratorio de revelado dotado de la más moderna tecnología y donde cada cinco meses recibe material de la Kodak directamente de Rochester en Estados Unidos. «En toda América no hay un laboratorio fotográfico mejor organizado que este que he construido en el corazón de África», diría con orgullo Martin.

Son los locos años veinte y los Johnson se integran en la civilización pero a su manera. En su jardín corretean un guepardo, crías de gorila y hasta un elefante. «Al sur veía el majestuoso monte Kilimanjaro con sus cimas nevadas y al norte el monte Kenia. Era un lugar hermoso, aquí descansaríamos antes y después de nuestros safaris», exclamaría Osa feliz de tener al fin un hogar en África. De aquí en adelante las expediciones del matrimonio Johnson son cada vez más colosales. Un ejército de coches, camiones y porteadores se pone en marcha cuando salen a filmar. Se pueden permitir cualquier sueño y cuentan con medios nunca vistos en África. Martin tuvo que inventarlo todo para hacer películas sobre animales, escondrijos para camuflarse, técnicas de filmación revolucionarias y ahora tenían las mejores cámaras a su alcance: «En ocasiones con Martin recordábamos nuestro primer viaje a los Mares del Sur y a Borneo donde apenas teníamos medios, ahora podemos elegir entre más de veinte cámaras, la mitad diseñadas especialmente para nosotros, cámaras fotográficas con magníficos objetivos fabricados a nuestra medida en Alemania y EE.UU.».

Los Johnson se encuentran en la cumbre de su popularidad y las grandes marcas publicitarias se los disputan. Serán los pioneros en la financiación de sus ambiciosos proyectos a través de la publicidad. Jabones, puros, bebidas refrescantes, no importa el producto, la presencia de la risueña Osa o el atractivo Martin es el mejor reclamo para vender cualquier producto al pueblo americano. Sin ningún rubor los Johnson echan mano incluso de las poblaciones nativas, lo que les acarreará duras críticas.

En 1929 Martin llega a un acuerdo con la Fox que les financia su próxima película africana, esta vez en la selva del Ituri en el Congo belga, donde habitan los pigmeos y los temidos gorilas. La expedición, con un presupuesto de veintiséis mil dólares, más parece una caravana publicitaria en la que marcas como Shell y Coca-Cola están presentes hasta en los delantales que usa Osa para cocinar sus platos selváticos. Cuatro años después de que la exploradora Delia Akeley, la primera mujer de Carl Akeley, llegara con grandes dificultades al bosque impenetrable del Ituri para estudiar a los pigmeos, el matrimonio Johnson desembarcaba en el mismo lugar con diez toneladas de equipo. Es fácil imaginar el asombro de los nativos ante semejante despliegue de medios, incluido un generador eléctrico y los complejos equipos para grabar sonido. La pareja y su corte de porteadores se instalan en la aldea de Irumu pero pronto Martin descubre las enormes dificultades a las que se enfrentan. La selva es aquí especialmente densa y húmeda, apenas entran los rayos de luz y las chozas donde habitan los pigmeos están casi en la penumbra. De nuevo Martin recurre a uno de sus ingeniosos trucos y decide construir junto al río un auténtico poblado pigmeo. Después a cambio de sal, tabaco, arroz y bananas consigue que quinientos pigmeos de las aldeas cercanas actúen para él como figurantes.

Con tristeza los Johnson abandonan la selva del Ituri y se dirigen hacia los montes Virunga para intentar filmar a los gorilas en sus bosques brumosos. Osa y Martin acamparon en las laderas del monte Mikeno y visitaron la tumba de Carl Akeley en Kabara. No pudieron filmar a los huidizos gorilas pero una vez más el talento de Martin salvó la película. Capturaron a dos ejemplares jóvenes y los trasladaron hasta el selvático jardín de su casa en Nairobi. Allí los pudieron filmar sin problemas de lluvia o falta de luz y con la maestría del cineasta nadie se percataría del cambio de escenario.

En julio de 1931 los Johnson, en compañía de los dos gorilas capturados en el Congo y que fueron entregados al zoo de San Diego, llegaron a Nueva York en medio de una gran expectación. La película *Congorilla*, que estrena la Fox un mes más tarde con gran despliegue publicitario, es un auténtico éxito. En todas las pantallas de cine se presenta como «la única película sonora enteramente realizada en África», el público puede oír el lenguaje de los pigmeos, sus cantos y el sonido de sus pequeños tambores de piel de antílope. Osa aparece de nuevo radiante en medio de unos nativos de metro diez de estatura a los que invita a fumar un puro y a bailar al ritmo de la música que suena en un gramófono instalado en medio de la aldea. Martin ha recurrido a escenas de dudoso gusto para contentar a su público y ahora las voces más críticas les tachan de racistas. En Nairobi, por el contrario, los colonos blancos consideraban que los Johnson simpatizaban demasiado con los nativos.

Con esta película comercial sobre los pigmeos y gorilas del África central Martin Johnson se aleja del documental científico y vuelve al mundo del espectáculo. Durante los meses siguientes se dejan arrastrar por el torbellino del éxito. Asisten a fiestas, conferencias, escriben libros, mientras piensan qué hacer en el futuro. En aquellos días de éxito para el matrimonio les llegó una triste noticia, el suicidio de su mecenas Georges Eastman el 15 de marzo de 1932. Sufría cáncer de huesos y dejó una nota a sus amigos en la que decía: «Mi obra está acabada, ¿por qué esperar más?». Martin y Osa tardarían mucho tiempo en recuperarse de aquel duro golpe y de alguna manera este suceso les haría replantearse su vida profesional.

Los Johnson creían que su etapa africana había tocado a su fin. Durante años rodaron miles de metros de película, hicieron muchas fotografías que contribuyeron a dar a conocer la grandeza de un continente hasta ahora misterioso y desconocido. Pero aún les quedaba mucho por descubrir, esta vez desde una nueva perspectiva. Por aquel entonces en América el público se apasiona por la aventura aérea y sigue muy de cerca las temerarias travesías de sus héroes, como Charles Lindbergh, que en 1927 había cruzado en solitario el Atlántico. En la primavera de 1932 Martin y Osa aprenden a volar en el aeródromo de la ciudad de Kansas y al poco tiempo adquieren dos hidroaviones que cambiarán para siempre su vida. El más grande pintado con rayas negras como una cebra lo bautizaron *El arca de Osa* y el segundo salpicado de manchas como una jirafa, *El espíritu de África*. Adaptaron su interior a las exigencias del safari áereo, instalaron literas, un pequeño lavabo, un hornillo para cocinar en vuelo, fijaciones especiales para sostener las cámaras de filmación y un pupitre con máquina de escribir para redactar sus artículos y reportajes. Les queda por descubrir África desde el aire y esta nueva mirada les fascina. El 31 de diciembre de 1932 parten de la ciudad de Nueva York rumbo a El Cabo, en Sudáfrica, con un equipo de seis personas entre ellos un instructor de vuelo. De ahí volaron los más de siete mil kilómetros que les separaban de Nairobi donde mandaron construir un hangar para los aeroplanos, su nuevo medio de transporte.

En dos meses Osa y Martin ya estaban preparados para sobrevolar las tierras africanas. «Flotábamos, inmóviles, en el espacio, bajo la luz del sol a varios millares de millas del mundo de los hombres, descubriendo un mundo inviolado», escribiría Martin en sus memorias. Llamaban a los aviones cariñosamente sus «Botas de Siete Leguas» y lo primero que hicieron fue poner rumbo al lago Paraíso donde habían pasado los cuatro años más dichosos de su vida juntos. Después se dedicaron a recorrer todos los escenarios de sus películas, en las sabanas aterrizaron en las aldeas kikuyus y las manyattas de sus amigos masais. En la selva del Ituri saludaron a los pigmeos que creyeron que Mungu, su Dios, había bajado del cielo a visitarlos. Filmaron por primera vez las montañas sagradas de África, el monte Kenia y el legendario Kilimanjaro que les pareció uno de los escenarios más espectaculares de cuantos habían visto, «abajo se extendían los campos de nieve y los glaciares brillantes, los cráteres profundos y picos abruptos que parecía que podíamos tocar con la mano», recordaría Osa Johnson.

Desde el aire día tras día contemplaron las manadas dispersas de elefantes y las migraciones de millones de ñus trotando por la sabana en busca de nuevos pastos. Fueron unos años muy felices para los Johnson que por primera vez podían viajar ligeros de equipaje, sin toneladas de material ni ejércitos de porteadores, pudiendo llegar a lugares antes inaccesibles. «Nunca, en veinte años de aventuras, nos habíamos sentido tan libres y dueños de nuestras vidas», confesaría Osa. La pareja recorrió casi cien mil kilómetros sobre las junglas africanas y los áridos desiertos, filmaron impresionantes escenas aéreas y echaron su última mirada al continente africano.

Por aquellas fechas Martin Johnson ha cumplido cincuenta años y decide regresar con Osa a los Mares del Sur, donde dieciocho años atrás comenzaran su vida de aventuras. Llegaron a Borneo en sus dos aviones anfibios deseando recorrer los ríos y selvas que descubrieron cuando eran aún unos intrépidos adolescentes. Instalaron su campamento al norte de la isla en Abai y de allí se adentraron en canoa por ríos de manglares y regiones aún inexploradas por el hombre blanco. Las imágenes que graba son de una belleza artística extraordinaria y están cargadas de nostalgia.

Los críticos alaban su trabajo y consideran que técnicamente es uno de sus mejores documentales.

La pareja regresa a principios de 1937 a Estados Unidos y comienza su ronda de conferencias. Hartos de recorrer el mundo planean comprar una casa en Nueva York y adoptar un niño. Formar al fin una familia y llevar una vida más tranquila. El 12 de enero Osa y Martin vuelan a San Diego en un avión de línea regular para dar una conferencia. El avión no llegará nunca a su destino pues se estrellará en un extraño accidente que nunca se pudo aclarar. Osa sale ilesa pero su esposo no sobrevivirá a las graves heridas. La noticia de la muerte de Martin Johnson ocupa las portadas de todos los periódicos americanos. El explorador y cineasta más querido del país dejaba tras de sí cincuenta películas, decenas de libros y artículos, y una parte del sueño americano.

A los pocos días Osa Johnson salía en silla de ruedas del hospital y sonreía de nuevo ante las cámaras. El maquillaje no podía disimular el dolor que sentía por la pérdida del hombre que la había convertido en la estrella que ahora era. Sacó fuerzas para seguir adelante y tuvo que reinventar su vida en un mundo que sin su compañero le ofrecía pocos alicientes. Viajó a África por última vez en junio de 1937 para trabajar como asesora técnica en el rodaje de la película *Stanley and Livingstone* (El explorador perdido) protagonizada por Spencer Tracy. Después siguió explotando su imagen aventurera para ganar dinero y en 1940 se casó con su manager Clark H. Getts. Fue su segundo marido quien la animó a escribir sus memorias, que publicó con el título *Casada con la aventura*. El libro se convirtió en un éxito editorial —más de quinientos mil ejemplares se vendieron sólo en el primer año— y se tradujo a varios idiomas. La Columbia le propone entonces hacer una película basada en su obra donde ella se interprete a sí misma. El resultado es un filme mediocre donde la aventurera recrea en un estudio sus más famosas escenas junto a Martin, pero de nuevo el éxito es inevitable. En 1941 la Federación de Clubes Femeninos de América la nombra una de las cincuenta y tres americanas más importantes por su trayectoria junto a nombres como Eleanor Roosevelt o la aviadora Anne Lindbergh. Es la figura pública más solicitada del momento, la convencen para lanzar una línea de ropa deportiva, «Osafari», otra de animales de peluche y escribe libros de cuentos para niños.

Pero Osa Johnson se refugia cada vez más en la soledad de sus recuerdos junto a Martin y cae en una profunda depresión. Comienza a beber y se ve obligada a cancelar algunos de sus contratos a causa de su alcoholismo. En 1946 sufre una violenta crisis nerviosa y su esposo Clark Getts la ingresa en un hospital psiquiátrico. Sale al cabo de unos meses y pide el divorcio de su marido. Después vendrá el declive definitivo, se encierra en su casa aislada de familiares y amigos. La encontrarán muerta en su cama víctima de un ataque cardíaco el 7 de enero de 1953. Osa tenía cincuenta y nueve años y no había perdido su figura juvenil y el rostro vivaz que encandiló al terrible jefe Nihapan. Un periodista de *The New York Times* la definió quizá mejor que nadie: «Tiene el rostro y las maneras de una estrella de cine, el corazón de una tranquila ama de casa y el coraje de un león de la sabana».

Bibliografía

ADAMSON, J., *Living Free*, Fontana/Collins Harvill, Londres, 1961.

BAKER, A., *Morning Star*, William Kimber & Co., Londres, 1972.

BENGE, J. y BENGE, G., *Mary Slessor, forward into Calabar*, YWAM Publishing, Seattle, 1999.

BERGER, L. R., *Tras las huellas de Eva*, Sine Qua Non, Barcelona, 2001.

BIERMAN, J., *La leyenda de Henry Stanley*, Javier Vergara Editor, Buenos Aires, 1993.

BLIXEN, B. VON, *African Hunter*, St. Martin's Press, Nueva York, 1986.

BLUNT, A., *Travel, gender and imperialism*, The Guilford Press, Nueva York, 1994.

BOASE, W., *The sky's the limit*, McMillan & Co., Nueva York, 1979.

BOYLE, T. C., *Música acuática*, Círculo de Lectores, Barcelona, 1999.

BULL, B., *Safari*, Penguin, Nueva York, 1992.

CANALES, E., *La Inglaterra victoriana*, Akal, Madrid, 1999.

CHAUVEL, G., *Eugenia de Montijo*, Edhasa, Barcelona, 2000

CLIMENT, F., *El aprendiz de Stanley*, Ediciones del Bronce, Barcelona, 1999.

CONRAD, J., *El corazón de las tinieblas*, Alianza Editorial, Madrid, 1997.

COQUEREL, P., *Afrique du Sud*, Gallimard, Evreux, 1992.

CUTHBERTSON, K., *Nobody said not to go*, Faber & Faber, Nueva York, 1998.

DE GRUCHY, J., *The London Missionary Society in Southern Africa 1799-1999*, Ohio University Press, Athens, 2000.

DICKSON, M., *Beloved Partner*, Victor Gollancz, Londres, 1974.

DINESEN, I., *Sombras en la hierba*, Alfaguara, Madrid, 1986.

—, *Cartas de África*, Alfaguara, Madrid, 1993.

—, *Memorias de África*, Alfaguara, Madrid, 1998.

EDWARDS, A., *Katharine Hepburn*, Greca, Barcelona, 1985.

FAGG OLDS, E., *Women of the four winds*, Houghton Mifflin, Boston, 1985.

FORBATH, P., *El río Congo*, Turner, Madrid, 2002.

FORESTER, C., *La Reina de África*, Seix Barral, Barcelona, 1986.

FOSSEY, D., *Gorilas en la niebla*, Salvat, Barcelona, 1985.

FOSTER, S. y MILLS, S., *An anthology of women's travel writing*, Manchester University Press, Manchester, 2002.

FRANK, K., *A voyager out*, Ballantine Books, Nueva York, 1986.

FRENCH-SHELDON, M., *Sultan to Sultan*, Manchester University Press, Manchester, 1972.

GEHRTS, M., *Weisse Göttin der Wangora*, Peter Hammer, Wuppertal, 1999.

GLADSTONE, P., *Travels of Alexine*, John Murray, Londres, 1970.

HACKER, C., *Africa take one*, Clarke, Irwin & Co., Toronto, 1974.

HAGERFORS, L., *Tambores de África*, Diagonal, Barcelona, 2001.

HALL, R., *Los amantes del Nilo*, Mondadori, Barcelona, 2002.

HEALEY, E., *Wives of fame*, Sigdwick & Jackson, Londres, 1986.

HEMINGWAY, E., *Las nieves del Kilimanjaro*, Luis de Caralt, Barcelona, 1955.

—, *Las verdes colinas de África*, Galería Literaria, Barcelona, 1998.

HEPBURN, K., *The Making of* The African Queen, Alfred A. Knopf, Nueva York, 1987.

HOCHSCHILD, A., *El fantasma del rey Leopoldo*, Península, Barcelona, 1998.

HUGON, A., *La gran aventura africana*, Ediciones B, Barcelona, 1998.

HUNTER, J., *El cazador blanco*, Ediciones del Bronce, Barcelona, 1999.

HUSTON, J., *Memorias*, Espasa, Madrid, 1980.

HUXLEY, E., *Nine faces of Kenya*, Penguin, Harmondsworth, 1990.

IRADIER, M., *África*, Mondadori, Madrid, 2000.

JAHME, C., *Bellas y bestias*, Ateles, Madrid, 2000.

JEAL, T., *Livingstone*, Yale University Press, New Haven, 2001.

JIMÉNEZ FRAILE, R., *Stanley*, Mondadori, Madrid, 2000.

JOHNSON, O., *I Married Adventure*, Kodansha America, Nueva York, 1997.

KINGSLEY, M., *Viajes por el África occidental*, Valdemar, Madrid, 2001.

—, *Cautiva de África*, Mondadori, Madrid, 2001.

LASSON, F. y SELBORN, C., *Isak Dinesen: una biografía en imágenes*, Alfaguara, Madrid, 1987.

LAWRENCE, K. R., *Penelope voyages*, Cornell University Press, Ithaca, 1994.

LE BRIS, M., *Africa, images d'un mond perdu*, Arthaud, París, 1999.

LEAKEY, R., *En defensa de la vida salvaje*, National Geographic, Barcelona, 2001.

LEGUINECHE, M. e IBINGIRA, G. S., *Uganda*, AECI-Sirecox, Madrid, 1991.

LEHMAN, J., *Remember You are an Englishman*, Jonathan Cape, Londres, 1977.

LIVINGSTONE, D., *El último diario del Doctor Livingstone*, Miraguano, Madrid, 2000.

LIVINGSTONE, W. P., *Mary Slessor of Calabar*, Zondervan, Grand Rapids, 1984.

LOVELL, M. S., *Straight on till morning*, St. Martin's Press, Nueva York, 1987.

MADARIAGA, S., *Mujeres españolas*, Espasa, Madrid, 1972.

MARGARIT, I., *Eugenia de Montijo y Napoleón III*, Plaza & Janés, Barcelona, 1999.

MARÍAS, J., *Vidas escritas*, Alfaguara, Madrid, 2000.

MARKHAM, B., *Al oeste con la noche*, Salvat, Barcelona, 1995.

MARTÍNEZ SALAZAR, A., *Manuel Iradier*, Diputación Foral de Álava, Vitoria, 1993.

—, *Manuel Iradier*, Ediciones del Serbal, Barcelona, 1993.

MATTHIESSEN, P., *Los silencios de África*, Península, Barcelona, 1999.

McEWAN, Ch., *Gender, Geography and Empire*, Ashgate, Aldershot, 2000.

MIDDLETON, D., *Victorian Lady Travellers*, Academy Chicago Publishers, Chicago, 1982.

MONTGOMERY, S., *Walking with the great apes*, Houghton Mifflin, Nueva York, 1991.

MOOREHEAD, A., *El Nilo Blanco*, Plaza & Janés, Barcelona, 1963.

MORELL, V., *Ancestral Passions*, Simon & Schuster, Nueva York, 1995.

MORRIS, M. y O'CONNOR, L., *Women Travellers*, Virago, Londres, 1994.

MOWAT, F., *Woman in the mists*, Warner Books, Nueva York, 1987.

NIGHTINGALE, F., *Cartas desde Egipto*, Plaza & Janés, Barcelona, 2002.

OLIVER, C., *Western women in colonial Africa*, Greenwood Press, Westport, 1982.

PATTERSON, J. H., *Los devoradores de hombres de Tsavo*, Edhasa, Barcelona, 1997.

POLK, M. y TIEGREEN, M., *Women of discovery*, Clarkson Potter, Nueva York, 2001.

PRADO, B., *Los nombres de Antígona*, Santillana, Madrid, 2001.

RANSFORD, O., *David Livingstone, the dark interior*, The Camelot Press, Southampton, 1978.

REVERTE, J., *El sueño de África*, Anaya & Mario Muchnik, Madrid, 1996.

—, *Vagabundo en África*, Santillana, Madrid, 2000.

RICE, E., *El capitán Richard Burton*, Siruela, Madrid, 1992.

ROBINSON, J., *Wayward Women*, Oxford University Press, Oxford, 1990.

—, *Unsuitable for Ladies*, Oxford University Press, Oxford, 1994.

ROBINSON, R. y GALLAGHER J., *Africa and the Victorians*, McMillan & Co., Londres, 1965.

ROMERO, P. W., *Women's Voices on Africa*, Marcus Wiener, Princeton, 1992.

SANTOS, C., *David Livingstone*, Labor, Madrid, 1992.

SLUNG, M., *Viviendo con caníbales*, National Geographic, Barcelona, 2000.

STANLEY, H. M., *Cómo encontré a Livingstone*, Grech, Madrid, 1990.

—, *Viaje en busca del doctor Livingstone al centro de África*, Miraguano, Madrid, 1999.

SYME, R., *Nigerian pioneer*, William Morrow & Co., Nueva York, 1964.

THURMAN, J., *Isak Dinesen*, Planeta, Barcelona, 1982.

TINLING, M., *Women into the unknown*, Greenwood Press, Westport, 1989.

TROLLOPE, J., *Britannia's Daughters*, Cresset Women's Voices, Londres, 1983.

TRZEBINSKI, E., *Silence will speak*, The University of Chicago Press, Chicago, 1977.

—, *The Kenya pioneers*, W. W. Norton & Co., Nueva York, 1985.

—, *The Lives of Beryl Markham*, W. W. Norton & Co., Nueva York, 1993.

VIERTEL, P., *Cazador blanco, corazón negro*, Ediciones del Imán, Madrid, 1997.

WATTEVILLE, V. de, *Un thé chez les éléphants*, Payot & Rivages, París, 1997.

—, *Petite musique de chambre sur le mont Kenya*, Payot & Rivages, París, 1998.

WELLMAN, S., *Mary Slessor, Queen of Calabar*, Barbour, Urichsville, 1998.

WESSELING, H. L., *Divide y vencerás*, Península, Barcelona, 1999.

WIVEL, O., *Karen Blixen*, Ediciones del Bronce, Barcelona, 2001.

Agradecimientos

Hay algunas personas —casi todos buenos amigos— que me han ayudado a hacer realidad este viaje femenino al continente africano. En primer lugar tengo que dar las gracias a mi compañero José Diéguez, que me ayudó en las labores de traducción y documentación. También a mi paciente y entusiasta editor David Trías, que me animó desde el principio a dar forma a este libro y a Olga García, «mi duende» en este bosque encantado que es el mundo editorial. A Manu Leguineche y Javier Reverte por permitirme saquear sus bibliotecas. A Ramón Jiménez Fraile, con quien comparto la admiración por las viajeras decimonónicas, por responder a mis dudas y prestarme alguna de sus «joyas» de la literatura viajera. A Álvaro Iradier, bisnieto del explorador Manuel Iradier, por permitirme acceder a documentos y fotografías familiares que me han sido de gran utilidad para reconstruir la vida de Isabel de Urquiola. A M.ª Luz Gisbert, que desde Córdoba me habló por primera vez de lady Smith y mi curiosidad me llevó a dedicarle todo un capítulo; y Jorge Ayora, que me ayudó a localizar libros tan antiguos como imposibles. A la historiadora Isabel Margarit y al antropólogo Jordi Serrallonga debo agradecerles su rigurosa documentación. No puedo olvidar las sugerencias de mi hermana Maite Morató, la voz crítica de mi padre Jaime y el entusiasmo de mi madre Mari Tere. Agradecer a la Fundación Mary Slessor los retratos cedidos de la misionera y a la Sociedad Geográfica Española su apoyo a todos mis viajes literarios.

Por último dar las gracias a Esther González-Cano, Stella Lamas, Ángeles Moragón, Sonia Morales y al fotógrafo Marco Monti por participar en esta aventura. Y a mi admirada compañera, Teresa Gumiel, auténtica «Reina de África», por los días que hemos compartido en Kenia recorriendo algunos de los escenarios donde transcurre este libro.

Este libro ha sido impreso en los talleres
de Novoprint S.A.
C/ Energía, 53 Sant Andreu de la Barca
(Barcelona)